Unternehmen auf der Überholspur

*Peter Scott-Morgan, Arun Maira,
Arthur D. Little International*

Unternehmen auf der Überholspur

**Führung von Mitarbeitern und Teams
im beschleunigten Wandel**

Campus Verlag
Frankfurt/New York

Die Deutsche Bibliothek – CIP-Einheitsaufnahme

Scott-Morgan, Peter:
Unternehmen auf der Überholspur: Führung von Mitarbeitern und
Teams im beschleunigten Wandel / Peter Scott-Morgan; Arun Maira.
Arthur D. Little International. – Frankfurt/Main; New York:
Campus Verlag, 1997
  Einheitssacht.: The accelerating organization <dt.>
  ISBN 3-593-35801-8

Das Werk einschließlich aller seiner Teile ist urheberrechtlich geschützt.
Jede Verwertung ist ohne Zustimmung des Verlages unzulässig. Das gilt insbesondere
für Vervielfältigungen, Übersetzungen, Mikroverfilmungen und die
Einspeicherung und Verarbeitung in elektronischen Systemen.
Copyright © 1997 Campus Verlag GmbH, Frankfurt am Main
Umschlaggestaltung: Atelier Warminski, Büdingen
Satz: Fotosatzstudio »Die Letter«, Hausen/Wied
Druck und Bindung: »Thomas Müntzer«, Bad Langensalza
Gedruckt auf säurefreiem und chlorfrei gebleichtem Papier
Printed in Germany

Für Shama und Francis

Inhalt

Vorwort 11
Einleitung 13

1. Blickpunkt strategische Flexibilität 18
   Newtonsche Strategie 18
   Relativitätsstrategie 22
   Wachsamkeit 24
   Komplexität in Theorie und Praxis 27
   Kollektives Erkennen 32
   Integrale Werte 35
   Leuchtfeuer 40
   Wo setzt man den Hebel an? 45

2. Blickpunkt Veränderungsbereitschaft 48
   Kriterien der Veränderungsbereitschaft 48
   Weil es da ist 51
   Ein Team bilden 55
   Feilen und verbessern 60

3. Blickpunkt verborgene Ansatzmöglichkeiten 66
   Die Illusion der Kontrolle 66
   Verborgene Eisberge 69
   Unter der Wasseroberfläche 74

Aufklärungsflüge 79
Die Last verschieben 86
Lösungen mit Bumerangwirkung 94
Gegner aus Zufall 99
Wachstumshemmnisse 102
Die Tragödie des gemeinsamen Weiderechts 107

4. Blickpunkt operative Abstimmung 113
   Die Verwandlung des Unternehmens im Alltag 113
   Jonglierkünste 115
   Die Bälle fangen 118
   Erster Ball 119
   Zweiter Ball 121
   Dritter Ball 124
   Gemessenen Schritts 129
   Scharfeinstellung 131

5. Blickpunkt Mitarbeiterbeteiligung 138
   Die Architektur der Beteiligung 138
   Kämme, Gitter, Fächer und Netze 142
   Grundlagen der Teamarbeit 148
   Gesamtabstimmung 152
   Das Unternehmen zusammenbinden 158
   Wie stark sind die Bande? 162
   Wesentliche Bausteine 167
   Der führende Architekt 171

6. Blickpunkt Lernbeschleunigung 178
   Dynamisches Wachstum 178
   Reiche Ernte 181
   Das Lernfeld 186

Instrumente für jede Gelegenheit 190
Wurzeln des Lernens 196
Neues Wissen erzeugen 200
Einen Mittelweg kultivieren 205
Niedrige Zäune 208
Treibhaussysteme 211
Entwicklungsfreiheit 219
Keimzellen der Erneuerung 222
Den Ertrag steigern 226

7. Wandel durch Lernen und Lernen durch Wandel 232
Wo macht man den Anfang? 232
Vormarsch an vielen Fronten 234
Einen Teil der Kontrolle aufgeben 238
Vorreiter des Wandels und Lernens 239
Beschleunigung durch Verkleinerung 243
Wohin geht die Reise? 247
Eine neue Ära 254

Die Autoren 259
Register 261

Vorwort

Die Idee zu diesem Buch entstand vor zwei Jahren auf einer Busfahrt von Cape Cod nach Cambridge, Massachusetts. Ein durchaus passender Anfang, wenn man bedenkt, daß ein großer Teil des Buches in der Folge unterwegs geplant wurde. Immer wenn wir uns im ersten Jahr auf Reisen zufällig trafen und ein paar Stunden für ein ungestörtes Gespräch erübrigen konnten, beschäftigten wir uns eher spielerisch mit einigen Ideen: auf einer wunderbaren Wanderung über die Bergwiesen im französischen Évian vor einem Kolloquium, in einem Brüsseler Kaffeehaus aus dem 16. Jahrhundert vor einem Trainingskurs, am frühen Morgen auf Flughäfen, unter dem Eindruck der Zeitverschiebung. An Wochenenden und Abenden waren wir in Büros, wo im Sommer die Klimaanlage und im Winter genauso unbarmherzig die Heizung versagte. Doch wir ließen uns nicht beirren, redeten und schmiedeten Pläne.

Im zweiten Jahr begann das Schreiben. Und das Überarbeiten. Und das nochmalige Überarbeiten. Es war eine sehr angenehme Überraschung für zwei Leute mit völlig verschiedenem Hintergrund, daß wir uns für die gleichen Anschauungen begeisterten. Wir machten die aufregende Erfahrung, daß wir in Harmonie kreativ denken und uns so lange unausgegorene Ideen zuwerfen konnten, bis sie atmeten und schriftlich fixiert werden konnten. Den gesamten Sommer 1995 arbeiteten wir an den Wochenenden in Lexington und der Bostoner Back Bay mit einem abschließenden 14tägigen »Schreiburlaub« im englischen Devon. Dort blickten wir vom Computerbildschirm aus auf das Meer jenseits der Klippen, ließen den Drucker bis zur völligen Überlastung laufen und erlebten einen unbeschreiblichen Sonnenuntergang nach dem anderen.

Lange bevor wir uns zu diesem gemeinsamen Buchprojekt entschlossen, kannten wir unser gegenseitiges leidenschaftliches Interesse für den

Einfluß von Menschen auf die Leistungen von Unternehmen und für den Einfluß von Unternehmen auf die Leistungen von Menschen. Darüber hinaus galt unser Augenmerk auch den praktischen Maßnahmen, mit denen sich Manager diesen Zusammenhang zunutze machen und gleichzeitig die Mitarbeiter des Unternehmens zufriedenstellen können.

Reale Gestalt nahm dieses Projekt jedoch erst durch die Unterstützung und Mitwirkung zahlreicher Kollegen und Freunde an. Die Ideen in diesem Buch bilden eine Synthese der Arbeitserkenntnisse vieler Mitarbeiter von Arthur D. Little und Innovation Associates. Es ist unmöglich, an dieser Stelle den Beitrag jedes einzelnen zu würdigen, mit dem wir Einsichten ausgetauscht und Ideen entwickelt haben, aber unseren ganz besonderen Dank möchten wir aussprechen Ranganath Nayak, Larry Chait, Bryan Smith, Charlie Kiefer, Fritz Bock, Nils Bohlin, Frits Lauterbach, Bob Curtice, Stu Lipoff, Hector Villaneuva, Karl Loos, Robert Hanig und Joan Bragar. Vielen Dank auch an Celia Doremus, Kathleen Lancaster, Isobel Campbell, Philip Ruppel und unsere Freunde bei McGraw-Hill für ihren Beitrag zur Herstellung dieses Buches.

Ausdrücklich bedanken möchten wir uns auch bei David Garvin für viele anregende Gespräche über das Lernverhalten von Unternehmen und bei Peter Senge für seine inspirierenden Ideen zu individuellem Können und Lernen und für die Durchsicht unseres Manuskripts.

Ein ganz besonderes Wort des Dankes gebührt unserem lieben Freund Robert Levering für seine Ideen und Josh Mills für die stilistische Feinarbeit am Buch.

Ihnen allen und auch den hier nicht namentlich Genannten ein herzliches Dankeschön!

Arun Maira
Peter Scott-Morgan
Cambridge, Massachusetts

Einleitung

Das Tempo des Wandels verschärft sich. Allerorten treten Unternehmen – ob wissentlich oder unwissentlich – in einen Wettbewerb, der auf ihrer Fähigkeit beruht, sich schneller und effektiver zu verändern als die Konkurrenz. Der Erfolg und mitunter sogar das bloße Überleben der Unternehmen hängen davon ab, ob sie Wege zu ständigen Verbesserungen und Veränderungen finden.

Eine positive Weiterentwicklung können Manager in diesem Kontext nur erreichen, wenn sie etwas schaffen, was man als das beschleunigende Unternehmen bezeichnen könnte: ein Unternehmen, das sich kontinuierlich, geschickt und behende verändern kann, aber dabei nie seine Zielvorstellungen aus den Augen verliert.

Es ist nicht einfach. Die Erfahrungen vieler Manager mit Veränderungsprogrammen waren alles andere als ermutigend. Oft wird ein Unternehmenswandel zu spät in die Wege geleitet und ohne das erforderliche Maß an Vision, Führungsstärke, Planung und Mitteln. Ist die Initiative angelaufen, erweist sie sich oft als schwer kontrollierbar oder führt zu unbeabsichtigten Folgen. All dies führt häufig zu einer weitverbreiteten Veränderungsmüdigkeit und Ernüchterung. Viele Manager hoffen nur noch auf eine »Wunderwaffe« zur Behebung aller Probleme im Unternehmen.

Im allgemeinen lassen sich die Veränderungsprogramme der vergangenen zehn Jahre in zwei Klassen aufteilen: Ansätze von der Art des Total Quality Management, die vielen zu weich und langsam erscheinen, und Initiativen wie das Business Reengineering, die Kritiker als zu mechanisch und invasiv bezeichnen.

Eine Umfrage von Arthur D. Little bei 350 Unternehmensmanagern aller wichtigen Branchen in den USA führte zu einem Ergebnis, das nicht erstaunen kann. Die Unternehmen aller Befragten durchlaufen gerade einen schmerzhaften Veränderungsprozeß, und 80 Prozent erwarten schon innerhalb weniger Jahre einen weiteren massiven Wandel. Aber weniger als ein Sechstel der Befragten hatten nach eigenen Angaben alle gesetzten Ziele erreicht, und 40 Prozent äußerten sich unzufrieden mit den Ergebnissen. Eine vergleichbare Studie von Arthur D. Little in Europa offenbarte ein ähnliches Bild. Und als wir mit den Unternehmensführern sprachen, konnten sie uns die Gründe für das Mißlingen ihrer Anstrengungen nicht nennen.

Wir möchten einen besseren Veränderungsansatz vorschlagen, einen, den wir als den *Mittelweg* bezeichnen.

Bei der Suche nach praktischen Steuerungsmöglichkeiten angesichts weltweiter Marktturbulenzen stießen wir auf Unternehmen und Teams, die ihr Schicksal selbst in die Hand genommen und ihre Wunschergebnisse erreicht haben. Statt nur zu reagieren, besaßen sie eine positive Orientierung, waren kreativ und blickten nach vorne. Und genau solch einen Weg möchten auch wir abstecken.

Wir werden einen Mittelweg einschlagen, der den Gegensatz zwischen dem harten, mechanistischen und dem weichen, organischen Managementdenken überwindet und das Beste beider Schulen verbindet. Dieser Mittelweg vereinigt scheinbar entgegengesetzte Pole: Reengineering und Lernen, Effizienz und Kreativität, Handeln und Fühlen, Strategie und Umsetzung, Geschäftsergebnisse und Zukunftsinvestitionen.

Die Grundlage des Mittelweges bildet die Erkenntnis, daß *der Weg das Ziel ist*. Anders ausgedrückt: Der Prozeß des Wandels ist der gleiche wie das gewünschte Resultat des Prozesses – ein Unternehmen, das durch unaufhörlichen Wandel gedeiht. Die Konzepte, Techniken und Instrumente, die die Manager benötigen, um überhaupt einen grundlegenden Wandel herbeizuführen und damit die Voraussetzungen für kontinuierliche Veränderungen zu schaffen, sind die gleichen wie die, die sie dann zur Steuerung des Unternehmens verwenden werden. Daher muß die neue Schule des Managements auf der Kenntnis der wesentlichen Elemente eines erfolgreichen Veränderungsprozesses und der Möglichkeiten ihrer praktischen Umsetzung beruhen.

Die folgenden Abschnitte dieses Buches befassen sich ausführlich mit den sechs Bestandteilen eines Unternehmenswandels, die dem Management die erforderlichen Instrumente an die Hand geben und zur Wandlungsfähigkeit des Unternehmens führen.

Das erste Element ist ein Management zur Schaffung **strategischer Flexibilität**. In einem sich rasch verändernden Umfeld müssen die Manager den Weg zu strategischen Zielen kontinuierlich neu definieren, gleichzeitig jedoch Kernwerte fördern und auf ihnen aufbauen.

Die zweite Komponente ist das Management zur Schaffung von **Veränderungsbereitschaft**. Um ein Handeln im Sinne der Unternehmensvision herbeizuführen, müssen die Angehörigen des Unternehmens den Willen mitbringen, aktuelle Errungenschaften aufzugeben, auch wenn diese noch so komfortabel wirken. Führungskräfte benötigen ein genaueres Verständnis der Gründe, aus denen die Mitarbeiter sich gegen Veränderungen wehren, und die Fähigkeit, ihnen beim Loslassen der Vergangenheit zu helfen.

Das dritte Element ist ein Management zur Ergründung **verborgener Ansatzmöglichkeiten**. Dazu gehören das Verständnis heimlicher Spielregeln, die das Unternehmen bestimmen, und geeignete Schritte zur Neuformulierung dieser Spielregeln. Dieses Wissen gewinnt man zum einen aus einer detaillierten Analyse der Funktionsweise solcher ungeschriebenen Gesetze und zum anderen aus einem »Systemdenken«, mit dessen Hilfe man die Gesamtzusammenhänge erkennen und verborgene Ansatzmöglichkeiten lokalisieren kann.

Die vierte Komponente ist ein Management der **operativen Abstimmung**. Hier besteht die Aufgabe darin, einen reibungslosen Übergang von systemischem Denken zu systemischem Handeln zu ermöglichen. Es gilt, die vielen miteinander zusammenhängenden Facetten des Unternehmens – Managementpolitik, Organisationsaufbau, Prozesse und Ressourcen – gleichzeitig und harmonisch zu verändern, ohne seine Leistungsfähigkeit zu beeinträchtigen.

Das fünfte Element ist ein Management zur Schaffung von **Mitarbeiterbeteiligung**. Der Wandel darf sich nicht auf die Planungssitzungen beschränken, er muß in den Köpfen der Mitarbeiter und in ihrem täglichen Handeln stattfinden. Die ausführenden Kräfte müssen so früh wie möglich einbezogen werden, damit sie von den Veränderungen nicht überrollt werden, sondern diese tatkräftig unterstützen.

Die sechste Komponente ist ein Management, das auf **Lernbeschleunigung** zielt. Die Mitarbeiter müssen lernen, was den größten Wert in den Augen jener darstellt, von deren Unterstützung sie am meisten abhängen: Kunden, Kollegen, Kapitalgeber, Zulieferer und andere. Und sie müssen lernen, diesen Wertvorstellungen effizienter und effektiver zu entsprechen als ihre derzeitigen und potentiellen zukünftigen Konkurrenten. Im Zuge seines Wandels muß ein Unternehmen eine Infrastruktur ständigen Lernens etablieren, um seine Leistungskraft zu wahren. Wandel und Lernen müssen der DNS des Unternehmens eingeschrieben werden.

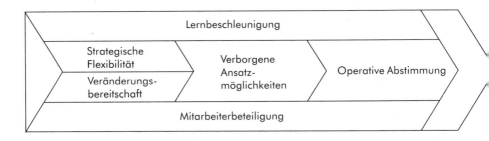

Strategische Flexibilität, Veränderungsbereitschaft, verborgene Ansatzmöglichkeiten, operative Abstimmung, Mitarbeiterbeteiligung und Lernbeschleunigung ergeben zusammen die Schule des Mittelweges.

Es ist eine Schule für kämpferische Geschäftsleute – ergebnisorientierte, harte Pragmatiker –, die ihre Zukunft selbst gestalten wollen. Aber es ist auch eine Schule für philosophische Unternehmer – mitarbeiterorientierte, fortschrittliche Idealisten –, die nach einem aufgeklärteren Leistungsansatz suchen. Alle können aus dem Erlernen dieses Mittelweges Nutzen ziehen und sich bei jedem Schritt in diesem Prozeß ein Bild davon machen, wo sie stehen und wohin sie sich als nächstes orientieren sollten.

Nichts in diesem Buch ist rein theoretisch. Teilweise beruht es auf unseren praktischen Erfahrungen und denen unserer Kollegen bei Arthur D. Little mit der Durchführung umfassender Veränderungsprogramme in Unternehmen. Daneben stützt sich das Buch auch auf Gespräche mit Führungspersönlichkeiten und Managern, die einen tiefgreifenden

Einleitung

Wandel erreicht haben oder anstreben, und auf Diskussionen mit Wissenschaftlern, die sich mit dem Lernverhalten von Unternehmen sowie mit Führung und Wandel beschäftigen.

Wenn es ein grundlegendes Prinzip gibt, das uns besonders am Herzen liegt, dann ist es dieses: *Der Schlüssel zu allem sind die Menschen.*

Gute Prozesse führen zwar zu Ergebnissen – die These des Reengineering – aber Prozesse können nicht lernen. Menschen können lernen, und sie können dafür sorgen, daß Prozesse besser werden und die gewünschten Leistungen bringen. Nur Menschen können nach Veränderungen streben und diese auch verwirklichen. Keine der anderen Ressourcen eines Unternehmens ist dazu in der Lage. Nur wer sich die menschliche Seite des Wandels zu eigen macht – wer seine Mitarbeiter ausbildet, sie hegt und pflegt, sie inspiriert, auf sie hört und sie führt –, kann ein beschleunigendes Unternehmen schaffen.

1. Blickpunkt strategische Flexibilität

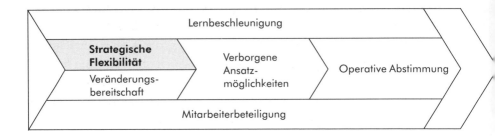

Newtonsche Strategie

Frage: Wann ist das mentale Modell traditioneller Strategie noch angemessen?
Antwort: Das hängt davon ab.

Es war im Jahre 1665 an einem wunderschönen Sommertag. Ein 23jähriger Bauernsohn saß im Garten seiner Eltern, weil die Cambridge University wegen Pest geschlossen war. Ein Apfel fiel von einem Baum, und Isaac Newton begann zu überlegen, weshalb er in gerader Linie fiel.

So wird es erzählt. 1687 veröffentlichte Newton ein Buch mit dem Titel *Principia*, das mathematische Gesetze der Bewegung und Schwerkraft vorstellte, die zwei Jahrhunderte lang unbestritten blieben. Das Buch gilt allgemein als das größte je geschriebene Werk der Naturwissenschaften. Aber heute wissen wir, daß es falsch ist.

Als Einstein 1915 den zweiten Teil seiner Relativitätstheorie aufstellte, wurde das mechanistische Universum Newtons auf den ideologischen Dachboden verbannt. Die Zeit, so lautet die neue Erkenntnis, kann sich bei hohen Geschwindigkeiten dehnen; Materie kann sich in Energie verwandeln. Die Quantenmechanik und ihre Relativität erklärten nunmehr eine Welt jenseits der Newtonschen Physik.

Ein neues strategisches Denken

Andere Modelle des Universums in unseren Köpfen stellen uns vor das gleiche Problem: Sie funktionieren so gut, daß wir sie für grundsätzlich richtig halten. Wenn sich zu viele Hinweise gegen unser Denkmodell anhäufen, fühlen wir uns gezwungen, ein neues Modell zu übernehmen, in dem alle verfügbaren Daten Platz haben – zumindest eine Zeitlang.

Das Tempo des Wandels, das sich in steigendem Druck von außen und innen äußert, zwingt immer mehr Manager dazu, ihre Modelle in Frage zu stellen und zu verändern. Aber dieses Infragestellen und Verändern kann das Vertrauen der Mitarbeiter in die Strategiegestalter untergraben. Viele Topmanager müssen sich daher nicht nur fragen: »Sollen wir unseren strategischen Denkansatz radikal verändern?«, sondern auch: »*Wie* sollen wir unseren strategischen Denkansatz radikal verändern?«

Wir dürfen nicht übersehen, daß das herkömmliche strategische Denken wohl kaum über Nacht radikalen Alternativen weichen wird. Und für manche Unternehmen wird das Newtonsche strategische Denken, das schon seit Jahrzehnten verwendet wird, auch in den nächsten Jahrzehnten seine Gültigkeit behalten.

Unter folgenden Voraussetzungen funktioniert die alte Strategie auch weiterhin:

- Der Wandel im Umfeld vollzieht sich nur langsam.
- Die Konkurrenten lassen sich leicht identifizieren.
- Es gibt nur wenige Umfeldvariablen.

Für wie viele Unternehmen gelten diese Bedingungen noch? Bestimmt nicht für viele.

Nehmen wir nur einige schon heute bekannte Beispiele. Microsoft wird als Bedrohung für Banken betrachtet; Harley Davidson ist zu der Einsicht gekommen, daß Range Rover und Rennboothersteller zu seinen Hauptkonkurrenten gehören; und in der Telekommunikation ist die Konkurrenz praktisch nicht mehr überschaubar.

Die globalen Verflechtungen gehen weit über das Internet hinaus. Angesichts fallender Handelsbarrieren, sich verwischender Branchengrenzen und eng verbundener Finanzmärkte führen Veränderungen auf einer Seite der Welt zu unmittelbaren Konsequenzen auf der anderen. Die Probleme der mexikanischen Wirtschaft zum Beispiel wirkten sich innerhalb weniger Tage auf viele Länder aus – in Asien sowie in Nord- und Südamerika.

Aber bevor wir nach einem radikalen Neuansatz zur Strategiegestaltung suchen, müssen wir erst der Frage nachgehen, *was* wir verändern wollen. Machen wir also zunächst einmal eine Bestandsaufnahme der traditionellen Anschauungen zur Strategie.

Bezogen auf die Ökonomie dreht sich der Begriff Strategie um eine optimale Wahl der Produkte, Märkte und Wettbewerbsformen, gestützt auf eine Analyse des Geschäftsumfelds, auf Erkenntnisse über das Vorgehen der Konkurrenz und auf Vorhersagen über die Konsequenzen eigener Entscheidungen. Metaphorisch gesprochen handelt es sich um eine Auffassung von Konkurrenz als Nullsummenrechnung: Entweder man gewinnt, oder man bleibt auf der Strecke.

Die Newtonsche Strategieentwicklung setzt auf hochintelligente Leute an der Spitze eines Unternehmens, die sich mit Datenerhebung, Analyse, Selektion und Planung beschäftigen und ihre Ergebnisse zur Umsetzung an andere weiterreichen. Nach klassischem Vorbild engagieren sich die Topmanager jedoch nicht unmittelbar in all diesen Bereichen.

In der Phase der Datenerhebung trägt eine Strategiegruppe – vielleicht mit Unterstützung externer Strategieberater oder Marktforschungsunternehmen – Informationen über das Geschäftsumfeld, die Branche, die Konkurrenz und so weiter zusammen. Unter vorerst geringer Beteiligung der Führungsspitze geht die Gruppe dann zur Analyse über und bedient sich ihres bevorzugten Strategiemodells zur Strukturierung der Daten, um den Führungskräften Kriterien für sachgerechte Entscheidungen an die Hand zu geben.

Mit der Phase der Selektion setzt ein starkes Engagement der Topmanager ein. Sie einigen sich auf die nach ihrer Auffassung bestmögliche Strategie und weisen die Strategiegruppe an, diese zu vertiefen. In der Phase der Planung geht es weitgehend um die Schaffung ausführlicher Versionen des Strategiedokuments, wobei dem Topmanagement im wesentlichen eine Überprüfungsrolle zufällt.

Aber die Ansatzmöglichkeiten für eine nachhaltige Steigerung der Unternehmensleistung liegen genauso in einer Verbesserung der Arbeit an der Unternehmensspitze – in der Formulierung der Strategie zum Beispiel – wie im Reengineering der mittleren Führungsebene oder im Total Quality Management des operativen Bereichs.

Die alten Newtonschen Strategiemodelle umfaßten kein unternehmensweites Lernen. Das mußten sie auch nicht, weil sie nicht darauf zielten, das Unternehmen in ein nachhaltig wandlungsfähiges zu verwandeln. Wenn wir jedoch nach Veränderungen streben, müssen wir zur Kenntnis nehmen, daß die heutigen Visionserklärungen, Strategien und Geschäftsziele nur selten etwas dazu beitragen, daß die Unternehmen die Fähigkeit zu beschleunigtem Lernen gewinnen.

Visionserklärungen sind meist nur nichtssagende Luftschlösser. Die Strategien sind zwar intellektuell unanfechtbar, bleiben aber abstrakt, so daß die Mitarbeiter an der Basis keine Konsequenzen für sich erkennen können. Und Geschäftsziele, die in der Regel als finanzielle Größen formuliert werden, sind häufig überhaupt nicht inspirierend.

Wirkliche Effektivität kann eine Strategie nur besitzen, wenn sie weit mehr ist als ein intellektuelles Konstrukt. Sie muß die Vision der äußeren und inneren Welt widerspiegeln, sie muß den Weg zum Ziel aufzeigen, und sie muß das ganze Unternehmen dazu anspornen, diesen Weg einzuschlagen. Vision, Strategie und Ziele müssen die Truppen dazu beflügeln, unter schwerem Beschuß einen Hügel einzunehmen und an der Spitze ihre Fahne zu hissen. Die Eroberung des Hügels wird den Teamgeist stärken und die Strategie in ihrer Gültigkeit bestätigen. Und sie wird das Streben nach Verwirklichung der Vision beschleunigen.

Die Unternehmensführer stehen vor der Herausforderung, Vision, Strategie und Ziele zu gestalten und zu vermitteln, die einen Widerhall in den Köpfen jener Mitarbeiter finden, die sie in die Praxis umsetzen müssen. Aus diesem Grund muß die Strategie die menschliche Seite des Wandels berücksichtigen.

Die Führungsspitze muß Ziele vorgeben, an die die Mitarbeiter glauben und die sie inspirieren. Die Strategien dürfen also nicht nur von Ehrgeiz geprägt sein, sie müssen auch den Gefühlen Rechnung tragen. Die Rede ist demnach von der Entwicklung avancierter Strategien, die die Mitarbeiter beteiligen.

Das geeignete Mittel hierfür ist die »Relativitätsstrategie«. Darunter verstehen wir einen beweglichen und dynamischen Managementstil, der konkrete Ziele immer mit Bestrebungen verknüpft und sie an die Bestrebungen anpaßt, wenn diese notgedrungen oder bewußt verändert werden.

Relativitätsstrategie

Am Abend des 30. September 1859 hielt ein 50jähriger Rechtsanwalt vor der Agricultural Society des Staates Wisconsin in Milwaukee eine Rede:

»Einst soll ein Monarch des Ostens seine Weisen damit beauftragt haben, einen für alle Zeiten und Situationen wahren und angemessenen Satz zu ersinnen, um ihn stets vor Augen zu haben. Da legten sie ihm folgende Worte vor: ›Und auch dieses wird vergehen!‹«

Der Rechtsanwalt hieß Abraham Lincoln, und dieser Satz hat nichts von seiner Gültigkeit verloren.

Vor einigen Jahren fragte Royal Dutch/Shell die Planer des Unternehmens: »Wie können wir in einer Welt des Wandels Schritt halten?« Ihr Bericht präsentierte eine Liste innovativer Strategieansätze, mit denen die fortschrittlichsten Unternehmen der siebziger Jahre operiert hatten. »Schön und gut«, erwiderten die Shell-Manager, »aber wie können wir wissen, ob diese Ansätze auch wirklich funktionieren? Zu Ihren Beispielen bräuchten wir auch noch die jeweilige Erfolgsbilanz.«

Schließlich entschieden sich die Planer dafür, Unternehmen unter die Lupe zu nehmen, die seit über einem Jahrhundert existierten. Damit wollten sie ergründen, mit welchen vielfältigen Strategien diese Firmen ihren dauerhaften Erfolg gesichert hatten. Sie stießen auf vierzig Unternehmen aus Europa, den Vereinigten Staaten und Japan, deren Ursprünge zum Teil über 200 Jahre zurückreichten. Der älteste Betrieb war Stora aus Schweden, das mit einer 700jährigen Geschichte fast das Alter von Methusalem erreichte. Weniger erfreulich war die Erkenntnis der Planer, daß die durchschnittliche Lebenserwartung von Unternehmen weniger als fünfzig Jahre betrug.

Wo lagen also die Gemeinsamkeiten in der Strategie der Dauerbrenner unter den Firmen? Erstens agierten sie konservativ im Finanzbereich und wahrten sich so einen Handlungsspielraum, wenn es zu unvorhergesehenen Veränderungen kam. Zweitens engagierte sich die Führungsspitze in der Gesellschaft und interessierte sich für eine Vielzahl von sozialen Bereichen. Drittens herrschte in den Unternehmen immer ein starkes Gefühl von Identität und Zusammengehörigkeit. Auf die Frage: »Wer sind wir?« gab es immer eine klare Antwort, selbst wenn das Unternehmen den Kern seiner Geschäftstätigkeit verlegte. (Stora zum Beispiel entwickelte sich vom Kupferabbau über Chemikalien und Forstwirtschaft hin zu Papier.) Und viertens zeigten die betagten Unternehmen große Toleranz für Experimente im Randbereich ihrer Tätigkeitsfelder und versuchten dabei weder, diese Experimente zu kontrollieren, noch bestanden sie auf eine relevante Verbindung dieser Versuche zu ihrem Kerngeschäft.

Aus diesen historischen Erfolgen können wir einige Prozesse zur Entwicklung einer Strategie ableiten, die von traditionellen Vorgehensweisen abweichen und der Tatsache Rechnung tragen, daß sich die Welt im Fluß befindet: eine Relativitätsstrategie. Den Schlüssel zum Erfolg bilden immer die Beweglichkeit, die Bereitschaft zum Überdenken von Plänen und die unmittelbare Verbindung von Zielen und Bestrebungen.

Erster Schritt: Das Umfeld umfassender als in der Vergangenheit durchleuchten.

Zweiter Schritt: Offen über sich abzeichnende Strukturen nachdenken.

Dritter Schritt: Die Fähigkeit zur Flexibilität fördern, um den Strategieprozeß mit echten Bestrebungen zu beseelen – mit einer positiven Veränderungsenergie. Andernfalls führt die Strategieentwicklung zu einer intellektuell und philosophisch korrekten Erklärung, die in der Schreibtischschublade des Vorstandsvorsitzenden verstaubt.

Vierter Schritt: Die Konstanten des Unternehmens verstärken und, falls nötig, sogar kodifizieren, damit sich die Mitarbeiter auf einen Bereich der Sicherheit und Geborgenheit verlassen können, wenn sie die sich wandelnden und oft ambivalenten Strategien anwenden.

Fünfter und letzter Schritt: Die für die Umsetzung Verantwortlichen in die Strategieentwicklung einbeziehen.

Aus diesen Schritten wird ein Prozeß der Reflexion, der Beteiligung und des Werdens hervorgehen, der in deutlichem Gegensatz steht zum traditionellen Prozeß der Analyse, Anweisung und Planung. Einer unserer Klienten hat das vordringliche Ziel der Relativitätsstrategie so beschrieben: »Den Verstand gebrauchen und den Bauch sprechen lassen.«

Wir wollen uns diese Prozesse im einzelnen ansehen.

Wachsamkeit

Die Durchleuchtung des Umfelds stellt einen kontinuierlichen Prozeß dar, aus dem sich wiederum andere Prozesse speisen: Austausch von Wissen, Teilnahme an Entscheidungen, Engagement.

Dem Prozeß des Durchleuchtens unterliegen drei grundlegende Prinzipien:

- Die Zukunft läßt sich nicht vorhersehen, aber man kann Trends erkennen und mögliche Szenarien durchspielen.
- Szenarien kann man nicht für alles entwickeln, also muß man sich auf besonders wichtige Punkte konzentrieren.
- Die Szenarien müssen aus der Perspektive aller erkundet werden, die ein persönliches Interesse am Unternehmen haben.

Menschen können zwar nicht die Zukunft vorhersagen, aber sie besitzen die angeborene Fähigkeit zum Erkennen von Strukturen und Verbindungen. Und genau diese Fertigkeit spielt eine wesentliche Rolle für das Durchleuchten des Umfelds. Wenn man starke Verbindungen erfaßt, kann man dieses Wissen in mögliche Szenarien umsetzen.

Liegen diese Szenarien auf dem Tisch, müssen sie von der Unternehmensführung aus der Sicht aller wichtigen Interessengruppen untersucht werden – Kunden, Investoren, Mitarbeiter, Zulieferer, Gemeinschaft. Welche Bedürfnisse haben sie, und wie kann man ihnen gerecht werden?

Buchtip zur Szenarioplanung

Der Ansatz von Royal Dutch/Shell zur Schaffung von Szenarien für die Planung wird eingehend beschrieben von Peter Schwartz in *The Art of the Long View* (New York 1991).

Aber wozu die Mühe? Weil es deutliche Hinweise dafür gibt, daß ein Zusammenhang besteht zwischen dauerhaft hohen Leistungen und der ausgewogenen Erfüllung der Bedürfnisse aller Interessengruppen. Die ausschließliche Orientierung an den Eigentümern des Unternehmens durch Gewinnstreben ohne Berücksichtigung anderer Beteiligter führt nicht zu stetigem Wachstum.

Gleiches gilt im übrigen auch für den öffentlichen Sektor. Einer unserer Berater wurde kürzlich vom US-Kongreß zu der Frage gehört, wie der öffentliche Sektor den Erfolg suchen kann, ohne den Gewinn als Maßstab nehmen zu können. Die Antwort? Wie im Privatsektor stellt sich der Erfolg dann ein, wenn alle wichtigen Interessengruppen der Organisation in ihren Bedürfnissen Berücksichtigung finden. In diesem Fall sind das die Menschen, die die Dienstleistungen intern und extern in Anspruch nehmen, und die allgemeine Öffentlichkeit als Eigentümerin der Organisation.

Honda liefert ein anschauliches Beispiel dafür, wie ein Unternehmen aus der klugen Vorwegnahme der Bedürfnisse von Interessengruppen Nutzen ziehen kann. In den achtziger Jahren studierte Honda den indischen Markt, der damals für ausländische Autohersteller geschlossen war. Honda wußte, daß Indien mit seiner großen Bevölkerung und seinem reichen Reservoir an technischen Fähigkeiten zu einem wichtigen Zentrum für Marketing und Produktion werden konnte, falls es seine Grenzen öffnete. Entscheidende Bedeutung kam in dieser Situation zwei Interessengruppen zu: der indischen Regierung und – nicht ganz so offensichtlich – einem indischen Unternehmen als potentiellem Partner eines ausländischen Autoherstellers.

Also spielte die Führung von Honda Szenarien aus der Sicht dieser und anderer Interessengruppen durch. Wie konnte ein Zusammenfließen der Interessen zustande kommen? Welche entscheidenden Faktoren mußten dafür gegeben sein? Welche Trends würden sich auf diese Faktoren auswirken?

Honda förderte diese Trends zutage: Die indische Wirtschaft öffnete sich allmählich gegenüber dem Ausland; die zukünftigen Staatsoberhäupter stammten unter anderem aus der Nehru-Dynastie. Premierministerin Indira Gandhi war fest im Sattel und bereitete ihren jüngeren Sohn Sanjay auf ihre Nachfolge vor; sollte jedoch ihr ältester Sohn Rajiv Gandhi je die Nachfolge seiner Mutter antreten, konnte man mit einer schnellen Öffnung des Automarktes rechnen, weil er in Fragen des ökonomischen Nationalismus eine weniger dogmatische Position einnahm als die Parteien des rechten und linken Spektrums. Nach der Auslotung dieser Szenarien traf Honda Alternativvorbereitungen und wartete.

Dann überschlugen sich die Ereignisse. Indira Gandhis jüngerer Sohn kam bei einem Flugzeugunglück ums Leben. Sie selbst wurde Opfer eines schrecklichen Attentats. Rajiv Gandhi wurde viel schneller Premierminister, als man es erwartet hatte.

Diese Geschehnisse konnte man nicht vorhersehen. Aber Hondas Analyse hatte eine mögliche Entwicklung ausgemacht, die Rajiv Gandhi zum Regierungschef machen würde.

Und schon wenige Wochen nach seiner Amtseinführung, getragen von einer Woge der Sympathie nach dem Anschlag auf seine Mutter, gab Rajiv Gandhi die Öffnung des indischen Marktes für ausländische Hersteller bekannt – eine Möglichkeit, auf die sich Honda eingestellt hatte. Einen Tag später legte ein Vertreter von Honda dem Vorstandsvorsitzenden des größten indischen Unternehmens in dessen Büro ein Kooperationsangebot vor.

Das Durchleuchten des Umfelds bescherte Honda die Teilhabe an einem verheißungsvollen Wachstumsmarkt der Zukunft.

 Buchtip zu Bedürfnissen der Interessengruppen

Die wohl umfassendsten Beweise zur Bedeutung des Gleichgewichts zwischen den Bedürfnissen der Interessengruppen werden in *Gesetze der Sieger: Erfolgsfaktor Firmenkultur* (Düsseldorf 1993) von John P. Kotter von der Harvard Business School vorgelegt.

Komplexität in Theorie und Praxis

Wie können wir aus dem Vorgehen von Honda in Indien lernen? Wie können wir ähnlich nützliche Szenarien erarbeiten?

Um ein vereinfachtes Bild der Welt in Szenarien zu entwerfen, greifen wir auf ein Vierphasenmodell zurück: den geeigneten Umfang des Planungsprozesses bestimmen; innerhalb dieses Rahmens die Trends im Umfeld erkunden, die sich wahrscheinlich auf das Unternehmen auswirken werden; provisorische Szenarien schaffen, die in sich stimmig und relevant sind; die Szenarien vertiefen, bis sie brauchbar sind.

 Das Vierphasenmodell des Planungsprozesses

Phase 1: Umfang bestimmen
- Welche wichtigen Entscheidungen muß man treffen?
- Wer hat ein unmittelbares Interesse am Resultat?
- Welcher Zeitrahmen ist am geeignetsten?

Phase 2: Trends erkunden
- Von welchen Trends ist man überzeugt?
- Welche Trends erscheinen unsicher?
- Welche Trends spielen eine Rolle?

Phase 3: Provisorische Szenarien schaffen
- Welche Themen ergeben sich aus der Verbindung von Trends?
- Wie schlüssig sind die Annahmen?
- Wie relevant sind die Resultate?
- Wie lassen sich die Szenarien verfeinern?

Phase 4: Szenarien vertiefen
- Welche zusätzlichen Nachforschungen kann man anstellen?
- Können Computermodelle helfen?
- Welche Signale würden das Eintreten dieser Szenarien anzeigen?
- Sind die Szenarien für andere verständlich?

Szenarien entwerfen

In der ersten Phase, der Bestimmung des Umfangs, muß sich das leitende Management darüber orientieren, welche Entscheidungen mit langfristiger Wirkung für das Unternehmen zu treffen sind, wer ein unmittelbares Interesse am Resultat hat und welcher Zeitrahmen anzusetzen ist.

Unmittelbar betroffen sind natürlich die wichtigen Interessengruppen – aber auch potentielle Konkurrenten, Regierungen und andere Akteure.

Die zweite Phase der Szenarioplanung bildet die Erkundung von Trends. Hier zieht man eine Gruppe von zehn bis zwanzig Experten aus einer Vielzahl von Fachgebieten hinzu – Wissenschaft, Technologie, Sozioökonomik, Politik – um die Grundtrends herauszufinden, die die in der ersten Phase bestimmten Fragen berühren. Dabei muß streng unterschieden werden zwischen den Trends, von denen alle überzeugt sind, und jenen, bei denen dies nicht der Fall ist. »Überzeugt« muß nicht unbedingt »absolut sicher« heißen, aber oft heißt es zumindest: »So sicher, daß ich meine Karriere dafür aufs Spiel setze.« Und vielleicht muß man das auch tun. Weniger gewiß erscheinende Trends sollten als solche auch festgehalten werden, insbesondere wenn sie sich rasch als immens komplexe ungewisse Trends herausstellen.

Zuletzt gilt es zu sortieren, welche Trends wirklich von Bedeutung sind. Hochwirksame Ereignisse, deren Eintreten allerdings völlig ungewiß ist, stellen die Eckpfeiler der Szenarien dar.

In der dritten Phase geht es um die Schaffung von provisorischen Szenarien. Hier sollte man sich stärker auf die Intuition verlassen (also psychologisch gesprochen, der rechten Gehirnhälfte den Vortritt vor der linken lassen). Man überlegt sich ein paar interessante Geschichten dazu, wie die verschiedenen Elemente unter bestimmten Bedingungen zusammenwirken könnten.

Um den Prozeß in Gang zu bringen, kann man zum Beispiel zunächst die Trends mit den negativsten Folgen zusammenfügen und dann die Trends mit den positivsten Folgen. Oder man wählt eine Kategorie wie »Wichtige Störfaktoren« oder »Hauptgefahren« und probiert aus, welche Geschichten man aus den in der zweiten Phase erkundeten Trends herleiten kann. Die Geschichten sollten Titel haben, die die Phantasie

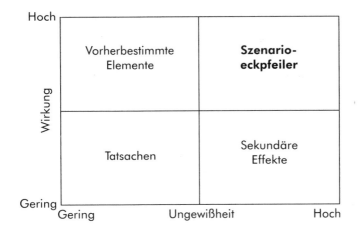

anregen, etwa: »Alle lieben uns!« oder »Die Leute wollen vorm Fernseher abschlaffen«. Diese Geschichten bilden das Gerüst provisorischer Szenarien.

Wenn die Geschichten vertieft werden, müssen sie immer wieder auf ihre Schlüssigkeit und Relevanz überprüft werden. Bilden widersprüchliche Trends das Fundament der Geschichte – zum Beispiel eine Inflationsrate von Null und Vollbeschäftigung? Wird das wahrscheinliche Verhalten aller direkt interessierten Parteien voll berücksichtigt? Sind die Szenarien instabil? Wenn ja, sollte die Geschichte vorangetrieben werden, um ihren Ausgang zu erfahren. Und schließlich, ist die Geschichte angesichts des in der ersten Phase bestimmten Umfangs relevant?

Wenn man eine reichhaltige und plausible Geschichte mit relevanten Auswirkungen für das Unternehmen erzählen kann, hat man ein provisorisches Szenario geschaffen. Für Honda hieß dieses: »Indien öffnet die Grenzen«.

Die letzte Phase der Szenarioplanung bildet die Vertiefung des bis dahin gesammelten Materials. Vielleicht benötigt man weitere Daten über die potentielle Marktgröße, über Reaktionen wichtiger Akteure, über die finanziellen Auswirkungen und so weiter. Computermodelle und -simulationen können eine Hilfe bei der Ausarbeitung des Szenarios sein.

Ist man mit den Szenarien zufrieden, sind zwei weitere Schritte vonnöten: Zum einen muß man ein Frühwarnsystem einrichten, um zu erfahren, wenn sich eines dieser Szenarien tatsächlich anbahnt. Zum anderen muß man dafür Sorge tragen, daß auch diejenigen, die bei der Erarbeitung der Szenarien nicht im Zimmer waren, diese voll und ganz verstehen. Erst dann hat man das Stadium der Durchleuchtung in der Entwicklung der Relativitätsstrategie abgeschlossen.

Verbreitete Fehler bei der Szenarioplanung

Während dieses Prozesses werden häufig zwei Grundfehler gemacht. Die Beteiligten bauen auf Informationen eines zu begrenzten Kreises von Fachleuten, oder sie beenden den Prozeß vorzeitig. Beides kann sich als verhängnisvoll erweisen.

Man sollte meinen, daß sich das erste Problem leicht umgehen läßt. Schließlich muß man ja nur Experten mit einem breiten Wissensspektrum einladen. Aber allzuoft greifen Unternehmen auf Zufriedenheitsdaten ihrer aktuellen Interessengruppen zurück, um sich ein Bild über ihren Leistungsstand zu machen. Aber Interessengruppen können sich ändern, und auch die Bedürfnisse aktueller Interessengruppen. Digital Equipment Corporation (DEC) zum Beispiel ging von der Annahme aus, daß die Abnehmer ihrer Computer auch in Zukunft Unternehmen sein würden. Ken Olson, der damalige Präsident des Unternehmens, sah noch 1977 »keinen Grund für einzelne Menschen, zu Hause einen Computer zu haben«. (Kommentar erübrigt sich ...) DEC konnte sich nicht vorstellen, den Bedürfnissen ihrer Kunden aus Unternehmen mit Personalcomputern gerecht zu werden. Also orientierte sich DEC nur an der Zufriedenheit dieser Kunden mit ihren exzellenten Minicomputern und gab sich weiter dem Glauben hin, man setze die Standards der Branche und habe keine Veränderungen nötig.

Die Moral von der Geschichte: Die meisten Umfragen zur Zufriedenheit der Mitarbeiter und Kunden beurteilen das Vergangene. Sie haben keinen Aussagewert für neue Möglichkeiten der Zukunft.

Der zweite Fehler, der den Unternehmen bei der Szenarioplanung immer wieder unterläuft, ist die vorzeitige Beendigung des Prozesses. Dieses Problem tritt in sehr verschiedener Gestalt auf, die jeweils auf den ersten Blick berechtigt scheint. Wenn es da heißt: »Wir müssen uns aufs Wesentliche konzentrieren«, kann dies die Planungsgruppe dazu verleiten, sich von der ersten Phase an nur mit ein oder zwei Szenarien auseinanderzusetzen. Dieser Ansatz riecht förmlich nach Vorhersagen, wo keine Vorhersagen möglich sind. Wie kann man wissen, welche ein oder zwei Szenarien die relevanten sind?

Die zweite Phase bringt ihre eigenen Probleme vorzeitiger Eingrenzung mit sich. Manche Planer werden nämlich, sobald sie einen Grundtrend ausgemacht haben, vom Jagdfieber gepackt und stürzen sich sofort auf wahrscheinliche Konsequenzen und mögliche Aktionen für die einzelnen Konsequenzen. Hier kommt es darauf an, Ruhe zu bewahren und abzuwarten, bis sich alle Trends gezeigt haben.

Für einige bedeutet der Abschluß der dritten Phase solch einen Triumph der kreativen, intuitiven rechten Gehirnhälfte, daß sie die logische linke Gehirnhälfte nicht mehr im Zaum halten können und wie die Geier über das soeben Herausgefundene herfallen. »Wir müssen sofort handeln!« ertönt der gemeinsame Schlachtruf der Backbordsynapsen, und nur wenige ergebnisorientierte Manager können dieser Versuchung widerstehen.

Damit tun sie sich jedoch keinen Gefallen. Wer die Szenarien nicht vertieft und sich nicht über die zu erwartenden Anzeichen ihres tatsächlichen Eintretens verständigt, handelt wie jemand, der ein hochkompliziertes Sicherheitssystem installiert, ohne die Sensoren anzuschließen.

Auch hier kann Honda als Vorbild dienen. Die Unternehmensführung ersann reichhaltige Geschichten über eine Veränderung der Weltlage bis hin zur Öffnung der indischen Grenzen. Daß Indira Gandhi ihr Amt als Premierministerin auf eine Weise verlor, die statt einem linken Oppositionspolitiker ihrem Sohn Rajiv die Nachfolge ermöglichte, war ein Anzeichen. Dieses Signal erkannte Honda und war sich darüber im klaren, daß das Szenario Indiens als führender Automarkt sehr bald zur Wirklichkeit werden konnte.

Demgegenüber steht als negatives Beispiel der Fall einer großen Bank, die eine Gruppe von Experten zu einer Szenarioplanung hinzuzog. Bei dieser Planung ging es um die Frage, ob die Bank Fähigkeiten im Bereich Informationstechnologie erwerben mußte. Die Experten stammten aus Gebieten, die der Bank wichtig erschienen: Informationssysteme, Regulierung des Bankgewerbes, Finanzbranche. Jeder dieser Spezialisten lenkte das Gespräch auf die Konsequenzen der Trends in seinem Fachgebiet und auf die möglichen Maßnahmen der Bank angesichts dieser Trends. Niemand wollte so recht zum Ausgangspunkt zurück.

Als sich schließlich einige Szenarien herausschälten, äußerten fast alle – auch der Vorstandsvorsitzende – eine Vorliebe. So kam es, daß sich viel zu früh in diesem Prozeß der Hang zum Handeln durchsetzte. Eine einsame Stimme erhob sich: »Wie können wir das Umfeld durchleuchten, um zu erkennen, ob eines der Szenarien eintritt? Auf welche Signale müssen wir achten?« Aber die Stimme wurde ignoriert. In den folgenden Monaten sammelten alle Beteiligten ausschließlich Belege für ihr Lieblingsszenario. Signale für das Eintreten eines anderen Szenarios konnten sie weder erkennen noch interpretieren, weil sie gar nicht wußten, wie diese Signale aussehen würden. Sie hatten keine Geschichten zu den Szenarien entworfen. Sie waren blind.

Wer geneigt ist, sich allein auf seine Intuition zu verlassen, wer so sehr auf seine Erfahrung baut, daß er Szenarioplanung für Zeitverschwendung hält, der sollte an die letzten Worte von General John B. Sedgewick in der Schlacht von Spotsylvania im Jahre 1864 denken: »Aus dieser Entfernung treffen die doch nicht einmal einen Elef ... AHHH!«

Kollektives Erkennen

Wenn man ein Team zur Entwicklung und Erörterung von Szenarien zusammensetzt, muß man im Sinne des Mittelweges die richtige Balance zwischen einem Dialog mit offenem Ende und einer Diskussion mit vorgegebenem Zeitrahmen finden. Wir bezeichnen dies als produktives Gespräch.

Man muß zum Beispiel eine Reihe von Abschlüssen erzielen und sich auf ein Spektrum von provisorischen Szenarien einigen. In der Regel setzt man dafür ein Zeitlimit an. Aber nicht jede Besprechung muß einen konkreten Abschluß finden, und man sollte keineswegs versuchen, den Prozeß im Eiltempo abzuspulen. Langfristig kommt man wahrscheinlich schneller voran, wenn die Besprechungen (zumindest ein paar Stunden) länger dauern und dafür ergiebiger sind als im Normalfall.

Blickpunkt strategische Flexibilität

Insgesamt sollten sich die Beteiligten auf bestimmte Bereiche konzentrieren, aber nicht ausschließlich. Wahrscheinlich sind alle darauf erpicht, etwas beizutragen, aber sie müssen sich auch um ein Verständnis der anderen Perspektiven bemühen. Alle sollen reden – und viel intensiver zuhören als sonst. Und dann sollen sie das Gehörte wiedergeben, um sicherzugehen, daß sie es richtig verstanden haben. Diese Vorgehensweise braucht Zeit, aber sie führt auch zu den reichhaltigsten Ergebnissen.

Die Beteiligten sollten das Gefühl haben, daß sie den Meinungen anderer widersprechen können. Die Diskussion einiger Punkte mag vielleicht peinlich sein, aber das darf kein Grund sein, sie nicht anzusprechen, und vor allem sollte niemand mit Bestrafung rechnen müssen, wenn er es tut.

Häufig sind in einer solchen Gruppe verschiedene Rangebenen und Fachgebiete vertreten, aber alle müssen einander mit kollegialem Respekt begegnen. Selbst bei grundlegenden Meinungsverschiedenheiten sollte es nicht zu einem Streit kommen. Statt dessen sollten die Betroffenen der Frage nachgehen, ob sie von verschiedenen mentalen Modellen ausgehen. Wenn der eine oder andere der Beteiligten Frustration und Ärger verspürt, sollte er die Gründe dafür analysieren und sich der Gruppe mitteilen.

Alle Teilnehmer an den Sitzungen der Szenarioplanung sollten sich auf dieses Protokoll produktiver Gespräche verständigen. Der Ausdruck »Protokoll« trifft die Sache sehr genau, weil es sich wirklich um eine Form von Etikette handelt.

 Buchtip zu produktiven Gesprächen

Einige der besten Techniken in diesem Zusammenhang, für die sich das Arthur D. Little-Unternehmen Innovation Associates stark macht, werden vorgestellt in *The Fifth Discipline Fieldbook* (New York 1994) von Peter M. Senge, Art Kleiner, Charlotte Roberts, Richard B. Ross und Bryan J. Smith.

Protokoll produktiver Gespräche

• Wir müssen letztlich zu einem Abschluß kommen.	• Nicht jede Besprechung muß einen Abschluß bringen.
• Wir haben ein Gesamtzeitlimit.	• Die Besprechungen sollten länger und ergiebiger sein.
• Wir sollten uns überwiegend auf bestimmte Bereiche konzentrieren.	• Wir sollten sachverwandte Unterhaltungen zulassen.
• Wir vertreten einen wichtigen Standpunkt.	• Gegensätzliche Standpunkte sollten ausgelotet werden.
• Wir müssen alle reden.	• Wir sollten nicht unterbrechen, sondern mehr zuhören.
• Wir bringen alle sehr viel Erfahrung mit.	• Keiner von uns weiß allein, was am besten ist.
• Manchmal werden auch dumme Dinge gesagt.	• Wir sollten uns nicht über andere lustig machen, sondern nachfragen.
• Wir müssen die Meinungen anderer in Frage stellen.	• Wir sollten unsere Annahmen und die anderer überprüfen.
• Manche Punkte sind peinlich.	• Wir sollten schwierige Punkte klären.
• Angehörige verschiedener Rangebenen/Fachgebiete nehmen teil.	• Rang/Fachgebiet sollten keine Rolle spielen.
• Wir können grundlegende Meinungsverschiedenheiten haben.	• Meinungsverschiedenheiten sollten als Ursprung neuer Denkansätze gesehen werden.
• Wir können frustriert und verärgert sein.	• Wir sollten die Gründe für unsere Gefühle mitteilen.

Die Grundprämisse eines Zusammentreffens, die einen tiefgehenden Wissensaustausch fördern kann, ist der gegenseitige Respekt: Offenheit gegenüber Kollegen, Achtung für ihre Ideen, Höflichkeit bei abweichenden Auffassungen.

Dieser Ansatz ähnelt übrigens dem der Indianer in Nordamerika, die früher offene Diskussionen führten ohne den Versuch, einen Abschluß zu erreichen, bis sich auf ganz natürliche Weise ein Einvernehmen über die nötigen Schritte einstellte. Eine erstaunliche Ähnlichkeit besteht auch zum Entscheidungsprozeß der Quäker, bei denen jedes Mitglied der Gruppe moralisch verpflichtet ist, seine abweichenden Ansichten zu bestimmten Punkten zu äußern. Gehandelt wird erst, wenn die gesamte Versammlung Einigkeit erzielt hat.

Aber die Zeit ist natürlich begrenzt. Wie läßt sich also der Prozeß des Ergründens, Entdeckens und Erkennens beschleunigen? Klarheit im Hinblick auf die Werte und die Vision des Unternehmens spielt eine entscheidende Rolle.

Integrale Werte

 Wie Big Blue ins Straucheln kam

Thomas Watson jr. betonte in seinen Darlegungen zu IBM die grundlegende Geschäftsphilosophie des Unternehmens, dem einzelnen Mitarbeiter große Beachtung zu schenken, die Zufriedenheit des Kunden großzuschreiben und alles für korrekte Arbeit zu tun. Alles andere, so Watson, sollte immer zur Disposition stehen. In den späten achtziger und frühen neunziger Jahren jedoch schien IBM diesen Rat vergessen zu haben. Big Blue setzte auf nebensächliche Werte wie zum Beispiel die Kleiderordnung, beharrte auf Großrechnern und akzeptierte uneingeschränkte Herrschaftsbereiche – und geriet mächtig ins Straucheln.

Der Begriff »Werte« ist mittlerweile reichlich abgedroschen und läuft Gefahr, durch allzu häufigen Gebrauch selbst *entwertet* zu werden. Dieser allgemeinen Tendenz möchten wir eine Absage erteilen und das Wort im Sinne seiner pragmatischen Bedeutung verstanden wissen.

Wie können Unternehmen einen stabilen Kurs steuern, wenn sie gleichzeitig ihre Fähigkeit zu ständigen Veränderungen kultivieren? Durch Kernwerte, die im Meer turbulenter Veränderungen als stabilisierende Kräfte wirken.

Die Untersuchung von Royal Dutch/Shell über altehrwürdige Unternehmen stellte in allen Fällen ein starkes Identitätsgefühl fest, das weit über die Branche oder die technische Kompetenz der Firmen hinauswies. Eine neuere Studie von James Collins und Jerry Porras (*Built to*

Last, 1994) geht noch einen Schritt weiter. Sie vergleicht die angesehensten Hochleistungsunternehmen aus verschiedenen Branchen mit einem anderen Unternehmen der gleichen Branche: Johnson & Johnson mit Bristol-Myers Squibb, Merck mit Pfizer, General Electric mit Westinghouse, Sony mit Kenwood, Procter & Gamble mit Colgate, Hewlett-Packard mit Texas Instruments und so weiter. Alle Unternehmen sind seit über fünfzig Jahren im Geschäft, doch die Untersuchung zielt nicht auf eine Erforschung der Gründe für ihr Überleben, sondern befaßt sich mit der Frage, weshalb das eine Unternehmen mehr Erfolg hat als sein Pendant.

Das Ergebnis? Die führenden Unternehmen verfügen über stärkere und dauerhaftere Kernwerte. Diese Werte zeigen sich nicht nur auf einer Tafel in der Eingangshalle, sondern vor allem in der Managementpraxis. Einer der Kernwerte von Sony etwa besteht darin, eine Pionierrolle zu spielen: Man will nicht anderen folgen, sondern das unmöglich Scheinende verwirklichen. Bei Wal-Mart lautet einer der Grundwerte, gegen den Strom zu schwimmen und gegen die gängige Lehrmeinung anzugehen.

Als eng verbunden mit den Werten erweist sich nach dieser Studie die Benennung des Unternehmenszwecks. In keinem der führenden Unternehmen wird das Erzielen von Gewinnen als Hauptziel bezeichnet – obgleich sie alle höhere Erträge vorweisen können als ihre Konkurrenten.

Dieser Punkt ist besonders bedeutsam. Gewinnstreben allein spornt die Mitarbeiter nicht zu Bestleistungen an und kann sie mitunter sogar eher entzweien als für einen gemeinsamen Zweck zusammenschmieden. Einige Wall-Street-Unternehmen zum Beispiel sind mit ihrer eindimensionalen Profitorientierung zu einer bloßen Travestie eines wirklich herausragenden Unternehmens geworden.

Kernwerte stärken

Aber die Unternehmensleitung kann neue Kernwerte nicht einfach so aus dem Ärmel schütteln. Die Kernwerte, für die man sich entschieden und die man in eine Unternehmensphilosophie umgesetzt hat, wirken als stabilisierende Kräfte. Wer sich über sie hinwegsetzt, muß mit den Konsequenzen leben. Daher sollte eine Relativitätsstrategie die Kernwerte widerspiegeln und verstärken.

Das heißt, daß zwar die Erscheinungsformen von Kernwerten bei Bedarf allesamt verändert werden können und sollten, keinesfalls jedoch die Kernwerte selbst. Diese Unterscheidung ist für viele Manager verwirrend.

Die Modifizierung von Kernwerten erschöpft sich nicht darin, eine Gruppe von stabilisierenden Kräften einfach durch eine andere zu ersetzen. Eher schon könnte man sie mit einer Situation vergleichen, in der man trotz eines heraufziehenden Sturms die alten stabilisierenden Kräfte über Bord wirft und damit beginnt, von Grund auf neue zu entwickeln.

Wie findet man nun heraus, welche Werte die Arbeit im eigenen Unternehmen bestimmen? Unter Umständen sind es ganz andere als die in den Grundsätzen zur Unternehmenspolitik – wenn es eine entsprechende Erklärung gibt. Möglicherweise decken sie sich auch nicht mit dem, was die Mitarbeiter sagen. Aber sie zeigen sich im Verhalten des Unternehmens und seiner Mitarbeiter.

In der Praxis gibt es so etwas wie »Unternehmenswerte« überhaupt nicht, sondern nur *gemeinsame Werte der Individuen*, aus denen das Unternehmen besteht. Kernwerte sind die Summe der Kräfte, die die Mitarbeiter motivieren (mehr dazu in Kapitel 3). Sie sind der gemeinsame Nenner dessen, was für die einzelnen im Unternehmen wichtig ist. Kernwerte haben also damit zu tun, was die Angestellten am Montagmorgen dazu bewegt, an die Arbeit zu gehen, was ihre Teilnahme auslöst, was ihnen Respekt einbringt, was ihnen ein Gefühl von Stolz und Würde vermittelt.

Deshalb ist es äußerst gefährlich, Kernwerte zu mißachten. Unternehmen, die so handeln, teilen ihren Mitarbeitern praktisch mit, daß sie die falschen Dinge wertschätzen. Die für Menschen wichtigen Dinge lassen sich nicht von heute auf morgen verändern – auch nicht unter Zwang. Wer die Kernwerte des Unternehmens verleugnet, weckt damit Frustration und untergräbt die Moral. Kernwerte können nicht verleugnet werden, man muß sie transformieren.

Wenn wir darauf zurückblicken, was uns im Alter von zehn, zwanzig und dreißig Jahren wichtig war, erkennen wir, daß sich die wichtigen

Dinge im Leben weiterentwickeln. In diesem Sinne können Unternehmen für eine entschiedene Stärkung von Aspekten exisitierender Werte eintreten, um zum Beispiel eine »Qualitätskultur« oder eine »kundenorientierte Einstellung« zu schaffen. Aber es wäre naiv, neue Unternehmenswerte vorzuschlagen, die nicht auf bereits vorhandenen individuellen Werten aufbauen, und es wäre riskant, diese individuellen Werte zu ignorieren. Entscheidend ist nicht, ob die neuen Werte auf dem Papier gut und lobenswert aussehen, sondern ob sie zur Wirklichkeit der Menschen passen, aus denen sich das Unternehmen zusammensetzt.

Wer Kernwerte als gemeinsame Werte einzelner erkennt, begreift auch, wie sich diese Werte verstärken oder transformieren lassen: Man muß dem Unternehmen und der Welt immer wieder beweisen, daß die erwünschten Werte um jeden Preis respektiert werden.

Johnson & Johnson bekennt sich zum Beispiel in einer Grundsatzerklärung zu seiner prinzipiellen Verantwortung gegenüber denjenigen, die die Produkte des Unternehmens verwenden. 1982 nahmen sieben Menschen im Großraum Chicago das Schmerzmittel Tylenol und starben nach wenigen Minuten. Die Fläschchen waren von einem Unbekannten mit Zyankali versetzt worden. J&J rief sofort jede Tylenol-Kapsel in den USA zurück, obgleich nur die Gegend um Chicago betroffen schien. Darüber hinaus startete man eine massive Kampagne zur Aufklärung der Öffentlichkeit. Die Kosten dafür werden auf 100 Millionen Dollar geschätzt. Dennoch fiel es dem Unternehmen nicht schwer, so zu handeln, weil es sich auf seine Kernwerte stützte.

Durch den Prozeß des Wissensaustauschs und des zunehmenden Engagements fließen Unternehmenswerte in die Entwicklung einer Relativitätsstrategie.

Dies zeigt der Fall des indischen Großunternehmens Tata, das Ende der siebziger Jahre eine neue Fabrik baute. Die Wahl des Standorts fiel auf eine Gegend des Landes, in der man noch keine Betriebe unterhielt. Die Unternehmensmanager erklärten der neuen Belegschaft, daß zu ihren Werten nicht nur eine gleichbleibend hohe Qualität gehörte, sondern auch die Bereitstellung von Arbeitsplätzen, deren Inhaber allesamt mit Achtung und Würde behandelt würden. Auch ernste Meinungsverschiedenheiten würden, so erklärten sie, ohne Gewalt in offener und ehrlicher Diskussion gelöst.

Blickpunkt strategische Flexibilität

Phasen in der Entwicklung einer Newtonschen Strategie

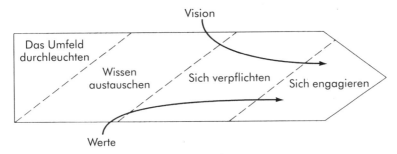

Prozesse in der Entwicklung einer Relativitätsstrategie

Dies war zum damaligen Zeitpunkt in dieser Gegend etwas völlig Einmaliges. Arbeitskämpfe waren an der Tagesordnung; die Produkte waren von schwankender Qualität.

Eines Tages wies der Generaldirektor des neuen Geschäftsbereichs von Tata einen Arbeiter in der Fabrikhalle öffentlich zurecht. Niemand sah etwas Besonderes in diesem Vorfall. Nur ein Mitarbeiter schrieb an den Vorstandsvorsitzenden und fragte ihn, wie dieses Verhalten zu den vom Unternehmen angestrebten Werten der Würde und Achtung paßte.

Der Vorstandsvorsitzende rief den Generaldirektor an und besprach mit ihm das weitere Vorgehen. Sie waren sich einig, daß der Generaldirektor die erklärten Werte mißachtet hatte. Am nächsten Tag entschuldigte sich der Generaldirektor öffentlich bei dem betreffenden Mitarbeiter und beim gesamten Betrieb für diesen Verstoß gegen die Unternehmenswerte. Die Geschichte wurde zur Legende.

In den achtziger Jahren infiltrierte eine kommunistische Gruppe die Tata-Gewerkschaft und störte die gemeinsamen Lohnverhandlungen. Es kam zu Sachbeschädigungen und zu beleidigenden Äußerungen gegen Manager. Das Gesetz ließ Tata wenig Handlungsspielraum: Ohne schriftliche Genehmigung der Regierung durfte man keine Entlassungen aussprechen. Die Manager erklärten ihre Absicht, an den Werten des Unternehmens festzuhalten. Sie wollten es nicht zulassen, daß die Arbeiter die

Würde anderer nicht respektierten, und sahen sich deshalb gezwungen, den Betrieb zu schließen.

Alle erhielten die Mitteilung, daß sie zwar weiterhin ihren Lohn beziehen würden, aber nicht mehr zur Arbeit kommen konnten.

Innerhalb von drei Tagen einigten sich die Arbeiter bei Versammlungen in ihren Gemeinden darauf, daß sie nun ihrerseits für die Unternehmenswerte eintreten mußten. Sie warfen die Unruhestifter der Gewerkschaft hinaus. Die Fabrik machte die Tore wieder auf. Die Produktionsausfälle wurden aufgeholt. In den folgenden Monaten stieg die Qualität, und die Fehlzeiten sanken. Die Werte waren stärker als je zuvor.

Dank der stabilisierenden Kraft der Werte hatte Tata den Sturm unbeschadet überstanden.

Leuchtfeuer

Wenn Unternehmenswerte die stabilisierenden Kräfte während eines Sturms darstellen, dann bietet die Unternehmensvision den Orientierungspunkt am Horizont, ein Leuchtfeuer zum Geleit. Die richtige Form der Vision ist wesentlich für die Erarbeitung einer neuen Strategie.

Eine sinnvolle Vision muß drei Komponenten enthalten. Erstens muß sie die Aspiration des Unternehmens, seine besondere langfristige Bestrebung zum Ausdruck bringen. Zweitens muß sie Inspiration aufweisen, die als eine Art Supermagnet wirkt und das Unternehmen durch den Wandel immer weiter voran- und hinaufzieht. Und drittens muß sie zu Transpiration führen in dem täglichen Bemühen der Mitarbeiter, dem gesteckten ehrgeizigen Ziel einen Schritt näher zu kommen.

Die meisten »Visionserklärungen« genügen diesen Kriterien nicht, weil sie sich lieber damit befassen, prägnante Gedanken in eine zeitlose Form zu gießen. Sie orientieren sich leider mehr an der Erklärung und weniger an der Vision.

Eine wirksame Vision muß auf höchster Ebene der Relativitätsstrategie angesiedelt sein, als Leuchtturm in einer Situation, in der sich fast alles verändert. Eine Vision sollte man nur selten verändern, aber man muß sie verändern, wenn man sich ihrem Zielpunkt nähert. Im Gegensatz dazu müssen die Kernwerte das Fundament jeder Vision bilden, weil man an ihnen nicht ungestraft herumpfuschen kann. Konzeptuell liegen die Werte also vor der Vision.

Ein weniger erhabenes Bild der Vision bietet uns eine Broschüre für den nächsten Teil der Reise, die aufzeigt, wo wir hinwollen, wie wir dieses Ziel erreichen möchten und welche Attraktionen unterwegs auf uns warten.

Eine Broschüre wäre allerdings nutzlos, wenn die Ziele alle gleich aussähen oder wenn ihre einzige Attraktion darin bestünde, daß die Reise nicht besonders viel kosten würde. Auf jeden Fall sollte die Beschreibung einer Vision nicht zu langatmig geraten. »Knapp und einprägsam« heißt das Rezept.

 Kurz und schmerzlos

> Komatsu, ein kleiner japanischer Hersteller von Erdaushubgeräten, machte sich Gedanken über eine geeignete Vision. Der Hauptkonkurrent war Caterpillar, ein um ein Vielfaches größeres Unternehmen. Das Management erkannte sein langfristiges Ziel darin, sich Caterpillar zu stellen, auch wenn Komatsu zu klein war, um auf ganzer Linie anzugreifen. Statt dessen verlegte man sich auf die Strategie, Caterpillar in ausgewählten Märkten zu ärgern. Wie ließ sich diese Vision zusammenfassen? In zwei Worten: »Caterpillar umzingeln«. (Wenn Sie Ihre Vision kürzer umschreiben können, geht der erste Preis an Sie.) Da die Mitarbeiter von Komatsu die Vision verstanden, konnten sie sehr viel in diese zwei Worte hineinlesen und erkennen, was aus der Vision hervorging.

Pragmatische Ansätze zu einer gemeinsamen Vision

Wenn eine wirksame Vision solche Bedeutung besitzt, wie sehen dann die besten Möglichkeiten für ihre Entwicklung aus? Sollten die Unternehmensangehörigen daran teilhaben? Oder sollte eine kleine Gruppe in Klausur gehen, eine Vision ersinnen und dann für sie werben? Am besten erscheint uns der Mittelweg.

Nach langem und mühseligem Suchen hat uns das Konzept von Bryan Smith von Innovation Associates überzeugt. Er hat fünf Ansätze zur Entwicklung einer gemeinsamen Vision gefunden:

Mitteilen: Der Vorstandsvorsitzende entwirft eine Vision und rät dem Unternehmen, sie zu befolgen.

Überzeugen: Der Vorstandsvorsitzende glaubt an eine Vision und ermuntert das Unternehmen, sie zu befolgen.

Erproben: Der Vorstandsvorsitzende hat einige Ideen zu einer Vision und bittet das Unternehmen um Rückmeldungen.

Beraten: Zur Erarbeitung einer Vision bittet der Vorstandsvorsitzende das Unternehmen um kreative Beiträge.

Gemeinsam entwickeln: Der Vorstandsvorsitzende und das Unternehmen entwickeln zusammen eine gemeinsame Vision.

Diese fünf Ansätze eignen sich für fünf verschiedene Konstellationen. Vom ersten bis zum letzten Punkt steigen die Anforderungen an das Engagement, und das wiederum verlangt größeres Geschick im Vorgeben von Leitlinien und höhere Lernfähigkeit des Unternehmens. Die meisten Unternehmen sind mit der gemeinsamen Entwicklung einer Vision überfordert, weil sie die dafür nötigen Fähigkeiten nicht besitzen. Anders sieht es beim Ansatz des Mitteilens aus, dem sicherlich viele Unternehmen gewachsen sind, weil er hauptsächlich eine starke Führungspersönlichkeit erfordert.

Allerdings muß der Ansatz, den man auf den ersten Blick für den besten hält, nicht unbedingt der bevorzugte bleiben.

Insgesamt ist die gemeinsame Entwicklung wohl der ergiebigste Ansatz zur Schaffung einer unternehmensweiten Vision und dürfte langfristig auch am erstrebenswertesten sein. Die meisten beschleunigenden Unternehmen werden wahrscheinlich auf eine gemeinsame Visionsentwicklung setzen. Jedes Unternehmen sollte sich für den Ansatz entscheiden, der seinen Bedürfnissen entspricht, aber in der Folge seine Fähigkeiten verfeinern, um bei der nächsten Überprüfung der Vision über den alten Ansatz hinausgehen zu können.

Hier sind Bryan Smiths Tips zu den fünf Ansätzen:

Mitteilen: Diesen Weg sollte man in Krisenzeiten einschlagen, wenn sich das Topmanagement zu einem radikalen Wandel gezwungen sieht. Obwohl es sich dabei um eine klassische Kommando- und Kontrollstruktur handelt, kann dieser Ansatz zu einer für alle inspirierenden Vision führen.

Entscheidend ist hier, die Mitarbeiter klar, konsequent und ohne Zögern über die Gründe der Veränderungen zu informieren. Einerseits müssen sie die Wahrheit über das Unternehmen erfahren, andererseits darf die Vision jedoch nicht auf diesen negativen Aspekten aufgebaut werden. Die Vision sollte ein erstrebenswertes Ziel beinhalten.

Von Anfang an muß klargestellt werden, ob einzelne Punkte innerhalb der Vision verhandelt werden können. Falls nein, sollte dies unmißverständlich zum Ausdruck gebracht werden. Die Einzelheiten der Umsetzung sollten den Mitarbeitern überlassen bleiben. Wenn die Führung auch die Details bis ins kleinste bestimmt, bleiben den anderen Angehörigen des Unternehmens keine Tätigkeitsbereiche mehr, in deren Rahmen sie sich die Vision zu eigen machen können.

Überzeugen: Voraussetzung für diesen Ansatz sind offene Kommunikationskanäle. Außerdem macht man damit einen Sprung ins Ungewisse: Man muß daran glauben, daß andere die Vorzüge einer Vision erkennen, sobald man sie ihnen auseinandersetzt. Die Mitarbeiter müssen sicher sein können, daß ihre Meinung Gewicht hat, wenn sie von der des Vorstandsvorsitzenden abweicht. Sonst könnte dieser seine Vision ebensogut *mitteilen*.

Die Mitarbeiter können nur dann von einer Vision überzeugt werden, wenn man sich an den für sie wichtigen Dingen orientiert und aufzeigt, wie sie mit den für die Unternehmensführung wichtigen Dingen in Verbindung steht.

Schließlich muß man besonders darauf achten, daß die Mitarbeiter nicht unter Zwang ja sagen. Denn sonst kann es durchaus geschehen, daß man den sprichwörtlichen Dolch im Rücken zu spüren bekommt.

Erproben: Beim Erproben stellt man die Vision nicht nur vor, um zu sehen, ob sie von den Mitarbeitern unterstützt wird, sondern auch, um zu erkennen, welche Teile am meisten und am wenigsten Unterstützung finden und welche Verbesserungen möglich erscheinen. Hierfür muß man soviel Hintergrundmaterial wie möglich zur Verfügung stellen und auf alle positiven wie negativen Implikationen hinweisen.

Um das Niveau der Reaktionen zu heben, sollte man geeignete Maßnahmen ergreifen und unter anderem die Anonymität der Beiträge gewährleisten.

Es empfiehlt sich nicht, die Vision ausschließlich anhand von Fragebögen zu erproben, weil dadurch die Feinheiten unbeachtet bleiben, die man nur bei Gesprächen unter vier Augen erkennt.

Beraten: Ein hervorragender Ansatz zur Schaffung einer Vision, wenn man weiß, daß man nicht alle Antworten kennt. Am geeignetsten scheint hier eine Festlegung von Grundregeln, nach denen sich die Visionsberatungen vollziehen, und die anschließende Weiterleitung der Diskussionsergebnisse an das gesamte Unternehmen. Dabei sollte man sich durch den Einbau von Schutzmechanismen gegen Verzerrungen absichern.

Viele Unternehmen leiten entsprechende Konferenzen mit einem Video des Vorstandsvorsitzenden ein. Das kann jedoch zu Schieflagen führen, wenn das Video nicht im Sinne der Meinungsbildung innerhalb der Diskussionsrunde erneuert wird. In jedem Fall sollten nach jeder Sitzung anonyme schriftliche Stellungnahmen eingesammelt werden.

Manche Manager fürchten eine Flut von Optionen, wenn sie die Mitarbeiter um Anregungen bitten. Das kann durchaus passieren. Und wer befürchtet, daß sein Unternehmen die Fähigkeit zu einer ausreichenden Koordinierung der Rückmeldungen noch nicht besitzt, der sollte fürs erste vielleicht doch auf den Ansatz des Erprobens zurückgreifen.

Gemeinsam entwickeln: Im Rahmen dieser fortschrittlichsten Form der Visionsfindung erzeugen alle Unternehmensangehörigen zunächst einmal ihre persönliche Vision. Manche Manager halten dies für einen gefährlichen Weg, weil persönliche Visionen naturgemäß nicht aufeinander abgestimmt sind. Aber wenn völlige Einigkeit herrschen würde, stünde man sicherlich vor einem größeren Problem.

Ziel dieses Ansatzes ist es, daß unabhängige Teams ihre gemeinsame Vision artikulieren und sie danach auf die der anderen Teams abstimmen. Dabei streben sie jedoch nicht nach Einförmigkeit, sondern nach Kompatibilität. Letztlich ergeben alle Einzelvisionen zusammen in hierarchischer Abstimmung eine Gesamtvision des Unternehmens.

Wo setzt man den Hebel an?

In welcher Reihenfolge soll man bei der Entwicklung einer Relativitätsstrategie die Phasen des Durchleuchtens, des Wissensaustauschs, der Verpflichtung, des Engagements und der Ergründung von Werten durchlaufen? Wo setzt man den Hebel an?

Genaugenommen kann man bei jedem Punkt ansetzen, und vielleicht sollte man es sogar überall zugleich tun, denn all diese Prozesse sind zusammen erforderlich. Natürlich müssen in einem beliebigen Zyklus die Verpflichtung aus dem Wissensaustausch und der Wissensaustausch aus dem Durchleuchten hervorgehen. Aber die Vision kann neue Möglichkeiten aufzeigen, vor allem wenn sie sich an einer starken Bestrebung orientiert.

Und welche Rolle spielt in diesem Zusammenhang die strategische Planungsgruppe? Eine veränderte. Die strategische Planungsgruppe in einem wandlungsfähigen Unternehmen hat nicht die Aufgabe, Strategien zu erarbeiten und zu vermitteln. Sie muß vielmehr das Unternehmen in die Lage versetzen, innovative Strategien zu entwickeln und sich dafür zu engagieren. Ihre neue Rolle besteht darin, das Unternehmen in die Funktionsweise des Strategieprozesses einzuführen und Bedingungen zu schaffen, unter denen sich dieser Prozeß vollziehen kann. In dieser Zuständigkeit wirkt sie mit dem Vorstandsvorsitzenden und anderen Funktionsbereichen wie den Abteilungen Personal und Informationssysteme zusammen.

Am besten kann die Gruppe dieser Aufgabe gerecht werden, wenn sie Techniken und Instrumente bereitstellt und zur Reflexion über die Strategie aufruft, damit der Prozeß verbessert werden und das Unternehmen etwas Neues lernen kann.

Der Supermagnet der Inspiration, der der Vision innewohnt, spornt das Unternehmen dazu an, sich die Vision zu eigen zu machen. Aber das allein reicht nicht. Man braucht noch eine Reihe weiterer Magneten im ganzen Unternehmen, um es auf Zukunftskurs zu bringen.

Man benötigt einen Prozeß, in dessen Rahmen einzelne Gruppen innerhalb des Unternehmens die Aspekte klären und aufschlüsseln können, für die sie verantwortlich sind. Man benötigt einen Prozeß, der das gesamte Unternehmen einbezieht und die großen Strategieziele in solche verwandelt, nach denen alle Mitarbeiter streben. Also benötigt man etwas Ausgefeilteres als nur einen Prozeß zur Umsetzung von Vision und Strategien in Pläne, die von der Planungsabteilung erarbeitet und dann vom Vorstandsvorsitzenden *mitgeteilt* oder *überzeugend* vertreten werden.

Dieser Prozeß steht in enger Verbindung zum Management der Veränderungsbereitschaft, dem wir uns als nächstes zuwenden.

Wegweiser zum Management strategischer Flexibilität

Mit Hilfe folgender Orientierungspunkte können Sie sich auf dem strategischen Mittelweg zurechtfinden:

1. Das auf mechanistischen Anschauungen beruhende strategische Denken Newtonscher Prägung verliert immer mehr an Bedeutung. Es geht von Prämissen aus, die durch das zunehmende Veränderungstempo der Zukunft außer Kraft gesetzt werden.

2. Die Relativitätsstrategie basiert auf drei grundlegenden Unbestimmtheitsprinzipien:
   - Sie können die Zukunft nicht vorhersagen, aber Sie können Trends erkennen und mögliche Szenarien durchspielen.
   - Sie können nicht für alle Eventualitäten Szenarien schaffen, also müssen Sie sich auf die für Sie wichtigsten Punkte konzentrieren.
   - Diese Szenarien müssen Sie aus der Sicht aller Gruppen ergründen, die ein starkes Interesse an Ihrem Unternehmen haben.

3. Der Prozeß der Relativitätsstrategie muß die für ihre Umsetzung Verantwortlichen einbeziehen; sie müssen mit Herz und Verstand bei der Sache sein.

4. Entwickeln Sie Szenarien, um das Lernen im Unternehmen zu beschleunigen und die Implikationen bedeutender Trends zu erkennen.

5. Entwickeln Sie Teamfähigkeiten. Bemühen Sie sich um Entscheidungen, an die sich alle gebunden fühlen.

6. Denken Sie angesichts turbulenter Entwicklungen in aller Welt daran, daß das Unternehmen von seinen Kernwerten stabilisiert wird.

7. Die Kernwerte eines Unternehmens sind der gemeinsame Nenner für die Werte einzelner Mitarbeiter.

8. Werte werden bekräftigt und sogar geschaffen, wenn sie sichtbar befolgt werden. Dies gilt besonders, wenn die Beachtung von Werten kurzfristig zu schlechteren Geschäftsergebnissen führt.

9. Wählen Sie den Ansatz zur Schaffung einer Vision, der den Voraussetzungen Ihres Unternehmens am meisten entspricht. Zur Wahl stehen folgende Optionen:
   - Der Vorstandsvorsitzende ersinnt eine Vision und rät dem Unternehmen, sie zu befolgen.
   - Der Vorstandsvorsitzende glaubt an seine Vision und ermuntert das Unternehmen, sie zu befolgen.
   - Der Vorstandsvorsitzende bittet das Unternehmen um Meinungen zu seinen Vorstellungen einer Vision.
   - Der Vorstandsvorsitzende bittet das Unternehmen um kreative Beiträge zur Schaffung einer Vision.
   - Der Vorstandsvorsitzende entwickelt zusammen mit dem Unternehmen eine gemeinsame Vision.

10. Die Aufgabe der Strategiegruppe in einem Unternehmen besteht nicht in der Erarbeitung strategischer Pläne, sondern in der Anregung und Betreuung der Strategieentwicklung.

11. Eine wirksame Erklärung zur Vision muß drei Komponenten aufweisen:

    Aspiration: das langfristig angestrebte Ziel,

    Inspiration: der Supermagnet des Unternehmens,

    Transpiration: die alltägliche Annäherung an das erstrebte Ziel.

2. Blickpunkt Veränderungsbereitschaft

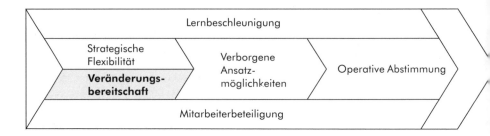

Kriterien der Veränderungsbereitschaft

Ist Veränderungsbereitschaft nur eine Frage der Inspiration? Nein. Fünf Grundkriterien spielen für die Veränderungsbereitschaft eine entscheidende Rolle. Alle Mitarbeiter des Unternehmens müssen davon überzeugt sein, daß:

- Veränderungen notwendig sind,
- der vorgeschlagene Wandel angemessen ist,
- sie als Einzelpersonen berücksichtigt werden,
- sie die Fähigkeiten zum Erreichen der Ziele besitzen,
- das »System« das erforderliche Verhalten unterstützt.

Diese fünf Voraussetzungen müssen allesamt erfüllt sein, wenn ein Unternehmen die umfassende dynamische Spannung erzeugen will, die es für seine Veränderung benötigt. Bleibt ein Kriterium unbeachtet, so wird es zum schwächsten Glied in einer Kette und führt zum Scheitern der ganzen Initiative.

Das Management zur Entwicklung von Veränderungsbereitschaft läßt sich vergleichen mit den schwierigen Planungen für eine Bergbesteigung, wenngleich dabei keine Menschenleben auf dem Spiel stehen, sondern Karrieren.

Alle Mitglieder des Bergsteigerteams müssen davon überzeugt sein, daß die Besteigung notwendig ist, daß die gewählte Route die beste ist, daß jeder anerkannt ist, daß sich das Team kompetent fühlt und daß das

Blickpunkt Veränderungsbereitschaft

Unterstützungssystem angemessen ist. Sie müssen die Herausforderung annehmen, einen Berggipfel zu erklimmen, »weil er da ist«, wie es George Lee Mallory formuliert hat, bevor er es 1924 mit dem Mount Everest aufnahm.

Für eine erfolgreiche Bezwingung des Bergs müssen alle Komponenten reibungslos ineinandergreifen, und gleich, wer den Gipfel als erster erreicht, alle Beteiligten wissen, daß er oder sie es nie alleine geschafft hätte.

Wie kommt es also zur Veränderungsbereitschaft? Nehmen wir zum Beispiel Maria, eine Managerin der mittleren Führungsebene in einem typischen Unternehmen. Sie hört von einer neuen Strategie des Topmanagements für das Unternehmen. Aber eigentlich versteht sie nicht, weshalb sich das Unternehmen verändern soll; ihr Vorstandsvorsitzender erscheint regelmäßig in der Presse und gibt voller Stolz neue Rekordgewinne bekannt. Wie überzeugt man sie von der Notwendigkeit und Unausweichlichkeit von Veränderungen? Wie erzeugt man den dafür erforderlichen Prozeß?

Wenn Menschen Risiken eingehen – im Büro oder in den Felsschluchten des Himalaya – dann aus einem von zwei Gründen: Sie wollen oder sie müssen. Und beides funktioniert.

Tenzing Norgay, der 1953 zusammen mit Sir Edmund Hillary auf dem Gipfel des Mount Everest stand, schloß sich der Expedition an, weil ihn die Chance inspirierte, den höchsten Berg der Welt zu bezwingen. Aber er hätte den Gifpel vielleicht auch erreicht, wenn ihn der schreckliche Yeti hinaufgejagt hätte. Womöglich hätte er es sogar schneller geschafft.

Bei manchen Mitarbeitern großer Unternehmen muß erst der Yeti an die Tür pochen, bevor sie sich auf einen Wandel zubewegen. Andere haben die Motivation, immer höher zu klettern, auch wenn sie bereits eine schöne Aussicht genießen. Sie glauben daran, daß die Aussicht weiter oben noch atemberaubender sein wird.

An diesem Streben nach einer noch atemberaubenderen Aussicht lassen sich erfolgreiche Unternehmen erkennen – an ihrer Bereitschaft, immerzu die Herausforderung des Wandels anzunehmen, an ihrem Ziel, sich zu übertreffen, »weil es da ist«.

Ein gutes Beispiel wäre Hewlett-Packard, der Computer- und Druckerhersteller, der seit fünfzig Jahren ununterbrochen schwarze Zahlen schreibt. Oder Chaparral Steel, eines der ertragreichsten Stahlunternehmen der Welt und eines der wenigen in den USA, das auch während der zyklischen Rezession des letzten Jahrzehnts Gewinne erzielte. Oder Honda, eines der innovativsten und angesehensten Autounternehmen, das als erste japanische Firma im Ausland fertigte und als erste eine unverwechselbare Marke der gehobenen Klasse etablierte: den Acura.

Weitere Unternehmen dieser Kategorie sind General Electric, das die Nummer eins oder zwei in allen Bereichen seiner Geschäftstätigkeit ist; Toyota, von allen Autounternehmen der Welt dasjenige mit den beständigsten Gewinnen; und Cemex aus Mexiko, das viertgrößte und einträglichste Zementunternehmen der Welt.

Diese Unternehmen schaffen ihre eigenen Herausforderungen. Sie heben ihre Standards und reduzieren ihre Kosten, lange bevor sie von ihrem Umfeld dazu gezwungen werden.

Auf die Frage nach dem anhaltenden Erfolg seines Unternehmens gab ein Manager von Hewlett-Packard die bezeichnende Antwort: »HP ist meistens mit sich unzufrieden.« Gordon Forward, der Vorstandsvorsitzende von Chaparral Steel formuliert die Herausforderung für seine Mitarbeiter auf ganz ähnliche Weise: »Wenn es nicht kaputt ist – macht es kaputt!« Und Honda agiert mit Slogans wie »Etwas Neues für alle« oder »Das trockene Handtuch auswringen«.

 *Das Grovesche Gesetz*

»Nur die Paranoiden überleben.«
Andrew Grove, Vorstandsvorsitzender der Intel Corporation.

Unternehmen, die nach atemberaubenden Aussichten streben, haben eine gemeinsame Einstellung: Sie sind nie mit sich zufrieden, sie ruhen sich nie auf ihren Lorbeeren aus, das Erreichte ist nie genug. Eine ziemlich gute Einstellung für ein Unternehmen, das im 21. Jahrhundert seinen Vorsprung bewahren will.

Auch der Yeti-Ansatz kann funktionieren, aber er ist riskanter. Ein drohendes Verhängnis kann Kräfte freisetzen, aber es schränkt auch den Handlungsspielraum ein. Ständiges Davonlaufen ist anstrengend, und wenn eine Krise die nächste jagt, dann ist der Akku vielleicht irgendwann leer, und die Kräfte des Unternehmens sind aufgezehrt. Die größte Gefahr besteht jedoch darin, daß Manager, die sich für den Yeti-Ansatz entscheiden, die Mitarbeiter hintergehen wollen: In der Überzeugung, daß Veränderungen nur durch Krisen ausgelöst werden, erfinden sie eine Krise.

Es gibt einen besseren Weg: den Mittelweg.

Weil es da ist

 An die Mitarbeiter appellieren

»Den Leuten Angst zu machen bringt nichts. Man muß an sie appellieren. Je mehr sie verstehen, warum man eine Veränderung will, um so leichter können sie sich mit dem Gedanken anfreunden. Und sie müssen daran glauben, daß sie gewinnen können. Man muß eine Ziellinie festlegen, damit sie wissen, wann sie stehenbleiben und sagen können: ›Wir haben gewonnen.‹ Feiern ist ungeheuer wichtig.«

Lawrence Bossidy, Vorstandsvorsitzender von Allied Signal.

Wenn es keine Krise gibt, sollte man auch keine erfinden. Viel besser fährt man, wenn man die Mitarbeiter von der Notwendigkeit des Wandels überzeugt und sie auf dessen besondere Attraktionen hinweist. Das Management ist gefordert, eine Vision zu entwickeln, an der die Mitarbeiter teilhaben wollen. Und wenn sie die Vision anspricht, wächst auch ihre Bereitschaft zu Veränderungen.

Die Unternehmensführung steht hier vor der Aufgabe, die beiden ersten Kriterien der Veränderungsbereitschaft gleichzeitig zu erfüllen. Sie muß die Mitarbeiter von der Notwendigkeit eines Wandels und von der Angemessenheit eines bestimmten Wandels überzeugen. Dies setzt doppelte Anstrengungen voraus.

Und im Gegensatz zur Bewältigung einer Krise, die einen emotionalen Antrieb darstellt, erfordert ein Management der Veränderungsbereitschaft die Kraft »emotionaler Magneten«, mit denen man Herz und Verstand der Mitarbeiter im ganzen Unternehmen in die gewünschte Richtung lenkt.

Es gibt zwei Formen von emotionalen Magneten. Visionen wunderbarer Möglichkeiten üben eine starke Anziehung auf uns aus: ein Sportteam, das die Meisterschaft anstrebt, Soldaten, die die feindlichen Linien zu durchbrechen versuchen, Mitarbeiter, die zusammenarbeiten, um einen wichtigen Auftrag zu bekommen. Diese positiven Visionen umfassen ein deutliches Bestreben, sie wirken inspirierend und sind in ihrer Praxisbezogenheit glaubwürdig.

Schreckliche Visionen schaffen genauso starke Magneten, die eine abstoßende Wirkung auf uns ausüben. Doch anders als beim Antrieb durch ein Krisenmanagement haben wir in diesem Fall eine genauere Vorstellung von dem, was auf uns wartet. Der Präsident eines Fußballvereins kann mit dem Verkauf eines Spielers drohen, der Trainer kann einen Star auf die Bank setzen und einem Nachwuchsspieler eine Chance geben. Ein Vorstandsvorsitzender kann mit Entlassungen drohen.

Trotz starker Wirkung ist der Gebrauch solcher abstoßenden Magneten riskanter als der anziehender Magneten, weil sie schwer zu kontrollieren sind und zu langfristigen Nebenwirkungen führen können. Der Mangel an Kontrolle beruht auf der Reaktion, die sie auslösen. Man weiß, daß die Mitarbeiter vor der furchtbaren Vision davonlaufen werden, aber man weiß nicht, wohin sie laufen werden.

Negative Visionen können darüber hinaus auch lähmend wirken. Die Angst nagt am Selbstvertrauen, sie ermüdet und stumpft ab. Auf lange Sicht zerstört sie mehr, als sie aufbaut, und aus diesem Grund stellt ein »Wandel durch ständige Krisen« keine brauchbare langfristige Option dar. Er läßt sich einfach nicht durchhalten.

Der Mittelweg

Zwischen der negativen Schauervision und der positiven Wundervision liegt ein Mittelweg: eine pragmatische Verbindung, die beide Pole eines emotionalen Magneten nutzt.

Man beginnt mit einer möglichst zugkräftigen positiven Vision. Dann weckt man mit einer negativen Vision die Unzufriedenheit mit dem Sta-

Blickpunkt Veränderungsbereitschaft 53

tus quo, so daß alle Beteiligten der aktuellen Realität den Rücken kehren wollen.

Aber diese Unzufriedenheit muß kanalisiert werden. Eine Vision, die Frustration erzeugt, ohne einen klaren Ausweg aufzuzeigen, führt zu einem Gefühl der Unzulänglichkeit, das fast genauso destruktiv ist wie Furcht. Also Vorsicht!

Mitunter läßt sich die Kraft des zweipoligen Magneten verstärken, wenn man den Gegensatz zwischen positiver und negativer Vision herausstreicht. Jack Welch hat es als Vorstandsvorsitzender von General Electric vorgemacht. Der positive Pol war stark: »Wir werden zur Nummer eins oder zwei in jedem Geschäftsbereich.« Den negativen Pol bildete die unausgesprochene Drohung, jeden Geschäftsbereich zu verkaufen, der in seiner Branche nicht diese Führungsstellung erreichen konnte.

Hilfsmagneten

Manchmal kann ein starker Magnet eine katalytische Wirkung auf große Gruppen von Menschen ausüben. Man denke nur an die Weltreligionen, die von einem einzigen Menschen und einem intensiven emotionalen Magneten ausgegangen sind.

Aber oft können Unternehmen nur mit Hilfe eines »Supermagneten« keine ausreichenden Veränderungen herbeiführen. Deshalb muß die positive Vision durch komplementäre, detaillierte Visionen verstärkt werden, die als Hilfsmagneten wirken.

Die Herausbildung von Hilfsmagneten ist von zentraler Bedeutung für die Entfaltung einer Relativitätsstrategie, die einen Prozeß der Reflexion und der Beteiligung darstellt. Auf Teamebene müssen die Hilfsmagneten ins Detail gehen. Jede Teamvision muß ein konkretes Ziel umfassen, damit die Mitarbeiter erkennen, wann sie es erreicht haben. Wie bei Unternehmensvisionen enthalten Teamvisionen nicht nur Ziele, sondern auch Anregungen für das Erreichen dieser Ziele.

Die Hilfsmagneten müssen eine inspirierende Wirkung ausüben, um die Mitglieder dazu zu bewegen, ihre Ziele auf andere Weise – und vielleicht mit einem anderen Geist – anzustreben. Es kann nicht darum gehen, daß man auf dem alten Gleis weiterfährt und nur das Tempo beschleunigt. Es geht sozusagen um den Versuch, einen riesigen Felsen zu bewegen. Finanzielle Ziele allein können diese Art der Inspiration nur selten schaffen; Gruppenleiter oder Mitarbeiter lassen sich wohl kaum jeden Morgen von dem Gedanken anspornen, daß die Aktionäre, die sie in der Regel gar nicht kennen, durch ihre Tätigkeit mit höheren Dividenden rechnen dürfen.

Viel erfolgversprechender erscheint eine Vision, die die drei Komponenten der Unternehmensvision umfaßt: Aspiration, Inspiration und Transpiration. Wie Einzelgefechte im Rahmen eines militärischen Feldzugs sollten Hilfsmagneten kurzfristige Ziele vorgeben, die sich in sechs bis zwölf Monaten erreichen lassen. Und der Gewinn jedes einzelnen Gefechts sollte für das Team Anlaß zum Feiern sein.

 Grundzüge einer Teamvision

1. Sie spiegelt Aspiration, Inspiration und Transpiration wider.
2. Sie schafft ein Gefühl der Dringlichkeit.
3. Sie setzt konkrete Ziele, die oft in sechs bis zwölf Monaten erreichbar sind.
4. Sie führt zu meßbaren und sichtbaren Ergebnissen.
5. Sie verlangt von den Mitarbeitern, daß sie außerhalb normaler funktionaler und mentaler Grenzen tätig sind.
6. Sie bietet Anlässe zur Feier von Leistungen.

Wenn im gesamten Unternehmen ein Supermagnet und in den Teams Hilfsmagneten etabliert sind, gilt es noch drei weitere Kriterien der Veränderungsbereitschaft zu erfüllen: Wie sichert man sich das Engagement der Mitarbeiter? Wie sorgt man dafür, daß sie wissen, was sie tun müssen? Und wie verhindert man, daß sie vom »System« bekämpft werden?

Ein Team bilden

 Ein altes chinesisches Sprichwort

»Sage es mir, und ich werde es vergessen. Zeige es mir, und ich werde mich vielleicht erinnern. Beteilige mich, und es wird mich berühren.«

Um die Unternehmensangehörigen für eine Initiative zu gewinnen, muß man sich zunächst einmal überlegen, wer die Hauptbeteiligten sind. In der Regel lassen sie sich in vier Kategorien aufteilen: Fördernde, ausführende, machtausübende und unterstützende Kräfte.

Förderer sind meist Führungskräfte und müssen nicht über alle Details der Pläne und Ressourcen auf dem laufenden gehalten werden. Aber ihre Fürsprache hinter den Kulissen spielt eine entscheidende Rolle und gibt dem Team die nötige Zuversicht zur Überwindung entstehender Hürden. Bei bahnbrechenden Initiativen fällt die Aufgabe des Förderers häufig dem Vorstandsvorsitzenden zu.

Die ausführenden Kräfte sind die Mitarbeiter, die die Veränderungen in ihre Alltagstätigkeit einbauen müssen. Um ihre emotionale Beteiligung zu gewährleisten, sollten sie in die Entwicklung der Veränderungsinitiative einbezogen werden.

Die machtausübenden Kräfte sind diejenigen, die den Gebrauch von Ressourcen genehmigen oder verweigern können – einschließlich der Zeit, die die Ausführenden für eine erfolgreiche Umsetzung der Initiative brauchen. Machtausübende Kräfte sind in der Regel die direkten Vorgesetzten der Ausführenden; es kann sich aber auch um Gewerkschaftsfunktionäre oder um Leiter von Stabsstellen handeln, die wichtige Ressourcen kontrollieren.

Die unterstützenden Kräfte sind jene, deren Hilfe das Team braucht, die jedoch in der Regel ohne große Einschränkungen in ihrem gewohnten Tätigkeitsbereich weiterarbeiten können. Beispielsweise wird vielleicht die Buchführungsabteilung um häufigere Informationen ersucht. Auch externe Zulieferer können unterstützend wirken.

Häufig wird bei Veränderungsinitiativen der Fehler begangen, eine wichtige fördernde, ausführende, machtausübende oder unterstützende Kraft zu übersehen. Noch häufiger allerdings schießen Initiativen in der anderen

Richtung übers Ziel hinaus in der Annahme, daß das gesamte Unternehmen beteiligt werden muß. Damit beschwört man einen logistischen Alptraum herauf und belastet die angespannten Ressourcen des Unternehmens.

 Des Guten zuviel

Der Generaldirektor des Geschäftsbereichs eines lateinamerikanischen multinationalen Konzerns leitete ein Veränderungsprogramm in die Wege, das sich auf sämtliche ihm unterstellten Fabriken erstreckte. Die Fabrikleiter berichteten einem Produktionsleiter, der somit eine wichtige machtausübende Kraft darstellte. Aber der Generaldirektor wollte auf Anregung seiner Berater seinen Einsatz für das Veränderungsprogramm aktiv und sichtbar demonstrieren und nahm daher an allen Programmsitzungen in allen Fabriken teil.

Leider schränkte die sichtbare Rolle des Generaldirektors die Rolle des Produktionsleiters ein, der sich übergangen fühlte. Eher unabsichtlich begann er, seine Macht auf negative Weise auszuüben, und leitete eigene, parallele Initiativen ein, über die er die Kontrolle hatte. Diese beanspruchten Zeit und Aufmerksamkeit der Fabrikarbeiter, die dann für das eigentliche Veränderungsprogramm nicht mehr verfügbar waren.

Aus dieser verfahrenen Situation konnte man sich erst befreien, als die Aufgaben der Hauptakteure genau festgelegt wurden. Der Generaldirektor wurde ermuntert, seine Rolle als Förderer wahrzunehmen und dem Produktionsleiter mehr Verantwortung – und Anerkennung – für die Initiative zuzugestehen.

Es gilt also, das Augenmerk auf die entscheidenden Akteure zu richten, die als fördernde, ausführende, machtausübende und unterstützende Kräfte an dem Prozeß beteiligt sind. In aller Regel stellen sie zusammen eine ziemlich große Gruppe dar. Der Rest des Unternehmens kann zunächst unberücksichtigt bleiben, weil er später ohnehin auf natürliche Weise einbezogen wird.

Und noch ein Fallstrick, vor dem man sich hüten sollte: Gute Manager wissen, wie wichtig es ist, die Beiträge der Mitarbeiter anzuerkennen und sie in dem Bemühen um einen umfassenden Wandel nicht einfach links liegenzulassen. Und sie wissen auch, daß die Übertragung von Verantwortung eine wichtige Form der Anerkennung ist. Aus diesem Grund gehen viele Manager davon aus, daß sie jeden an der Initiative beteiligen sollten, der eine wichtige Position einnimmt.

Dieser Ansatz ist oft falsch. Leute, die in der Vergangenheit Großes vollbracht haben, müssen deshalb noch lange nicht die ideale Besetzung für zukunftsträchtige Projekte sein. Ganz im Gegenteil: Unter Umständen orientieren sie sich wegen ihrer früheren Leistungen zu stark an der Vergangenheit.

Bei einer Befragung von Unternehmen, die einen tiefgreifenden Wandel hinter sich hatten, erfuhren wir, daß diese unter anderem zu der Erkenntnis gelangt waren, daß sich die Vorstandsvorsitzenden viel früher um die Aufgaben und Leistungen der Führungskräfte kümmern müssen. Andernfalls läuft man Gefahr, sich die Zukunft zu verbauen.

 *Die Drucker-Perspektive*

Der gefeierte Managementguru Peter Drucker hatte einmal folgenden Rat für einen Vorstandsvorsitzenden, der sich nicht entscheiden konnte, ob er seine Mitarbeiter nach Leistung oder nach Loyalität aussuchen sollte: »Versetzen Sie alle ranghohen Führungskräfte in neue, weit besser bezahlte Positionen mit wohlklingenden Titeln. In den alten Positionen behalten Sie nur Manager mit der Fähigkeit zur Führung des Wandels.

Wenn die alten Führungskräfte aus dem Weg sind und sich mit peripheren Dingen befassen, kostet das bei weitem weniger als der Status quo, weil sich das Unternehmen viel schneller bewegen kann.«

(Es gibt auch die Alternative, daß der Vorstandsvorsitzende und seine veränderungswilligen Manager ausziehen und die anderen zurücklassen, wie es Jack Smith kurz nach Antritt seines Amts als Vorstandsvorsitzender von General Motors getan hat.)

Wenn man einerseits die Leistungen der Vergangenheit anerkennen und andererseits jedoch zu neuen Ufern aufbrechen möchte, ist es vielleicht unvermeidlich, sich von einigen altgedienten Mitarbeitern zu trennen. Auch dies sollte jedoch mit Würde geschehen.

Aber auch nach dem Entschluß zur Trennung von Mitarbeitern steht das Unternehmen noch vor dem Problem alter Verfahrensweisen, die einen grundlegenden Wandel behindern. Und erstaunlicherweise ist es oft noch schwieriger, sich von alten Verfahrensweisen zu lösen als von altgedienten Mitarbeitern.

Die sieben Stufen der Weiterentwicklung

Wie entscheidet man, was man behält und wovon man sich trennt? Wie so oft bietet der Mittelweg die pragmatische Lösung: Die besten Elemente des Alten werden als Fundament bewahrt, aber ein Großteil des Alten muß dem Neuen weichen. Mit diesem Ansatz kann das Unternehmen auch weiterhin seine kurzfristigen Geschäftsziele erreichen und sich gleichzeitig umstrukturieren, um auch in einem veränderten Umfeld zu gedeihen.

 Alte Regeln aufgeben

Mathematiker, Physiker, Chemiker, Biologen, Ökonomen und Computerwissenschaftler am Santa Fe Institute in New Mexico befassen sich mit Mechanismen und Prinzipien, nach denen sich Organismen und andere komplexe Systeme verändern und lernen. Dabei haben sie als ein Prinzip das kontinuierliche Aufgeben operativer Regeln erkannt, die aufgrund veränderter Umweltbedingungen ihre Bedeutung verloren haben.

Sie fanden heraus, daß komplexe Systeme, seien es biologische Organismen oder Computersysteme, nur mit einer kleinen Zahl von Regeln gleichzeitig operieren können. Sie müssen also über die Fähigkeit verfügen, alte Regeln aufzugeben, um dem Neuen Platz zu machen. Schwieriger ist das Aufgeben von Regeln in Systemen, an denen Menschen beteiligt sind, weil deren Selbstwertgefühl häufig mit alten Regeln verbunden ist.

Zunächst gilt es, das Unternehmen in seiner neuen Gestalt zu charakterisieren. Dann muß man eine Bestandsaufnahme des Jetztzustands machen und alle bestehenden Verfahrensweisen gegen die notwendigen Veränderungen in der Zukunft abwägen. Dabei wird man sicherlich eine Reihe aktueller Verfahrensweisen erkennen, die sich für den angestrebten Wandel eignen, wenn auch vielleicht mit kleineren Anpassungen. Diese Erkenntnisse sollten an andere Teile des Unternehmens weitergegeben werden.

Dadurch bewahrt man nicht nur wertvolle Verfahrensweisen, sondern hat Gelegenheit, vergangene Erfolge (und die daran Beteiligten) anzuerkennen und zu feiern.

In diesem Prozeß wird man wahrscheinlich gelegentlich an weniger Rühmliches aus den guten alten Zeiten erinnert, von dem man sich lösen sollte. Aber vor allem wird man sich für die Zukunft begeistern, wenn die persönliche Vision des einzelnen in die gemeinsame Vision des Unternehmens eingeht.

Charakterisieren, abwägen, erkennen, weitergeben, feiern, sich mit Anstand lösen und sich begeistern – dieser Prozeß hat sich in vielen und auch in alten traditionsgebundenen Unternehmen bewährt.

Geht man diese sieben Stufen der Reihe nach durch, findet man in jeder von ihnen die menschliche Seite des Wandels wieder (und wird vielleicht feststellen, daß sie alle in krassem Widerspruch stehen zu den Empfehlungen, die die Verfechter des Rambo-Reengineering in jüngerer Zeit ausgesprochen haben).

Die sieben Stufen der Weiterentwicklung

1. Das Unternehmen der Zukunft CHARAKTERISIEREN.
2 Bestehende Verfahrensweisen gegen Notwendigkeiten ABWÄGEN.
3. Aktuelle Verfahrensweisen ERKENNEN, die sich für die Zukunft eignen.
4. Erkenntnisse an den Rest des Unternehmens WEITERGEBEN.
5. FEIERN, was in der Vergangenheit funktioniert hat und auch in Zukunft funktionieren wird.
6. Sich mit Anstand von Verfahren LÖSEN, die das Unternehmen bremsen.
7. Sich für die Zukunft BEGEISTERN.

Das mexikanische Zementunternehmen Cemex liefert ein gutes Beispiel für diesen Prozeß. Das Unternehmen erzielte hohe Gewinne und besaß einen großen Marktanteil. Aber die Geschäftsleitung erkannte einen Veränderungsbedarf aufgrund weltweiter Entwicklungen, wie etwa fallender Handelsbarrieren und wachsender Konkurrenz.

Aber Cemex stand vor einem Dilemma: Wie konnte man sich mit Anstand von überholten Verfahrensweisen lösen und dennoch die Mitarbeiter halten, die ein starkes Interesse an diesen Verfahren hatten?

Die Verantwortlichen folgten den sieben Stufen der Weiterentwicklung. Sie ergründeten die Erfolgsfaktoren, um zu erkennen, ob diese auch in Zukunft tragfähig waren. In vierzehn Fabriken in Mexiko charakterisierte ein Team von Managern die notwendige zukünftige Gestalt des Unternehmens.

Da die Mitarbeiter die einzige Ressource mit Wertsteigerungspotential waren, stellten die Manager die Frage, welchen Prinzipien Cemex für die Organisation und Entwicklung seiner Mitarbeiter folgen sollte.

Dann erörterten sie die geeignete Managementform für Produktion, Wartung und Qualität, um einen Weltklassestandard zu erreichen. Hierfür zogen sie Vergleiche mit Fertigungsverfahren in ihrer Branche und in anderen. Ihr Hauptinteresse dabei galt jedoch weniger der Festlegung numerischer Ziele als der Visualisierung eines Hochleistungsfertigungsbetriebs der Zukunft.

Zuletzt legten sie sich die Frage nach den notwendigen Managementverfahren vor.

Unter Einbeziehung einer großen Zahl von Mitarbeitern in den Fabriken wägten sie die aktuellen Arbeitsformen gegen die erwünschten ab. Dieses partizipative Vorgehen förderte viele Verfahren zutage, die zu den Leistungen der Fabriken beigetragen hatten, aber in der Vergangenheit nicht wahrgenommen worden waren. Diese Verfahren wurden an alle anderen Fabriken weitergegeben, und ihre Urheber und Anwender fanden die ihnen gebührende Anerkennung.

Nach der Feier der besten Verfahren fiel es allen Beteiligten weniger schwer, sich von veralteten Verfahren zu lösen und sich für die Zukunft zu begeistern. Allerdings machten sich einige Mitarbeiter Sorgen, ob sie der neuen Aufgabe gewachsen waren.

Feilen und verbessern

Ein tiefgreifender Wandel setzt eine Reihe von Fertigkeiten voraus, die in der Regel auf einem höheren Niveau liegen als die bisherigen. Deshalb sehen die Mitarbeiter den Veränderungen mit Begeisterung entgegen, aber auch mit Sorgen.

Was tun, wenn sie die nötigen Fertigkeiten noch nicht besitzen? Sie müssen wissen, welche neuen Dinge von ihnen erwartet werden, und sie müssen die Gewißheit haben, daß sie beim Erlernen dieser Dinge unterstützt werden.

Ausbilden, Ausbilden und nochmals Ausbilden ist mittlerweile zu einem wesentlichen Aspekt der Veränderungs- und Überlebensfähigkeit von Unternehmen geworden. Der Baldridge-Preisträger Solectron, ein Montageunternehmen für gedruckte Schaltungen, schätzt, daß im Zuge des rasanten Veränderungstempos in der Technologie jährlich 20 Prozent des Wissens seiner Ingenieure seine Gültigkeit verliert.

Daher absolvieren die Solectron-Mitarbeiter – vom Anfänger bis hin zum Präsidenten – jedes Jahr als Teil der normalen Arbeitszeit durchschnittlich 110 Ausbildungsstunden. Die Verantwortlichen von Motorola sind davon überzeugt, daß die wichtigsten Waffen für die Konkurrenzkämpfe der Zukunft Reaktionsschnelligkeit, Anpassungsfähigkeit und Kreativität heißen werden. Um an diesen Eigenschaften zu feilen, arbeitet Motorola am Modell des »lebenslangen Lernens«. Bis zum Jahr 2000 möchte das Unternehmen die durchschnittliche Ausbildungszeit seiner Mitarbeiter von derzeit rund 40 Stunden auf das Vierfache erhöhen, das heißt auf annähernd vier Arbeitswochen.

Die Vorteile der Ausbildung zeigen sich nicht nur in den gesteigerten Fähigkeiten des Unternehmens, sondern auch in den besseren Geschäftsergebnissen. Motorola rechnet damit, daß jeder Dollar für Ausbildungsmaßnahmen binnen drei Jahren 30 Dollar durch Produktivitätszuwächse abwerfen wird. Innerhalb von fünf Jahren hat das Unternehmen seine Kosten um 3,3 Milliarden Dollar gesenkt, und zwar nicht durch Entlassungen, sondern durch Ausbildungsmaßnahmen, die zur Vereinfachung von Prozessen und zur Reduzierung von Verschwendung geführt haben. Der Umsatz pro Mitarbeiter hat sich verdoppelt, und die Gewinne sind um 47 Prozent gestiegen.

1993 gab Motorola 4,2 Prozent seiner Lohnkosten für Ausbildung aus. Bei General Electric lag der entsprechende Betrag sogar bei 4,6 Prozent. Bei Texas Instruments und Corning waren es immerhin noch 3 Prozent.

Zwei Prinzipien der Ausbildung

Daß Ausbildung in einer Welt des raschen Wandels den entscheidenden Unterschied ausmachen *kann*, heißt nicht unbedingt, daß sie diesen Unterschied auch ausmachen *wird.* Viele Unternehmen, die ein Vermögen in die Ausbildung investieren, scheinen davon herzlich wenig zu profitieren.

Erfolgreiche Ausbildung in modernen Unternehmen baut auf zwei allgemeingültige Prinzipien: Rechtzeitigkeit und Aufgabenbezogenheit.

Die Mitarbeiter sollten so geschult werden, daß sie das neue Wissen unmittelbar danach anwenden können. Und das neue Wissen sollte sich direkt auf eine bestimmte Aufgabe beziehen, die sie zu erledigen haben. Durch diesen Zusammenhang kann das Unternehmen lernen und seine Leistungen steigern.

Erfolgreiche Unternehmen verwenden viele Methoden zur Vermittlung neuer Konzepte. Analytische Konzepte werden am besten im Rahmen eines Schulungsraums gelehrt, während implizite Konzepte wie etwa Teamwork am besten durch erfahrungsorientierte Ausbildung aufgenommen werden. Hiervon gibt es mehrere Spielarten, die nicht alle gleichermaßen wirksam sind.

Viele Unternehmen haben mit Spielen und gemeinsamen Erfahrungen experimentiert, und zwar sowohl im Haus – mit Nabelschau-Sensibilitätsübungen – als auch außer Haus – mit Programmen wie Outward Bound. Aber den Teilnehmern fiel es oft nicht leicht, die neuerworbenen Konzepte auf ihre Arbeitssituation zu übertragen. Ein Topmanager eines Fortune-100-Unternehmens meinte nach einem Erfahrungstraining außer Haus: »Ich will kein Bewußtseinstraining; ich will wissen, wie ich diese verdammte Sache hinkriege.«

Die Ausbildung sollte also so eng wie möglich auf das Umfeld abgestimmt sein, in dem das Erlernte in der Folge zum Einsatz kommt. Außerdem müssen die Mitarbeiter, die neues Wissen auf ihre Arbeit anwenden, durch gezielte Betreuung unterstützt werden.

Im Hinblick auf die Veränderungsbereitschaft kommt der Teamausbildung besondere Bedeutung zu.

Teams bringen ein echtes Problem in das Ausbildungsprogramm ein, sie erarbeiten gemeinsam eine Lösung, sie legen einen Aktionsplan fest, und sie übernehmen die Verantwortung für die Durchführung. Dies scheint der beste Weg, um ein effektives Lernen im Unternehmen zu erreichen. Unternehmen wie General Electric, Ameritech und AT&T bauen auf diesen Ansatz, um die Fähigkeiten der Mitarbeiter zu entwickeln und Durchbrüche zu erreichen.

Das Richtige auf die falsche Weise

Ausbildungsausgaben können reine Verschwendung sein, wenn die Trainingsmaßnahmen nicht auf die Hierarchie der aus der Unternehmensvision abgeleiteten Magneten abgestimmt sind. Dies mußte ein Hersteller von Autoteilen zu seinem Leidwesen feststellen. Das Unternehmen richtete ein Schulungsinstitut ein, das von allen Mitarbeitern besucht wurde. Der Präsident persönlich überprüfte die Fortschritte des Programms. Parallel dazu wurden im gesamten Unternehmen »Beteiligungsteams« für Mitarbeiter geschaffen, um diese zu Verbesserungen in ihren Tätigkeitsbereichen zu ermutigen. Später kamen noch Arbeitsgruppen hinzu, die mit Managern besetzt waren und nach entscheidenden Möglichkeiten für Prozeßverbesserungen Ausschau halten sollten.

Aber niemand konnte irgendwelche besonderen Ergebnisse dieser Anstrengungen und Investitionen erkennen. Was war schiefgelaufen?

Es stellte sich heraus, daß Ausbildung, Teams und Aufgaben nicht eng genug miteinander verknüpft waren.

Scharenweise strömten Mitarbeiter aus allen Teilen des Unternehmens in die Schulungen. Dies wurde als die einzige Möglichkeit betrachtet, um zu große Belastungen einzelner Arbeitsbereiche zu vermeiden. Darüber hinaus sah man darin eine hervorragende Gelegenheit für die Mitarbeiter, Kollegen kennenzulernen, denen sie im Arbeitsalltag sonst nie begegneten.

Aber nach der Rückkehr an ihren Arbeitsplatz mußten sich die Mitarbeiter mehr oder weniger allein zurechtlegen, wie sie das Erlernte auf ihre Tätigkeit anwenden sollten. Besonders schwierig war es, wenn ihre Kollegen in der Gruppe noch keine Schulung erhalten hatten und keine praktische Verbindung zwischen dem neuen Wissen des Ausgebildeten und den Vorgaben ihres Vorgesetzten sehen konnten. In einigen Fällen erhielten Arbeiter, die Vorschläge zur Planung und Organisation der Arbeit machten, den Rat, sich um ihre eigenen Dinge zu kümmern.

Daher wurde das Erlernte bis auf wenige Ausnahmen nicht sofort angewendet – und dann in den meisten Fällen wieder vergessen.

Die später aus Managern gebildeten Arbeitsgruppen, die konkrete Resultate finden sollten, sahen keinen Anlaß, die von den Mitarbeitergruppen erworbenen Teamworkfähigkeiten nun ihrerseits zu erlernen.

Sie hielten diese Fähigkeiten für wertlos, weil die Mitarbeiterteams keine Ergebnisse erbracht hatten. Da die Arbeitsgruppen von einer entsprechenden Ausbildung nichts wissen wollten, bewegten sie letztlich wenig, obwohl sie sehr viel Staub aufwirbelten.

Glücklicherweise verlor die Unternehmensführung nicht ihren Glauben an das Ausbildungsprogramm. Als sie endlich das Problem der fehlenden Verknüpfung von Ausbildung, Teams und Aufgaben erkannte, griff sie auf Grundprinzipien zurück.

Die Führung entwickelte aus der Vision und Strategie des Unternehmens eine Hierarchie von Magneten. Parallel dazu entschied sie, wer an der Realisierung der durch diese Magneten verkörperten Ziele beteiligt werden mußte: fördernde, ausführende, machtausübende und unterstützende Kräfte. Dieser Ansatz gestattete die Formierung geeigneter Teams. Erst danach wurden die Ausbildungserfordernisse der Teams im Hinblick auf ihren Lernbedarf und den Zeitpunkt dieses Bedarfs festgelegt und geplant.

Und so erwarben die Mitarbeiter und Manager die notwendigen Fähigkeiten, um an Veränderungen teilzunehmen.

Von den fünf Kriterien der Veränderungsbereitschaft bleibt noch eines zu besprechen: Unterstützt das System das erforderliche Verhalten? Dieser Frage ist das 3. Kapitel gewidmet.

Wegweiser zum Management der Veränderungsbereitschaft

Lassen Sie sich durch folgende Punkte auf Ihrem Weg geleiten:

1. Ausreichend veränderungsbereit sind die Mitarbeiter, wenn sie überzeugende Antworten auf fünf Fragen bekommen:
   - Ist die Veränderung überhaupt notwendig?
   - Ist die vorgeschlagene Veränderung angemessen?
   - Werden sie berücksichtigt?
   - Werden sie die erforderlichen Fertigkeiten haben?
   - Wird das System die notwendigen Veränderungen unterstützen?
2. In den besten Unternehmen – die auf Beschleunigung setzen – ist der Wunsch nach Verbesserung eine ständige Motivation, auch wenn die Dinge sehr gut stehen.
3. Magneten des Wandels, die aus starken Bestrebungen hervorgehen, sind langfristig viel wirksamer als der Antrieb durch Furcht.
4. Finanzziele allein können die Mitarbeiter nur selten inspirieren.
5. Die Kombination aus Unzufriedenheit mit der Gegenwart und Zukunftsbestrebungen ist eine starke Triebfeder des Wandels.
6. Der Supermagnet, der aus einer umfassenden Veränderungsvision hervorgeht, sollte durch eine Reihe von Hilfsmagneten konsolidiert werden, die die Mitarbeiter auf konkrete Weise integrieren.
7. Zur Steuerung des Wandels muß eine Hierarchie von Magneten konkrete Ziele setzen, ein Gefühl der Dringlichkeit wecken und Möglichkeiten zur Realisierung der Ziele aufzeigen. Sie muß also alle drei Aspekte einer schlagkräftigen Vision aufweisen: Aspiration, Inspiration und Transpiration.
8. Bei der Planung von Veränderungsinitiativen müssen Sie vier Arten von Beteiligten in Betracht ziehen: fördernde, ausführende, machtausübende und unterstützende Kräfte.
9. Zollen Sie früheren Leistungen Anerkennung, aber legen Sie die Zukunft in die Hände derjenigen, die zu Veränderungen bereit und fähig sind.
10. Um Raum für Verfahren zu schaffen, die das zukünftige Wachstum beschleunigen können, sollten Sie sich in einem Sieben-Stufen-Prozeß von veralteten Verfahren lösen:
    - Das zukünftige Unternehmen charakterisieren,
    - bestehende Verfahren gegen die Zukunft abwägen,
    - aktuelle Verfahren, die sich für die Zukunft eignen, erkennen,
    - die Erkenntnisse an den Rest des Unternehmens weitergeben,
    - feiern, was funktionieren wird und was in der Vergangenheit funktioniert hat,
    - sich mit Anstand von veralteten Verfahren lösen,
    - sich für die Zukunft begeistern.
11. Ausbildung ist am effektivsten, wenn sie auf die konkreten Aufgaben der Mitarbeiter abgestimmt ist und bei Bedarf rechtzeitig angeboten wird.
12. Ausbildungspläne sollten das, *was* zu erledigen ist, darauf abstimmen, *wie* und von *wem* es zu erledigen ist.

3. Blickpunkt verborgene Ansatzmöglichkeiten

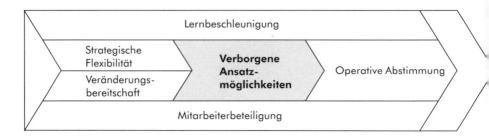

Die Illusion der Kontrolle

Verglichen mit der Navigation eines Schiffs auf offener See bei Nacht mag es eher ungefährlich erscheinen, ein Unternehmen durch einen tiefgreifenden Wandel zu steuern. Wenn der Versuch fehlschlägt, muß niemand im Ozean sein Leben lassen. Aber es kann sein, daß das Unternehmen untergeht und nicht wenige seiner Angehörigen stranden.

Die Vorteile eines Wandels sind groß, aber auch die Risiken. Deshalb muß man unbedingt über die aktuell gültige Arbeitsweise des Unternehmens im Bilde sein. Dies beinhaltet nicht nur die Kenntnis seiner formalen Struktur, sondern auch seiner heimlichen Spielregeln. In diesem Abschnitt des Buches werden wir darauf eingehen, wie man diese Regeln aufdecken und dieses Wissen nutzen kann, um verborgene Gefahren zu vermeiden und die besten Ansatzmöglichkeiten für einen Wandel zu finden.

Bei der Analyse großangelegter Veränderungsinitiativen, die die hochgesteckten Erwartungen nicht erfüllen konnten, zeigt sich, daß neun von zehn auf dem Papier immer noch sinnvoll erscheinen. Die Probleme liegen also tiefer.

Das macht einen Großteil der Gefahr aus. Wenn wir unser Unternehmensschiff durch ein Meer des Wandels steuern, haben wir nur das wahrgenommen, was oberhalb der Oberfläche zu sehen ist: die offiziellen Regeln, nach denen das Unternehmen arbeitet (Hauspolitik, Verfahren, Organisationsaufbau, Strategie, Mitarbeiterhandbücher). Dies sind, wenn man so will, die »geschriebenen Gesetze«.

Einmal angenommen, wir sind ein weltweit operierendes Unternehmen für Verbrauchsgüter. Mitte der achtziger Jahre steigern unsere Konkurrenten ihre Leistungen, und wir verlieren allmählich Marktanteile. Diese Talfahrt hält fünf Jahre lang an.

Was ist zu tun? Zunächst setzen wir auf Total Quality Management, um eine Straffung des Unternehmens zu erreichen – nichts Dramatisches, aber genug, um wieder ein wenig in Schwung zu kommen. Anfang der neunziger Jahre stabilisieren sich die Leistungen, und wir können wieder Atem holen. Dann hören wir wahre Wundergeschichten über das Business Reengineering und beschließen, es damit zu versuchen.

Ein Bereich, mit dem wir nicht gerade zufrieden sind, ist die Produktentwicklung. Wir wollen aufregendere Produkte, und wir brauchen sie schneller und zu niedrigeren Kosten. Wir wollen dezentralisieren, um international wachsen zu können, aber andererseits wollen wir unsere Einheitlichkeit nicht aufgeben, um in den Genuß der daraus entstehenden Vorteile zu kommen.

Wir wissen, daß eine entscheidende Voraussetzung dafür eine bessere Kooperation und Kommunikation der Funktionsbereiche und Geschäftsbereiche ist. Erstaunlicherweise wird diese Einschätzung von Mitarbeitern aller Ebenen des Unternehmens geteilt. Sie erkennen die Notwendigkeit von Veränderungen, sie glauben an die Vision, sie wissen, daß sie besser als bisher zusammenarbeiten müssen.

Die Veränderungsidee wird von Begeisterung an der Basis getragen und von der Unternehmensspitze gefördert. Und aus all den Managementbüchern der achtziger Jahre kennen wir ja die Bedeutung von Vision und Führungsstärke, also scheuen wir auch in diesem Bereich keine Anstrengungen. Wir geben unserer Initiative den Namen »Gemeinsam ins nächste Jahrhundert«.

Nacheinander haken wir die fünf Kriterien der Veränderungsbereitschaft ab. Die Mitarbeiter erkennen die Notwendigkeit von Veränderungen an, und es gibt starke emotionale Magneten, die uns in die Richtung unserer gemeinsamen Veränderungsvision ziehen. Damit wären die ersten beiden Voraussetzungen erfüllt. Wir haben uns über alle Verfahrensweisen geeinigt, die uns von Nutzen sein werden, und wir haben auch die Ausbildung im Griff. Auch die Punkte drei und vier wären also erledigt.

Bleibt Punkt fünf. Um auch dieses Kriterium zu erfüllen, wollen wir alles dafür tun, daß unser neuer Plan zum Rest des Unternehmens paßt. Wie gehen wir vor? Wir nehmen uns alle offiziellen Regeln vor. Drei Beispiele:

Die erste Regel besagt: »Um zur Unternehmensspitze aufzusteigen, muß man vielseitig sein und über breite Erfahrungen verfügen.« Das paßt wunderbar, sagen wir uns, es ist genau die übergreifende Perspektive, die wir fördern möchten.

Das zweite geschriebene Gesetz heißt: »Die leistungsstärksten Manager werden von ihrem Chef schneller befördert«, in der Regel alle zwei, drei Jahre. Auch das ist gut, weil sich die Mitarbeiter nicht gefangen fühlen, bis der Chef eine neue Stelle bekommt. Sie werden also direkt davon profitieren, wenn sie sich für die neue Initiative einsetzen.

Die dritte offizielle Regel findet man sicherlich nicht nur in unserem Unternehmen: »Der entscheidende Leistungsmaßstab für Manager sind Gewinne und Verluste in ihrem Bereich.« Für Verantwortungsbewußtsein ist demnach auch gesorgt.

Viele andere offizielle Regeln scheinen ebenfalls ins Veränderungskonzept zu passen. Ausgehend von dieser Plattform sind wir guten Mutes, daß die Initiative zur Verbesserung der Produktentwicklung ein voller Erfolg wird. Wir haben uns nicht nur mit den anderen vier Barrieren gegen Veränderungen befaßt, sondern auch überprüft, daß alle wichtigen Grundsätze und Verfahrensweisen im Unternehmen mit unserer gemeinsamen Vision harmonieren.

Es dürfte keine große Überraschung sein, daß unser Unternehmen kein Phantasiegebilde ist. Die Beschreibung stammt von einem echten Konsumgüterunternehmen. Und das Reengineering erwies sich fast auf der ganzen Linie als Fehlschlag.

Trotz aller Anstrengungen

Zwei Jahre nach der anfänglichen Begeisterung standen die Dinge sogar schlechter als vor Beginn des Prozesses.

- Die Teamarbeit war miserabel, und entsprechend lang und hoch waren Laufzeiten und Kosten.
- Es gab keine unternehmensübergreifende Kooperation, so daß die Dezentralisierung der Kontrolle zu entgleiten drohte.
- Der kurzfristige Termindruck war chronisch. Niemand ergriff die strategischen Maßnahmen, die für ein internationales Wachstum notwendig waren.
- Niemand ging ein kreatives Risiko ein – die Produkte blieben phantasielos und sogar langweilig.

Die Manager des Unternehmens waren klug und sehr ehrgeizig. Alle federführend am Reengineering-Programm beteiligten Experten arbeiteten höchst professionell. Aber weshalb erkannten sie nicht, daß ihr Schiff auf Grund zu laufen drohte?

Verborgene Eisberge

Weshalb erkannten die Manager des Konsumgüterunternehmens nicht, daß ihre Veränderungsinitiative vor dem Scheitern stand? Weil sie nur auf die Dinge oberhalb des Wasserspiegels achteten. Sie konzentrierten sich ausschließlich auf die offiziellen Regeln, die aber im Rahmen des Unternehmensverhaltens nur die Spitze des Eisbergs ausmachen.

Ihre Überprüfung hatte die Vorgänge unterhalb der Wasseroberfläche unberücksichtigt gelassen: die für den Arbeitsalltag des Unternehmens wirklich entscheidenden Faktoren. Das vernünftige Verhalten zum Beispiel oder der Rat, den man einem Freund geben würde, um im Unternehmen zu überleben und voranzukommen. Dies sind die heimlichen Spielregeln, die sich von den offiziellen drastisch unterscheiden können. Und leider tragen viel zu viele Manager völlig falsche Vorstellungen über diese ungeschriebenen Gesetze mit sich herum.

Manche zum Beispiel sind der Meinung, daß heimliche Spielregeln eigentlich unwichtig sind und daß der Blick auf die Spitze des Eisbergs und die geschriebenen Gesetze reicht, um ein Unternehmen zu führen. Dabei tritt die offizielle Politik eines Unternehmens oft für das genaue Gegenteil von dem ein, was den Mitarbeitern als vernünftiges Verhalten erscheint.

Ein naheliegendes Beispiel ist die Teamarbeit. Fast jeder Vorstandsvorsitzende predigt heutzutage Teamarbeit und macht sie zum Teil seiner Visionsaussage. Wenn man sich dann jedoch die wichtigen Anreize für die Mitarbeiter ansieht – nicht unbedingt Geld, aber Aufstiegsmöglichkeiten oder Respekt –, stellt man fest, daß man sich als einzelner hervortun muß, um in ihren Genuß zu kommen.

Viel zu viele Vorstandsvorsitzende versprechen dem besten Mitarbeiter eines Teams einen Urlaub auf Hawaii oder etwas in dieser Art. Also denken sich alle ehrgeizigen Spitzenkräfte: »Wenn sie Teamwork wollen, kriegen sie Teamwork. Sie werden sehen, daß ich der Beste im Team bin.« Tolle Teamarbeit.

Die fehlende Abstimmung in puncto Teamarbeit ist zwar ein ziemlich banales Beispiel, aber sie ist immer noch weitverbreitet. Viele andere Mißverhältnisse zwischen den Zielen eines wandlungsfähigen Unternehmens und den Zielen einzelner sind viel verdeckter – und lassen sich viel schwerer beheben.

Häufig findet man bei Managern auch die Vorstellung, daß die Beschäftigung mit heimlichen Spielregeln zu vage und nebulös ist. Sind diese ungeschriebenen Gesetze nicht vergleichbar mit »Kultur«? Sie sind einfach da und folgen keiner nachvollziehbaren Logik.

 *Blindheit bei IBM*

Vor nicht allzu langer Zeit räumte der IBM-Vorstandsvorsitzende Lou Gerstner ein, daß der größte Fehler des Unternehmens darin bestand, die Umstellung von Großrechnern auf vernetzte PCs als Geschäftschance verschlafen zu haben. Wie konnte es trotz der vielen intelligenten Mitarbeiter zu diesem Riesenfehler kommen?

Ein Problem lag in der Kultur von IBM – den heimlichen Regeln, die vergangene Denkweisen bekräftigten. Um aufzusteigen, mußte man den Chef und die Kollegen beeindrucken. Und Eindruck machte man mit Großrechnern. Wozu

Blickpunkt verborgene Ansatzmöglichkeiten

sollte man sich da mit Personalcomputern abgeben? Jeder traf wichtige Entscheidungen im Hinblick auf eine Wirklichkeit, die sich als Illusion entpuppte. Wer die heimlichen Spielregeln seines Unternehmens nicht begreift, der läuft Gefahr, zum Dinosaurier zu werden.

Selbstverständlich haben heimliche Spielregeln etwas mit Unternehmenskultur zu tun: Über sie läßt sich die Kultur definieren. Aber das heißt nicht, daß sie keiner Logik folgen. Nach Hunderten von Analysen in aller Welt haben wir festgestellt, daß heimliche Spielregeln stets vollkommen logisch sind.

Daraus läßt sich der wesentliche Schluß ziehen, daß man mit Logik gegen Veränderungshemmnisse im Verhalten vorgehen kann, weil diese auf heimlichen Spielregeln beruhen, die logisch sind – vorausgesetzt, man kann diese Logik aufdecken.

Wenn der Vorstandsvorsitzende Teamwork predigt, aber zugleich alle unter dem Zwang stehen, sich als einzelne hervorzutun, dann muß das Unternehmen etwas an den heimlichen Spielregeln ändern und die Teams belohnen. Möglichkeiten hierfür wären die Entwicklung gemeinsamer Teamvisionen oder auch der Einsatz von Informationssystemen, die funktionsübergreifende Teams rechtzeitig und aus den richtigen Gründen mit den richtigen Informationen versorgen. Und so weiter.

 *Licht bei IBM*

Hätte Lou Gerstner nach seinem Amtsantritt versucht, den Wandel gegen die starke IBM-Kultur einfach mit Gewalt durchzusetzen, wäre er gescheitert. Statt dessen kämpft er auch weiterhin mit hohem persönlichen Einsatz um eine Veränderung der Kultur durch eine Kombination aus gemeinsamer Vision – die »die Mitarbeiter im Bauch spüren müssen«, wie er sagt – und Abstimmung von Personalpolitik, Anreizsystemen und Organisationsstrukturen.

Mit Gerstner schreibt IBM wieder schwarze Zahlen. Die Mitarbeiter fühlen sich zu Leistung angehalten; persönliche Herrschaftsbereiche werden nicht mehr geduldet; die Laufzeiten sind halbiert worden.

Viele Manager vertreten auch die falsche Auffassung, daß sie die heimlichen Spielregeln intuitiv erfassen können. Gute Manager haben sich immer auf ihre Intuition verlassen, um das Verhalten der Mitarbeiter zu verstehen. Warum sollte das heute anders sein?

Eine Annäherung an das Problem bringt die Frage, woher Intuition kommt. Aus der Erfahrung natürlich. Und die Erfahrung stützt sich ebenso natürlich auf das, was in der Vergangenheit geschehen ist. Doch angesichts einer veränderten und immer schneller sich verändernden Welt wird die Intuition zu einem zweischneidigen Schwert. Einerseits kann man mit ihrer Hilfe den gordischen Knoten des Wandels durchschlagen und eine Entscheidung treffen. Andererseits kann sie eine trügerische Sicherheit vermitteln: Man meint zu wissen, wie man auf Veränderungen reagieren muß, aber die erlernte Reaktion ist schon längst überholt, überflüssig oder unangemessen.

Wir untersuchen seit sieben Jahren die Logik hinter den heimlichen Spielregeln in Unternehmen und konnten dabei beobachten, wie sie sich verändern. Es braucht nur eine Verschiebung in der Wirtschaft, eine Umstellung in der Strategie, eine Umstrukturierung, eine Neuregelung in der staatlichen Politik, das Auftreten eines neuen Konkurrenten oder eine Reduzierung der Belegschaft – und die heimlichen Spielregeln eines Unternehmens haben sich für immer verändert.

Aus diesem Grund ist es problematisch, sich nur auf die Intuition zu verlassen; es ist gefährlich und im Grunde auch unprofessionell.

Aber viele Manager wiegen sich in einem noch beunruhigenderen Irrglauben im Hinblick auf die heimlichen Spielregeln. Sie sind der Überzeugung, daß es diese ungeschriebenen Gesetze zwar gibt und daß sie vielleicht auch einer Logik folgen, daß man eine Veränderung jedoch nur durchsetzen kann, wenn man sich um die heimlichen Spielregeln überhaupt nicht kümmert.

Diese Manager betrachten es als eine Frage der Männlichkeit (und fast alle Führungskräfte mit solchen Anschauungen sind Männer), einen Wandel ungeachtet der heimlichen Spielregeln durchzupeitschen. Man(n) muß nur mit der notwendigen Härte auftreten, um die anderen mitzureißen.

Diese Manager gehören dem Typus der Macho-Lemminge an, die sich in den USA besonders zu Beginn der neunziger Jahre hervorgetan haben. Was für ein Führungskonzept: Die Mitarbeiter anzufeuern und dann den Sprung ins Wasser zu wagen mit dem aufmunternden Zuruf: »Folgt mir! Ich sehe schon Land.«

Es gibt kaum einen Beleg dafür, daß dieser Managementansatz je funktioniert hätte, außer in Unternehmen, die bereits tief in einer Krise steckten. Nach ein bis eineinhalb Jahren spüren die Mitarbeiter eine starke, von den heimlichen Spielregeln herrührende Gegenströmung. Die einen betrachten die gesamte Veränderungsinitiative nur noch mit Zynismus. Andere, die voller Leidenschaft an die neue Vision glauben, setzen alles daran, diese Gegenströmung zu überwinden. Zuletzt sind sie völlig ausgebrannt und gehen unter – ohne dem Land näher gekommen zu sein.

Eine traurige Geschichte.

Eine harte, aber irregeleitete Führung glaubt, Veränderungen durchdrücken zu können, ohne die Konflikte zwischen offiziellen und heimlichen Spielregeln zu lösen. Aber damit drängt sie die Konflikte nur in den Untergrund. Dort schwelen sie unbemerkt weiter, bis der schwere Schaden für das Unternehmen nicht mehr abzuwenden ist.

Um keine Mißverständnisse aufkommen zu lassen: Das Ziel des Business Reengineering ist heute noch genauso sinnvoll wie zu Beginn des Jahrzehnts; der Ansatz hat nichts von seinem Wert als Managementinstrument zur Realisierung von deutlichen und anhaltenden Leistungsverbesserungen verloren.

Dies gilt jedoch nicht für das harte und manchmal brutale Rambo-Reengineering, dem sich viele Unternehmen verschrieben haben. Im Grunde genommen läuft das, wofür diese Hardliner nach wie vor eintreten, auf einen Machtmißbrauch hinaus. Der Schaden dieses Vorgehens äußert sich nicht nur im finanziellen Bereich, sondern auch im Trauma und Zynismus der Mitarbeiter, die zu einer schweren Hypothek für spätere Veränderungsbemühungen werden. Auf lange Sicht können diese Kosten katastrophale Ausmaße annehmen.

 Auch wenn man noch so sicher ist ...

»Bei den Gedärmen Christi, ich flehe Sie an, erwägen Sie die Möglichkeit, daß Sie sich irren.«
Oliver Cromwell in einem Brief von 1650.

Moderne Unternehmen müssen sich ständig und immer schneller verändern, und aus diesem Grund ist alles, was die Flexibilität der Mitarbeiter beeinträchtigt, Gift für die Überlebensfähigkeit der Unternehmen.

Natürlich teilen nicht alle diese Meinung. Einige Macho-Manager, selbsternannte Gurus und unverantwortliche Berater sehen die Dinge anders. Sie fördern die Killermentalität von abgebrühten Führungspersönlichkeiten »die tun, was getan werden muß«. Wenn es nicht so schrecklich wäre, müßte man voller Mitleid den Kopf schütteln.

Einige dieser Experten haben eine Kehrtwende vollzogen, nachdem sich gezeigt hat, welchen Schaden sie angerichtet haben. Sie sind zur Vernunft gekommen und haben zur Menschlichkeit zurückgefunden.

Gebranntes Kind scheut das Feuer, und wir werden doppelt vorsichtig sein gegenüber künftigen Behauptungen, Veränderungen in Unternehmen ließen sich mit der Brechstange durchsetzen. Externe Berater müssen Seite an Seite mit Mitarbeitern aller Ebenen des Unternehmens arbeiten, und Führungskräfte müssen es genauso halten. Nicht weil es »menschlich« ist oder »politisch korrekt«, sondern weil sie andernfalls zum Scheitern verurteilt sind. Das ist kein sentimentales Geschwätz. Es ist nüchterner Pragmatismus.

Unter der Wasseroberfläche

Heimliche Spielregeln lassen sich viel leichter aufdecken, als immer vermutet wurde. Man muß nur einen einfachen methodischen Rahmen anwenden, der sozusagen als Mini-U-Boot unter die Wasseroberfläche führt.

Der Blick aus einem U-Boot bietet Details aus nächster Nähe, aber nur einen begrenzten Gesichtskreis. Man kann eine bestimmte Frage bis ins kleinste ergründen, doch es würde viel zu lange dauern, alles zu erforschen.

Man beginnt also bei den Geschäftsfragen, die dem Unternehmen Kopfzerbrechen bereiten. Es kommt nicht darauf an, alle heimlichen Regeln des Unternehmens zu ermitteln; wichtig sind nur diejenigen, die Probleme verursachen. Zu diesem Zweck gilt es, mit Menschen zu sprechen, die mitten in den heimlichen Regeln stecken. Meist handelt es sich dabei um Manager der mittleren Führungsebene. Die Gespräche können informell beim Mittagessen oder als offizielle Interviews geführt werden.

Die Erkenntnisse ordnet man nach drei Kategorien: motivierende, machtausübende und handlungsauslösende Kräfte.

Motivierende Kräfte

Motivierende Kräfte sind das, was den Mitarbeitern wichtig ist, was sie anspornt. Was bewegt sie dazu, am Morgen aufzustehen? Was betrachten sie als Belohnung? Was wollen sie umgekehrt vermeiden? Was stellt für sie eine Bestrafung dar?

Mit diesen Fragen sucht man nach den anziehenden und abstoßenden Magneten, auf die die Befragten reagieren. Das können Dinge sein wie interessante Arbeit, Respekt, Zugehörigkeitsgefühl, Geld, Aufstiegschancen und – in einer Welt häufiger Rationalisierungsmaßnahmen – ein sicherer Arbeitsplatz, der es ihnen gestattet, auch weiterhin die Raten auf Haus oder Auto abzuzahlen.

Motivierende Kräfte entsprechen also dem, was einen echten Wert für die Mitarbeiter darstellt. Darunter fallen nicht unbedingt Dinge wie Qualität, auch wenn ihnen deren vordringliche Bedeutung noch so oft eingeschärft worden ist. Nur die wenigsten unserer Interviewpartner geben an, daß sie am Montagmorgen mit dem Gedanken aufwachen: »Ah, heute fühle ich mich so richtig nach TQM!« Gewöhnlich liegen dem Verhalten in einem Unternehmen drei bis fünf motivierende Kräfte zugrunde.

Machtausübende Kräfte

In engem Zusammenhang mit dem, *was* den Mitarbeitern wichtig ist, steht die Frage, *wer* für sie wichtig ist. Dies sind die machtausübenden Kräfte. Wer hat die Macht zu entscheiden, ob die Mitarbeiter bekommen, was sie wollen? Wer kann eine Belohnung gewähren oder eine Strafe verhängen? Damit fragt man nicht nach den offiziellen, sondern nach den tatsächlich wirksamen Kräften, nach der tatsächlichen Machtstruktur und wenn man so will nach dem heimlichen Unternehmen. Obwohl sie in offiziellen Organisationsplänen überhaupt nicht auftauchen, sind zum Beispiel wichtige Sekretärinnen häufig machtausübende Kräfte.

Handlungsauslösende Kräfte

Handlungsauslösende Kräfte entsprechen dem, wie die Mitarbeiter das für sie Wichtige bekommen: die Bedingungen, die machtausübende Kräfte dazu bewegen, Belohnungen oder Strafen auszusprechen. Handlungsauslösende Kräfte umfassen alle Leistungsmaßstäbe, die offiziell oder inoffiziell als bindend wahrgenommen werden.

Mit diesem methodischen Rahmen des Was-Wer-Wie wollen wir uns nun wieder dem in Schwierigkeiten geratenen Konsumgüterunternehmen zuwenden und einen Blick unter die Wasseroberfläche werfen.

 Buchtip zu den heimlichen Spielregeln

Eine ausführliche Methodik zur Aufdeckung der logischen Verknüpfung heimlicher Spielregeln mit dem Ziel, Barrieren zu überwinden, findet sich in Peter Scott-Morgans Buch *Die heimlichen Spielregeln* (Frankfurt/New York 1994).

Was ist die wichtigste motivierende Kraft für die Mitarbeiter des Unternehmens? Denken wir an ihren großen Ehrgeiz. Eine wichtige Motivation sind die Aufstiegschancen.

Wie wirken sich die offiziellen Regeln auf diese motivierende Kraft aus? Die erste Regel heißt: »Um Topmanager zu werden, braucht man breite Erfahrung.« Daraus ergibt sich völlig logisch die heimliche Spielregel: »Die Positionen so schnell wie möglich wechseln, um nach oben zu kommen.«

Wie steht es mit den machtausübenden Kräften? Denken wir an die zweite offizielle Regel: »Die leistungsstärksten Manager werden schneller befördert« – und zwar durch ihren Chef. Die entscheidende Macht wird also vom Linienvorgesetzten ausgeübt. Selbst wenn sich der Interviewpartner nicht weiter dazu äußern würde, könnte man jetzt mit hoher Wahrscheinlichkeit die entsprechende heimliche Spielregel ableiten. Wie verhält man sich vernünftigerweise, wenn man das, was man sich am meisten wünscht, nur vom Chef bekommen kann? Ersparen wir uns die dafür gängigen weniger appetitlichen Metaphern, die uns vielleicht durch den Kopf schießen, und nennen es einfach: »Den Chef zufriedenstellen.«

Ein weiteres ungeschriebenes Gesetz lautet: »Sich von den anderen abheben«, um als Spitzenkraft erkannt zu werden. Wenn sich die Mitarbeiter uneigennützig in den Dienst des Teams stellen, müssen sie sich Sorgen machen, daß ein weniger bescheidener Kollege befördert wird. Entscheidend für die Beförderung ist also, daß man auffällt – zumindest wenn alles gut läuft. Die Kehrseite davon heißt dann natürlich: »Sich nicht in Fehlschläge verwickeln lassen« – keine Fehler vor den Augen des Chefs.

Ob wir diese Verhaltensweisen nun billigen oder nicht, ob wir sie für schädlich halten oder nicht, in jedem Fall sind sie vollkommen verständlich und logisch. Unter solchen Voraussetzungen würden auch wir einen starken Druck spüren, uns der Logik der heimlichen Spielregeln anzupassen – auch wenn wir vielleicht dank großer Charakterstärke oder Hartnäckigkeit anders handeln würden.

Wie sieht es bei den handlungsauslösenden Kräften aus? Erinnern wir uns an die dritte offizielle Regel des Konsumgüterunternehmens: »Die Manager sind verantwortlich für Gewinne und Verluste im eigenen Bereich.«

Der entscheidende Leistungsmaßstab, der den Chef zu der ersehnten Beförderung bewegt, sind also die Ergebnisse eines Managers. Völlig objektive Zahlen, wie praktisch, wird sich der Chef sagen. Und das ist auch verständlich. Aber wenn wir nach den heimlichen Spielregeln suchen, lassen sie sich genauso folgerichtig vorhersagen wie alle anderen.

Die erste besagt: »Das eigene Revier schützen.« In diesem Unternehmen wird man nicht belohnt, wenn man jemand anderen beim Ausbau seines Bereichs unterstützt. Und im Grunde wird man sogar bestraft, weil man dann weniger Zeit für die Tätigkeiten hat, die belohnt werden.

Die zweite handlungsauslösende heimliche Regel lautet: »Auf die eigenen Quartalsergebnisse achten.« Der Vorstandsvorsitzende mag langfristige Vision und Strategie predigen, aber die Mitarbeiter im Bauch der Organisation wissen ganz genau, daß das Telefon klingelt, sobald die Ergebnisse in ihrem Bereich absacken. Die Zeit reicht ohnehin nie, also richten sie sich nach dem, was sie am unmittelbarsten betrifft.

Kausalketten

All diese heimlichen Spielregeln sind an sich weder gut noch schlecht. Die zentrale Frage lautet: Sind sie angemessen oder unangemessen für die Veränderungen, die das Unternehmen anstrebt?

Unser Konsumgüterunternehmen wollte seine Produktentwicklung neu gestalten. Also müssen wir herausfinden, wie die ungeschriebenen Gesetze zum Reengineering-Programm passen.

Bei heimlichen Spielregeln wie »Sich von den anderen abheben« und »Das eigene Revier schützen« wird es die Teamarbeit von Beginn an schwer haben. Verknüpft man dies mit dem Bemühen, einen Chef zufriedenzustellen, der sein eigenes Revier schützen will, so liegt es auf der Hand, daß die Mitarbeiter wenig Neigung verspüren werden, mit anderen Teilen des Unternehmens zusammenzuarbeiten.

Funktionsübergreifende Kooperation und Synergie stehen also vor einem Bollwerk sich gegenseitig verstärkender Regeln.

Gleichzeitig begünstigen rascher Stellenwechsel und großes Gewicht von Quartalsergebnissen eine stark kurzfristige Orientierung. Niemand bleibt lange genug in einer Position, um die Früchte strategischer Maßnahmen ernten zu können. Wenn jemand ein Programm in die Wege leiten würde, das sich in fünf oder sieben Jahren auswirkt, kämen weder er noch sein Nachfolger in den Genuß der Vorteile. Profitieren würden letztlich andere.

Und weshalb schließlich sollten die Mitarbeiter ein persönliches Risiko eingehen, wenn doch der Aufstieg im Unternehmen so sehr vom anhaltenden kurzfristigen Erfolg des einzelnen abhängt?

Das fehlende Glied

Die heimlichen Spielregeln sind das fehlende Glied in unserem Verständnis. Aber die Kenntnis dieser Regeln ist für sich genommen noch nicht besonders nützlich. Wir müssen wichtige ungeschriebene Gesetze nicht nur aufdecken, sondern auch begreifen, wie sie mit der Spitze des Eisbergs oberhalb der Wasseroberfläche verknüpft sind.

Wir müssen also verstehen, wie die offizielle Politik des Unternehmens und die Verhaltensweisen des Topmanagements dazu führen, daß die heimlichen Spielregeln als vernünftige Verhaltensweisen erscheinen können. Danach gilt es zu ergründen, wie die ungeschriebenen Gesetze in ihrer gebündelten Wirkung zu scheinbar unüberwindbaren Barrieren für unsere Veränderungsinitiativen werden.

Erst dann können wir die besten Ansatzmöglichkeiten für einen Durchbruch zum Wandel finden.

Aber wir stehen vor einem weiteren Problem. Wir müssen erkennen, wie die Eisberge zusammenhängen und in welche Richtung sie treiben. Und dabei hilft uns die Unterwasserbeobachtung herzlich wenig.

Aufklärungsflüge

Um den bisherigen Untersuchungen den richtigen Platz in ihrem größeren Zusammenhang zuzuweisen, darf man sich nicht nur an Details möglicher Schlüsselfaktoren orientieren, sondern muß durch Aufklärung einen Überblick gewinnen. Dieser breiter angelegte Ansatz heißt »Systemdenken«.

Die meisten Menschen tun sich damit ziemlich schwer. Es gibt auch keinen synonymen Begriff für »die Dinge systembezogen betrachten«. Dennoch sind wir alle imstande, komplexe Systeme intuitiv zu verstehen.

Weshalb ist das Systemdenken in Unternehmen so schwach entwickelt?

Wenn wir im Alltag durchaus erkennen können, wie sich scheinbar zusammenhanglose Ereignisse im Laufe der Zeit wechselseitig beeinflussen, weshalb nützen wir diese Gabe dann so selten im Unternehmen? Weil sich die »Systemperspektive« eigentlich erst dann aufdrängt, wenn man nach ihr sucht.

Wie oft geben wir einer Abteilung des Unternehmens die Schuld für irgendwelche Fehler, die in Wirklichkeit auf mangelnde Abstimmung im gesamten Unternehmen zurückzuführen sind?

Bei Herstellern hört man oft Klagen wie: »Die Produktion kann nicht herstellen, was in der F&E-Abteilung entwickelt worden ist, und die Verkaufsleute wollen jetzt sowieso etwas ganz anderes!« Und das liegt sehr wahrscheinlich nicht an einer einzelnen Abteilung, sondern an einem Umfeld, das keine sachgemäße und termingerechte Kommunikation zuläßt.

Das ist die erste Hürde, die es zu nehmen gilt. Das systemische Problem kann nur bewältigt werden, wenn sich F&E, Produktion und Verkauf an einen Tisch setzen und jenseits von gegenseitigen Schuldzuweisungen zu einem konstruktiven Dialog finden. Eine Abteilung allein kann dieses Problem unmöglich lösen.

Die nächste Schwierigkeit bezieht sich auf unsere Wahrnehmung von Zeit und insbesondere darauf, wie wir uns auf die Verzögerung zwischen Ursache und Wirkung einstellen.

Ein drittes Problem liegt darin, daß ein systemischer Denkansatz unter Umständen völlig andere Maßnahmen nahelegt als die Reflexreaktionen, die auf den ersten Blick einleuchtend erscheinen. So könnte etwa ein Hobbygärtner versucht sein, mit einem starken Gift gegen die Schnekkenplage in seinem Garten vorzugehen. Dabei würde er aber neben den Schnecken viele wertvolle Tiere vernichten, die sich von verrottenden Pflanzenteilen ernähren. Das würde zu einer starken Ausbreitung von Pilzen führen. Würde der Gärtner auch die Pilze mit Gift bekämpfen, würde er damit vielleicht auch die für die Auflockerung des Bodens unverzichtbaren Würmer zerstören. Die Reflexreaktionen würden den Garten mit der Zeit zum unfruchtbaren Ödland machen.

Das vierte Problem im Zusammenhang des Systemdenkens besteht darin, daß man vermeiden sollte, immer wieder bei den ersten Prinzipien anzufangen. Eine Lösung bietet die Mustererkennung. Zwar sind alle Situationen verschieden, aber es gibt sicherlich auch gemeinsame Ereignisabfolgen innerhalb eines Unternehmens. Nicht jedes Muster zusam-

Blickpunkt verborgene Ansatzmöglichkeiten

menhängender Vorgänge ist einmalig, und somit können wir aus unseren Erfahrungen lernen.

Vor rund zehn Jahren hat Innovation Associates, ein Zweigunternehmen von Arthur D. Little, die am häufigsten beobachteten Muster katalogisiert und ihnen den Namen »Archetypen« gegeben. (Diese Arbeit wurde angeregt von Charlie Kiefer, dem Präsidenten von I.A. und durchgeführt von Jennifer Kemeny, Michael Goodman und Peter Senge, der später durch seine Studien zum lernenden Unternehmen bekannt wurde.)

Ein besonders nützlicher Aspekt dieser Archetypen ist, daß sie zeitliche Entwicklungstrends aufzeigen. Sie stellen also keine statischen Systeme dar, sondern dynamische, in denen sich die verschiedenen Elemente so zueinander verhalten, daß sie zu bestimmten klassischen Endsituationen führen. So kann ein Archetyp zum Beispiel im Extremfall darauf hindeuten, daß ein ganzes System für die Beteiligten völlig unerwartet zusammenbricht.

Wenn man weiß, welchem Archetyp ein System entspricht, wird man unter Umständen frühzeitig vor einer drohenden Instabilität gewarnt und findet mögliche Ansatzpunkte, um eine Katastrophe abzuwenden.

Die Sprache des Systemdenkens

Alle Archetypen bestehen aus zwei Grundkomponenten. Die einfachere der beiden ist der Verstärkungskreislauf, der landläufig auch als Schneeballeffekt bekannt ist: Je größer der Schneeball, desto schneller rollt er den Berg hinunter, desto mehr Schnee haftet an ihm, desto größer wird er, und desto schneller rollt er den Berg hinunter ...

Vergleichbar mit dieser Systemdynamik wäre im geschäftlichen Umfeld der reißende Absatz eines Produkts, der nur auf Mundpropaganda beruht. Je mehr Leute das Produkt haben, desto mehr glückliche Kunden gibt es; je mehr glückliche Kunden, desto größer die Zahl der Leute, die ihren Freunden von ihrer neuen Erwerbung erzählen; je mehr Leute über das Produkt reden, desto mehr Leute erfahren davon ...

Schon auf dieser Ebene wird erkennbar, daß jedes Glied dieser Kette eine potentielle Schwachstelle ist.

Wenn sich irgend etwas negativ auf die Qualität der Produkte auswirkt, werden die Kunden mit ihrem Kauf nicht mehr zufrieden sein. Vielleicht fühlen sie sich sogar hintergangen, und der Boom wird durch Mundpropaganda über Nacht gestoppt. Handelt es sich um ein Produkt für den intimen Gebrauch oder um eines, dessen Erwähnung peinlich ist, kann ein solcher Erfolgskreislauf nie in Gang kommen. Wenn sich die Vorzüge des Produkts nicht leicht erklären lassen, wird das Reden mit Freunden diese nicht zum Kauf motivieren. Und wenn die Händler das Produkt nicht führen, können es die Leute nicht kaufen, auch wenn sie möchten – ein sehr verbreiteter Grund für sinkende Umsätze.

In den letzten Jahren hat sich ein Ansatz zur bildlichen Beschreibung von Systemen herausgebildet, der bestimmten Konventionen folgt. Zwar gibt es bei den Symbolen noch keinen allgemeingültigen Standard, aber es wird eine einheitliche Nomenklatur verwendet.

So läßt sich der Schneeballeffekt beim Verkauf eines Produkts graphisch folgendermaßen darstellen:

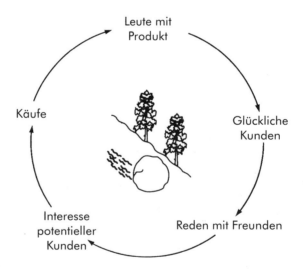

Das klassische Verhalten von Verstärkungskreisläufen (die oft durch einen Schneeball im Zentrum dargestellt werden) liegt darin, daß ein Leistungparameter wie etwa die Produktumsätze ein exponentielles Wachstum verzeichnet oder aber kollabiert.

Die zweite Komponente vieler dynamischer Systeme ist der Ausgleichskreislauf. Nehmen wir als Beispiel die Einstellung der Wassertemperatur beim Duschen. Zuerst ist es viel zu kalt, also läßt man mehr Heißwasser zulaufen. Es ist immer noch nicht warm genug, also dreht man noch ein wenig am Heißwasserhahn. Jetzt stimmt es fast, und man dreht noch ein wenig mehr auf. Doch nun ist es zu heiß, und man dreht ein wenig zurück, bis man das Ziel der »idealen Wassertemperatur« erreicht hat.

Zwischen der tatsächlichen Wassertemperatur und dem Ziel ist ein Abstand, und je größer dieser Abstand, desto mehr dreht man am Heißwasserhahn. So sieht es zumindest in der Theorie aus.

Aber läuft es auch in der Praxis so? Häufig und vor allem in einem unbekannten Hotel verhält es sich mit der Dynamik des Duschens ganz anders. Das Wasser ist viel zu kalt, also dreht man den Heißwasserhahn stark auf und steigt in die Dusche, während es allmählich wärmer wird. Aber das Wasser wird immer wärmer und wärmer, bis es schließlich zu heiß ist.

Mit Seife in den Augen tastet man nach dem Warmwasserhahn und dreht ihn zurück. Nichts passiert. Inzwischen hat das Wasser fast den Siedepunkt erreicht, und man steigt aus der Dusche. Nachdem man den Hahn weit zurückgedreht hat, wird die Temperatur erträglich, und man steigt wieder in die Dusche. Aber jetzt ist das Wasser wieder fast so kalt wie am Anfang. Man dreht den Heißwasserhahn ein wenig auf – nicht so stark wie beim erstenmal – und wartet mit stoischer Ruhe, bis die Temperatur wieder angenehm ist. Dann wird es ein wenig zu heiß, und man bewegt den Hahn ein klein wenig, bis das Wasser schließlich die ideale Temperatur erreicht hat. Aber leider hat man jetzt keine Zeit mehr zum Duschen.

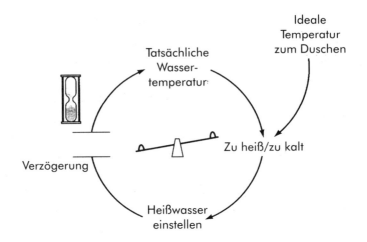

Was ist schiefgelaufen? Weshalb hat das schöne Konzept des Ausgleichskreislaufs nicht funktioniert? Weil wir den Zeitfaktor nicht berücksichtigt haben.

Eine unbekannte Dusche läßt sich deshalb so schwer einstellen, weil es zwischen Ursache und Wirkung eine Verzögerung gibt. Nach einer Drehung am Hahn muß das Wasser erst ein enges Rohr hinaufsteigen und durch den Duschkopf gepreßt werden. Bis es auf den Duschenden fließt, vergehen etwa fünf Sekunden.

Das klassische Verhalten von Ausgleichskreisläufen liegt darin, daß sich ein Leistungsparameter wie etwa die Wassertemperatur auf das Ziel zubewegt und es schließlich erreicht. Ein Standardsymbol für einen Ausgleichskreislauf ist die Wippe, die für die bei der Zielsuchbewegung des Systems auftretenden Schwankungen steht. Ein System mit Verzögerung – in der Regel durch zwei Linien und eine Sanduhr dargestellt – zeigt ein völlig anderes Verhalten als ein System ohne Verzögerung. Beim Fehlen einer Verzögerung nähert sich die Variable zunehmend ihrem Ziel. Bei einer Verzögerung schwankt die Variable zu beiden Seiten des Zieles, bis sie dieses nach längerer Zeit erreicht.

Mit der Kombination aus Systemdenken und dem Bezugsrahmen von motivierenden, machtausübenden und handlungsauslösenden Kräften (Mo-Ma-Ha) verfügen wir über ein Instrument zur Aufdeckung der besten Ansatzmöglichkeiten, das weit wirkungsvoller ist als die beiden

Blickpunkt verborgene Ansatzmöglichkeiten 85

Ohne Verzögerung im System

Mit Verzögerung im System

Ansätze für sich allein genommen. Zwar kennen wir dank einer jahrzehntelangen Systemforschung die Archetypen der geläufigsten wiederkehrenden Problemtypen, aber diesen Archetypen fehlt es – wie allen Verallgemeinerungen – an einer vollen Berücksichtigung komplexer Lebenssituationen. Außerdem geben sie nur spärliche Hinweise auf bestimmte Lösungswege, wenn ein Unternehmen auf solche Probleme stößt.

Das MoMaHa-Modell gibt uns die Möglichkeit, die Logik hinter einem bestimmten Teil einer Systemdynamik präzise zu entschlüsseln. Damit können wir folgerichtige Maßnahmen ergreifen, um unerwünschte Nebeneffekte zu beheben, und eine Vorstellung davon gewinnen, wie sich alternative Maßnahmen auswirken würden.

Zusammen können diese Instrumente die Kausalketten aufdecken, die den heimlichen Spielregeln und den aus ihnen hervorgehenden Veränderungshürden zugrunde liegen, und zeigen, welche Bereiche unangetastet bleiben sollten. Durch Konzentration auf ein Minimum an notwendigen Veränderungen kommt es nur zu geringen Störungen im System.

Bis vor kurzem bewiesen viele Führungskräfte ein großes Gespür dafür, wo sie mit ihren Veränderungen ansetzen konnten. Aber die Veränderungen sind immer rasanter und unüberschaubarer geworden, und die Topmanager verlieren allmählich ihre Instinktsicherheit. Unter anderem deshalb war so vielen Reengineering-Initiativen der letzten Zeit kein nennenswerter Erfolg beschieden.

Im folgenden wollen wir uns mit fünf der vielen von der Forschung entdeckten Archetypen beschäftigen – fünf, die uns für die Suche nach Veränderungsansätzen besonders hilfreich erscheinen. Sie tragen die heute geläufigen Namen:

- Die Last verschieben,
- Lösungen mit Bumerangwirkung,
- Gegner aus Zufall,
- Wachstumshemmnisse,
- Die Tragödie des gemeinsamen Weiderechts.

Die Last verschieben

Erinnern Sie sich noch an unser Konsumgüterunternehmen, das sich in der langsamen Entwicklung langweiliger Produkte hervortat? Als der Vorstandsvorsitzende von einer besonders wichtigen Neuentwicklung Wind bekam, beschloß er, diese vor der knebelnden Wirkung des Gesamtunternehmens zu schützen.

Wie IBM bei der Entwicklung eines Personalcomputers richtete der Vorstandsvorsitzende eine »Skunkwork-Gruppe« ein, die eigenverantwortlich arbeitete und ihm direkt berichtete. Die Gruppe lieferte das Gewünschte in Rekordzeit, und das Neuprodukt verzeichnete auch im Markt brauchbare Ergebnisse. Die Strategie galt als Erfolg.

Also wurde das nächste Entwicklungsprojekt mit hoher Priorität genauso gehandhabt. Als auch dieses Vorhaben einem erfreulichen Abschluß zusteuerte, erhielt eine weitere Entwicklung einen Sonderstatus außerhalb des normalen Geschäftsgangs.

Zwei Jahre später arbeiteten vier Skunkwork-Gruppen gleichzeitig, die allesamt gute Leistungen zeigten. Die Strategie ihrer Einrichtung erwies sich im nachhinein als höchst gerechtfertigt, denn die restlichen Entwicklungsprogramme liefen schlechter denn je.

Wollte man den Verlauf der Aufmerksamkeit des Unternehmens für eine Verbesserung der Produktentwicklung graphisch wiedergeben, so würde die Kurve wahrscheinlich ein allmähliches Absinken zeigen.

Diese drei gleichzeitigen Muster – eine immer häufiger verwendete Schnellösung, ein schwankendes, aber insgesamt sich verschlechterndes Problemsymptom und eine wachsende Unlust, grundlegende Abhilfemaßnahmen zu ergreifen – stellen klassische Systemverhaltensweisen eines bekannten Archetyps dar: »die Last verschieben.«

Blickpunkt verborgene Ansatzmöglichkeiten **87**

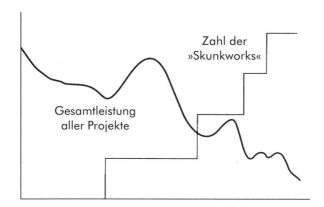

Eine Schnellösung (in diesem Fall die Skunkworks) läßt sich leichter realisieren und zeitigt schnellere Ergebnisse als die Bemühungen um eine grundlegende Abhilfe (die Umstrukturierung des Entwicklungsprozesses) und erscheint daher als vernünftige Option. Und je öfter die Schnellösung funktioniert, desto mehr sieht sie nach einer effizienten Alternative zum langwierigen Ringen um eine fundamentale Veränderung aus. Schließlich kann man sogar dahin gelangen, die Ursache des ursprünglichen Problems im Fehlen von Skunkworks zu erblicken.

Da jedoch die grundlegenden Schwierigkeiten nicht angegangen werden, sinkt die Gesamtleistung allmählich ab. Oft übertüncht der Erfolg der Schnellösungen den stetigen Rückgang des restlichen Unternehmens, und die Gesamtleistung zeigt den Verlauf einer Berg- und Talfahrt – insgesamt jedoch mit sinkender Tendenz.

In dieser Situation gilt es herauszufinden, worauf das mangelnde Interesse an einer Verbesserung des Gesamtprozesses der Produktentwicklung zurückzuführen ist. Wir haben jetzt einen äußerst nützlichen Überblick gewonnen, doch die Archetypen geben kaum konkrete Hinweise auf die jeweils besten Lösungswege für ein Unternehmen, das auf solche Probleme stößt.

Aber die Kombination des Systemdenkens mit dem Modell motivierender, machtausübender und handlungsauslösender Kräfte gestattet uns die genaue Entschlüsselung der Logik von bestimmten Teilen einer Systemdynamik. Damit können wir eine Vorstellung davon gewinnen, wie sich alternative Maßnahmen auswirken würden.

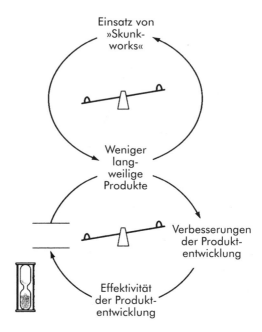

Denken wir an bestimmte Einzelheiten zurück, die wir unter der Oberfläche dieses Unternehmens beobachtet haben:

- Das individualistische Anreizsystem steht der Teamarbeit im Wege und tendiert – verstärkt durch die hierarchische Kommandostruktur des Unternehmens – dazu, die funktionsübergreifende Kooperation zu knebeln.
- Die chronisch kurzfristige Orientierung ist durch den ständigen Stellenwechsel und das große Gewicht der Quartalsergebnisse bedingt.
- Niemand geht ein kreatives Risiko ein, weil soviel von den anhaltenden kurzfristigen Leistungen des einzelnen abhängt.

Zusammen ergibt sich damit folgendes Bild. Über den Archetyp wissen wir, daß im Laufe der Zeit immer mehr Skunkworks entstehen werden. Und wir verstehen jetzt, daß das mangelnde Interesse an einer Behebung des grundlegenden Problems nicht nur von der offenkundigen Effizienz der Skunkworks herrührt. Wir erkennen vielmehr, daß die Anreiz- und Aufstiegspolitik den Mitarbeitern keinen Raum läßt, um sich mit dem Prozeß der Produktentwicklung auseinanderzusetzen.

Blickpunkt verborgene Ansatzmöglichkeiten

Selbst wenn wie von Zauberhand ein völlig anderer Prozeß der Produktentwicklung installiert würde, könnte er nicht funktionieren, weil die heimlichen Spielregeln zu starken Barrieren gegen Teamwork, funktionsübergreifende Zusammenarbeit, langfristige Planung und Risikobereitschaft führen.

Erst wenn wir sehen, was sich unter der Oberfläche abspielt, erkennen wir mehrere Verstärkungskreisläufe im Systemdiagramm, die uns bei der ersten Analyse entgangen sind.

Der erste Kreislauf beruht auf dem Einsatz von Skunkworks, der die Unzulänglichkeit der normalen Produktentwicklung verschärft. Je mehr ausgewählte Entwicklungsprojekte im Rahmen von Skunkworks vom Rest des Unternehmens abgeschnitten werden, desto mehr werden die alten heimlichen Spielregeln verstärkt, die übergreifende Kooperation verhindern und kurzfristiges Denken fördern, und desto unzureichender wird der bestehende Prozeß der Produktentwicklung.

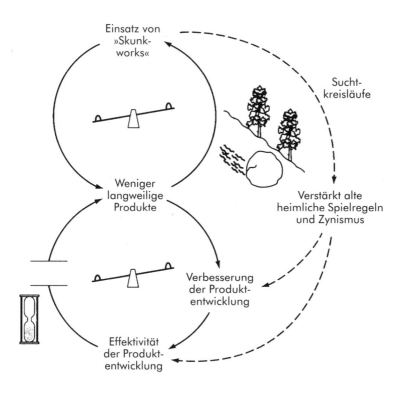

Der zweite Verstärkungskreislauf geht ebenfalls auf den Einsatz von Skunkworks zurück. Aber in diesem Fall untergräbt er das Bemühen um eine Verbesserung der Produktentwicklung ganz unmittelbar. Je mehr die alten heimlichen Spielregeln verstärkt werden, um so weniger fühlen sich die Mitarbeiter imstande, das Problem der Produktentwicklung aus langfristiger und unternehmensweiter Sicht zu betrachten, und desto zynischer beurteilen sie die Chancen einer anhaltenden Verhaltensveränderung.

Beide Kreisläufe gehören zum Typus »Schneeball«. Je mehr Skunkworks zum Einsatz kommen, desto mehr untergraben sie den bestehenden Entwicklungsprozeß und die Fähigkeit des Unternehmens, das Problem der Produktentwicklung an der Wurzel zu packen. Je mehr Skunkworks eingesetzt werden, desto mehr wird man einsetzen müssen. Das Unternehmen kann sich nicht mehr frei entscheiden. Es ist süchtig.

Die Sucht überwinden

Ein »kalter Entzug« – die sofortige Abkehr von den Skunkworks – wäre töricht. Nichts in diesem Unternehmen gibt zu der Hoffnung Anlaß, daß sich der Entwicklungsprozeß verbessern würde. Die alten heimlichen Spielregeln würden nach wie vor die Leistungen beeinträchtigen und ein Angehen gegen die Ursachen schlechter Leistungen verhindern.

Statt dessen müssen wir anhand der bislang rekonstruierten Kausalketten herausfinden, was die schädlichen Nebeneffekte – schlechte Teamarbeit, fehlende Kooperation, chronische Kurzfristigkeit und geringe Risikobereitschaft – verstärkt.

Dabei kommt uns das MoMaHa-Modell zu Hilfe. Wenn wir zurückverfolgen, welche motivierenden, machtausübenden und handlungsauslösenden Kräfte den größten Schaden verursachen, führt uns das Modell auch zu den Ansatzpunkten, die der Reihe nach für eine Lösung in Frage kommen.

Handlungsauslösende Kräfte lassen sich schnell und relativ schmerzlos verändern. Eine Anpassung der machtausübenden Kräfte kann länger dauern und schmerzvoller sein, weil es sich dabei um eine Veränderung der Machtstruktur handelt. Beides geht jedoch auf jeden Fall weit

Blickpunkt verborgene Ansatzmöglichkeiten

schneller und weniger traumatisch vonstatten als der Versuch einer Veränderung dessen, was den Mitarbeitern wichtig ist: die motivierenden Kräfte.

Man sollte also eine pragmatische Linie verfolgen und primär versuchen, den gewünschten Verhaltenswandel durch eine Veränderung der handlungsauslösenden Kräfte herbeizuführen, als da sind offizielle und inoffizielle Leistungsmaßstäbe, Vorgaben, Ziele und Meilensteinfestlegungen. Als zweite Wahl kommt eine Neuabstimmung der machtausübenden Kräfte in Frage, die man zum Beispiel durch eine Veränderung von Arbeitsplatzbeschreibungen, Organisationsstrukturen und Informationssystemen erreichen kann.

Eine Veränderung von Werten sollte man nur als letzten Ausweg in Betracht ziehen. Kernwerte müssen jedoch unter allen Umständen unangetastet bleiben.

Viele Führungskräfte gehen ganz anders an solche Situationen heran. Traditionelle Ansätze zur Lösung solcher Verhaltensprobleme haben ihr Augenmerk häufig auf eine Veränderung motivierender Kräfte gerichtet, die die gemeinsamen Werte darstellen. Oft können traditionelle Ansätze auch gar nichts anderes versuchen, weil sie nicht in der Lage sind, Kausalketten zu den wirklichen Ursachen zurückzuverfolgen.

Das führt dann dazu, daß Unternehmen »Teamwork unterrichten«, »auf Qualität setzen«, »Innovation fördern« oder »Kundenorientierung entwickeln«. Diese Ziele sind zwar durchaus anerkennenswert, aber die betreffenden Unternehmen bekämpfen oft nur das Symptom – mangelnde Teamarbeit, Qualität, Innovation oder Kundenorientierung – statt das Übel bei der Wurzel zu packen.

Aus diesem Grund konnten viele Verbesserungsprogramme nur zweifelhafte Erfolge verbuchen. Manager, die solche Programme umsetzen wollten, leisteten die reinste Sisyphusarbeit.

Wenn sie statt dessen die Logik hinter den heimlichen Spielregeln ihres Unternehmens aufgedeckt hätten, wäre ihnen der Gegensatz zu ihrem Vorhaben aufgefallen. Wenn ihnen dieser Gegensatz aufgefallen wäre, hätten sie auch nach Möglichkeiten suchen können, ihn zu überwinden. Und wenn sie zumindest einen Teil dieses Gegensatzes überwunden hätten, dann hätten sie auch keine Sisyphusarbeit mehr geleistet.

Eine mögliche Lösung

Folgt man zunächst den handlungsauslösenden, dann den machtausübenden und nur im Notfall den motivierenden Kräften, kann man unter Einbeziehung des Systemdiagramms ein produktives Gespräch über mögliche Lösungen führen.

Eine Alternative wäre sicherlich, den Hebel bei der heimlichen Spielregel des schnellen Stellenwechsels anzusetzen. Schließlich sind die Mitarbeiter des Konsumgüterunternehmens ja deshalb so sehr auf Kurzfristigkeit fixiert, weil sie nie so lange eine Position innehaben, daß sie von den Vorteilen einer Zusammenarbeit mit anderen Teilen des Unternehmens profitieren könnten.

Der rasche Stellenwechsel ließe sich vielleicht durch die Einführung offizieller Spielregeln unterbinden, die eine Beförderung statt nach zwei oder drei Jahren erst nach fünf Jahren gestatten.

Diese Veränderung allein würde noch nichts bewirken, weil eine wichtige motivierende Kraft für die Mitarbeiter in den Aufstiegschancen liegt. Also könnte man die Manager vielleicht dadurch für ihr Warten belohnen, daß sie gleich zwei Ränge auf einmal nach oben befördert werden. Für manche Unternehmen, die in den letzten Jahren mehrere Führungsebenen abgebaut haben, dürfte diese Option wohl kaum in Frage kommen. Für viele andere bietet sie einen möglichen Ansatz.

Wichtig im Rahmen dieser möglichen Lösung ist, daß die motivierende Kraft der Aufstiegschancen unverändert bleibt und nur auf andere Weise eingelöst wird. Wenn diese Veränderung vorgenommen wird, sollte die Beförderungsentscheidung nicht mehr beim Linienvorgesetzten liegen, der vielleicht immer noch einen zu engen Gesichtskreis hat, sondern bei einem hochrangigen Mentor aus einem anderen Teil des Unternehmens. Das hieße, daß auch die machtausübende Kraft eine andere wäre.

Als Kriterium für Beförderungsentscheidungen müßte dieser Mentor die erfolgreiche Mitgliedschaft in Teams heranziehen, die Kreativität und langfristiges Denken beweisen. Damit würde sich auch die handlungsauslösende Kraft verändern.

Für diese Lösung entschied sich unser Konsumgüterunternehmen. Mit welchem Ergebnis? Binnen sechs Monaten legten die Mitarbeiter ein

Verhalten an den Tag, wie es der Vorstandsvorsitzende von Anfang an angestrebt hatte. Die Veränderungen an den offiziellen Regeln brachen den Bann und setzten einen Strom aufregender neuer Produkte in Gang.

Alternative Lösungen

Was bei einem Unternehmen funktioniert, muß nicht unbedingt die ideale Lösung für ein anderes sein. In einem anderen Unternehmen, das ebenfalls unter dem Problem des schnellen Stellenwechsels litt, wurden die Manager von der Führung dazu ermuntert, ihre Kenntnisse innerhalb ihrer aktuellen Positionen zu erweitern. Auch die Aufstiegschancen waren gegeben, weil die Manager ausdrücklich aufgefordert waren, sich ausgehend von ihrem Tätigkeitsbereich um eine fruchtbare Kooperation mit anderen Funktionsbereichen zu bemühen.

Auch hier blieb die motivierende Kraft »Aufstiegschancen« unangetastet, wurde jedoch auf neue Weise eingelöst.

Welche machtausübende Kraft erlaubte es den Managern, ihre Aufgaben so zu erweitern? Es war kein Wer, sondern ein Was: die kurz davor im gesamten Unternehmen installierte Informationsinfrastruktur. Nur wer Zugang zu diesem System hatte und es so zu gebrauchen lernte, daß Angehörige anderer Funktionsbereiche zu einem Austausch innerhalb des Systems ermuntert wurden, entsprach den Erfolgskriterien. Damit ging die machtausübende Kraft vom Linienvorgesetzten auf das Informationssystem über.

Und welche handlungsauslösende Kraft brachte die Dinge ins Rollen? Das, was die Mitarbeiter nach Ansicht ihrer Kollegen in die Waagschale werfen konnten. Wenn jemand das Netz nur zu seinem persönlichen Vorteil nutzte, kehrten ihm seine Kollegen in den anderen Abteilungen ziemlich schnell den Rücken. Wenn jedoch jemand seinen Kollegen regelmäßig hilfreiche Informationen gab, verschaffte er sich damit einen »Kredit« und wurde seinerseits spontan mit wertvollen Informationen versorgt.

Wer sich den Ruf eines hilfsbereiten Mitglieds der Gemeinschaft erwarb, der förderte damit seine eigene Sache. Er erhielt Informationen, mit denen er die funktionsübergreifende Kooperation besser steuern und seine Aufgabenbasis erweitern konnte. Es wirkte eine neue handlungsauslösende Kraft.

In beiden beschriebenen Unternehmen durchbrachen die Veränderungen die Suchtkreisläufe, die sie in einen Strudel dysfunktionalen Verhaltens gerissen hatten. Nach Verstreichen einiger Jahre konnten die Unternehmen wieder ohne Skunkworks auskommen. Parallel zur Lösung aus ihrer Abhängigkeit beseitigten sie deren Ursachen durch eine Veränderung der Produktentwicklungsprozesse. Abgerundet wurden diese Veränderungen durch eine Abstimmung der wichtigsten unsichtbaren Verbindungen zwischen motivierenden, machtausübenden und handlungsausübenden Kräften.

Die heimlichen Spielregeln, die alle Veränderungsversuche untergraben hatten, erschienen nicht mehr als »vernünftige Verhaltensweisen« und verschwanden im Nichts.

Lösungen mit Bumerangwirkung

Für den nächsten Archetyp wollen wir einen Blick auf ein anderes Unternehmen werfen. Dieses Unternehmen erlebt zwar mitunter starke Wachstumsphasen, aber dieses Wachstum ist nicht nachhaltig. Anlaß zur Sorge gibt der Gesamttrend, der nach unten weist.

Dieses schwankende Leistungsbild entspricht dem klassischen Muster eines Archetyps mit dem Namen »Lösungen mit Bumerangwirkung«. Bei ersten Anzeichen schwacher Quartalsergebnisse fordert das Topmanagement das gesamte Unternehmen zu einem »Kraftakt« auf, der zumindest vorübergehend zu besseren Leistungen führt. Aber der Energieaufwand für diese kurzfristige Steigerung hat zur Folge, daß für grundlegende Verbesserungen wie Ausbildung und Produktentwicklung weniger Zeit zur Verfügung steht. Im Laufe der Zeit nimmt die Konkurrenzfähigkeit des Unternehmens ab, und es kann sich immer schwerer zu einem anstrengenden »Kraftakt« aufraffen.

Hier löst ein Ausgleichskreislauf von Schnellösungen einen Verstärkungskreislauf verzögerter unbeabsichtigter Konsequenzen aus, die allmählich die kurzfristigen Vorteile der Lösung aufzehren. Auch in diesem

Blickpunkt verborgene Ansatzmöglichkeiten 95

Fall beinhaltet die Kenntnis der Systemdynamik keine ausreichende Erklärung der tiefliegenden Ursachen und erlaubt auch kaum Rückschlüsse auf mögliche Verbesserungsansätze.

Dazu müssen wir wieder auf das MoMaHa-Modell zurückgreifen. In einem Workshop kann man die Manager mit ausgewählten Kausalketten aus der Auswertung heimlicher Spielregeln bekannt machen. Diese Ketten sollten sich einerseits auf die Maßnahme des »Kraftakts« und andererseits auf die unzureichenden grundlegenden Verbesserungen beziehen. Aus den logischen Ketten sollte ersichtlich sein, welche Zwänge zu diesen beiden Verhaltensweisen führen.

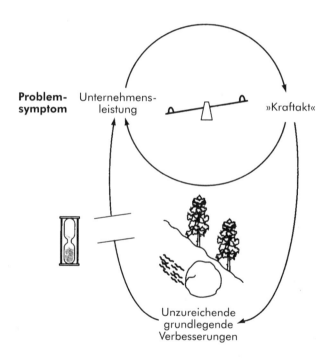

In diesem Workshop müssen wir keine vollständige MoMaHa-Auswertung vornehmen, weil uns nur die beiden logischen Stränge interessieren, die zu den unzureichenden Verbesserungen und zu den »Kraftakten« führen. Die Analyse zeigt, daß die Behinderungen grundlegender Verbesserungen zum großen Teil dem Innenleben des Unternehmens entspringen.

Zwei motivierende Kräfte besitzen für die Mitarbeiter besondere Bedeutung (Bedeutung in dem Sinne, daß sie beim Abwägen verschiedener motivierender Kräfte Vorrang haben). Die erste motivierende Kraft (Mo1) betrifft offizielle Anerkennung, Jahresprämie (nicht nur wegen des Geldes, sondern wegen des Wertgefühls) und Arbeitsplatzsicherheit. Die zweite motivierende Kraft (Mo2) dreht sich um das Gefühl, gute Arbeit zu leisten. Das folgende Schaubild liest sich von rechts nach links:

Unternehmensinterne Regeln

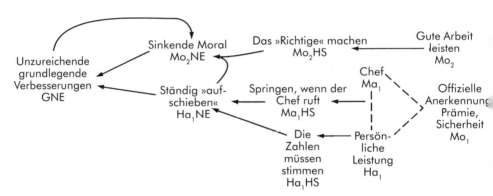

Wie verhält sich das MoMaHa-Dreieck zur ersten motivierenden Kraft? Fast nach Schema F: Der Chef bestimmt im Hinblick auf die persönliche Leistung über die Belohnungen. Die wichtigste machtausübende Kraft (Ma1) ist also der Chef, und die wichtigste handlungsauslösende Kraft (Ha1) ist die persönliche Leistung.

Zwei heimliche Spielregeln (HS) ergeben sich ganz natürlich aus diesem Zusammenhang: »Springen, wenn der Chef ruft« und das, worauf es dem Chef ankommt: »Die Zahlen müssen stimmen.«

Wenn sich der Chef über sinkende Zahlen beschwert, verstärkt er die Orientierung an der Einhaltung der finanziellen Ziele und ruft damit den Nebeneffekt (NE) hervor, daß alle Tätigkeiten, die nicht unmittelbar einer Steigerung der kurzfristigen Einnahmen dienen, verschoben werden. Wichtige Aufgaben wie Ausbildung und grundlegende Veränderun-

Blickpunkt verborgene Ansatzmöglichkeiten

gen im Betriebsablauf ständig auf die lange Bank schieben zu müssen mündet letztlich in einen Konflikt zur heimlichen Spielregel, »das Richtige zu machen«. Dieser Konflikt führt zum Nebeneffekt sinkender Moral.

Das ständige Aufschieben wichtiger, aber langfristiger Tätigkeiten und die sinkende Moral führen zu dem gemeinsamen Nebeneffekt (GNE) unzureichender grundlegender Verbesserungen. Je länger jedoch die grundlegenden Verbesserungen hinausgezögert werden, desto mehr sinkt die Moral der Mitarbeiter, die das »Richtige« machen wollen. Damit sinkt die Wahrscheinlichkeit von Verbesserungen noch weiter, und die Mitarbeiter gleiten ab in einen Verstärkungskreislauf der Depression.

Die Situation scheint klar. Aber weshalb durchschaut die Führung diese Zusammenhänge nicht? Um diese Frage zu beantworten, müssen wir uns die heimlichen Spielregeln der Führungsebene ansehen.

Den größten Ansporn für die Topmanager bilden Aufstieg und Machtzuwachs. Wer kann ihnen das Gewünschte geben? Der Vorstandsvorsitzende. Und worauf achtet er in erster Linie? Auf die Quartalsergebnisse. Also spüren die Topmanager einen starken Druck, nach Antritt einer neuen Position möglichst zu glänzen, um ihre Stärke und Eignung für höhere Aufgaben unter Beweis zu stellen. Außerdem sehen sie sich gezwungen, die laufenden Leistungen mit Argusaugen zu überwachen.

Diese beiden ungeschriebenen Gesetze ergeben zusammen die Tendenz, das bestehende System bis zum letzten Tropfen auszupressen. Grundlegende Verbesserungen müssen zurückstehen, weil sie den Topmanagern innerhalb ihres Zeithorizonts keine Vorteile bringen. Das führt zu dem Nebeneffekt, daß die Topmanager vor allem auf die kurzfristigen Geschäftsergebnisse fixiert sind. All dies wird noch verstärkt durch die Tatsache, daß die Mitarbeiter springen, wenn ihr Chef ruft. Beim ersten Anzeichen für ein Unterschreiten der Quartalsziele ertönt sofort der Ruf nach einem »Kraftakt«, um die geplanten Ergebnisse zu erreichen. Und das gesamte Unternehmen hört auf dieses Kommando.

Die Optionen

Der praktischste Ansatz ist wie schon zuvor die Zurückverfolgung der Kausalketten, um die schwächsten Glieder zu finden, deren Zerreißen eine Korrektur der Systemdynamik gestattet. Danach kann man mögliche Eingriffe diskutieren. Zum Beispiel:

- Der Vorstandsvorsitzende formuliert Unternehmensziele im Hinblick auf ertragreiches Wachstum, Neuprodukte, Ausbildung und so weiter.
- Für ausgewählte Mitarbeiter werden Leistungsmaßstäbe festgelegt, die über Umsatzziele hinausgehen. Dazu könnten zum Beispiel Ziele im Bereich Produktentwicklung gehören.
- Das Topmanagement wird nicht nur an Verzugsindikatoren wie Gewinn gemessen, sondern auch an Leitindikatoren. Diese beurteilen Leistungen wie etwa Produktentwicklung und Ausbildung, die erst zu einem zukünftigen Zeitpunkt Gewinne abwerfen werden.
- Die Verantwortung für Prämien und andere Formen der Anerkennung liegt nicht mehr allein beim Chef, sondern zum Beispiel auch beim Leiter der Produktentwicklung.
- Die Topmanager werden ermuntert, nicht so schnell in Panik zu geraten und die langfristigen Konsequenzen ihrer Maßnahmen zu bedenken. Sie sollen die Systemdynamik und die MoMaHa-Ergebnisse verinnerlichen.

Eine Auswertung der heimlichen Spielregeln unter Zugrundelegung des MoMaHa-Modells und des Systemansatzes gibt genauere Aufschlüsse darüber, wie leicht sich bestimmte Veränderungsanregungen durchführen lassen. Konflikte zwischen motivierenden Kräften (zum Beispiel »Gute Arbeit leisten« und »Prämien und sicherer Arbeitsplatz«) dürfen nicht frontal attackiert werden, weil dies nur zu überflüssigen Belastungen des Unternehmens führt. Statt dessen sollte man den Konflikt durch die Veränderung von Faktoren lösen, die ein Verhalten hervorrufen, das keinen Endzweck darstellt, sondern einem anderen Zweck dient.

Die Rede ist also von einer Veränderung handlungsauslösender und machtausübender Kräfte. Veränderungen an handlungsauslösenden Kräften (wie zum Beispiel Leistungsbeurteilungen, die sich nicht nur auf die Umsatzziele beziehen) zeigen wahrscheinlich die schnellste Wirkung. Veränderungen an machtausübenden Kräften benötigen mehr Zeit.

Dank der Kombination des MoMaHa-Modells mit dem Systemdenken kann man zudem auch die Konstruktion einer übertrieben komplexen Systemdynamik vermeiden.

Meistens wird das Verhalten eines Unternehmens von einer relativ kleinen Zahl heimlicher Spielregeln beherrscht – eine (nach dem Ökonom Pareto) klassische Verteilung von 20:80. Wir brauchen also keine akademisch exakte, enorm komplexe Erfassung des Unternehmens.

Statt dessen sollte man von einem Archetyp ausgehen, der das Gesamtverhalten am besten erklärt, und sich dann die treibenden Kräfte hinter den relativ wenigen heimlichen Spielregeln ansehen, die die Dynamik verstärken. Das reicht zwar nicht für die Lösung unbedeutender Nebenkonflikte, aber es reicht für die Realisierung von Veränderungen.

Gegner aus Zufall

Den nächsten Archetyp repräsentiert ein Unternehmen mit zwei Bereichen von ungefähr gleicher Größe: Inlandsmarkt und Übersee. Die Marketingabteilungen beider Bereiche berichten der Marketingzentrale.

Die Marketingabteilung Inland verzeichnet gute Erfolge, aber Übersee steckt in Schwierigkeiten. Trotz großer Unterstützung aus der Zentrale in den letzten Jahren bleiben die Marketingkampagnen in Übersee hinter den Erwartungen zurück. Und darüber hinaus wird das Verhältnis zwischen der Zentrale und Übersee trotz bester Absichten auf beiden Seiten immer kühler.

Ein Verhaltensmuster, in dem die Leistungen zweier Partner relativ konstant bleiben (oder leicht absinken), während sich ihre Beziehung zusehends verschlechtert, entspricht dem Systemarchetyp »Gegner aus Zufall«.

Auf den ersten Blick erscheint alles furchtbar kompliziert.

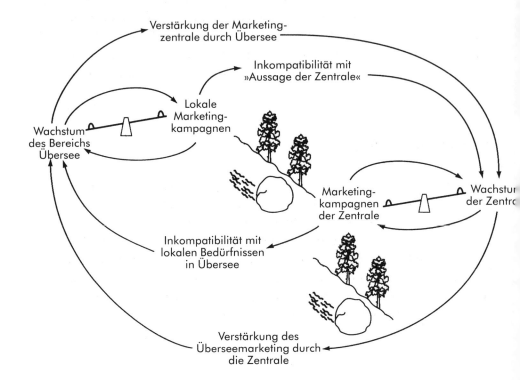

Aber es wird nur selten darauf hingewiesen, daß dieser Archetyp im Grunde aus zwei Archetypen nach dem Muster »Lösungen mit Bumerangwirkung« besteht. Der unbeabsichtigte Nebeneffekt der einen Lösung beeinträchtigt die andere Seite.

Der äußere Kreislauf wirkt positiv verstärkend. Je erfolgreicher die Zentrale ist, desto mehr kann sie das Überseemarketing unterstützen, desto mehr kann der Bereich Übersee wachsen und daher auch die Zentrale besser unterstützen. Somit wird auch die Zentrale mehr Erfolg haben, und je erfolgreicher sie ist ...

Von dieser für beide Seiten vorteilhaften Logik geht die Beziehung zunächst aus. Wenn nichts dazwischenkäme, würde dieser positive Kreislauf den Bereich Übersee – und die Zentrale – zu immer größeren Erfolgen führen.

Aber leider bereitet jede der beiden Seiten der anderen unbeabsichtigte Probleme. Die Zentrale entwirft umfassende Marketingkampagnen für das Gesamtunternehmen. Sie sind großartig, aber einige lokale Bedürfnisse, denen der Bereich Übersee entsprechen muß, bleiben dabei unweigerlich unberücksichtigt. Übersee kompensiert diese Probleme durch die Schaffung lokaler Marketingkampagnen, die die Aspekte des Unternehmens hervorkehren, die für den lokalen Markt die größte Attraktivität besitzen. Auch diese Kampagnen sind ausgezeichnet. Aber in bestimmter Hinsicht passen sie nicht zum Unternehmensimage, das nach dem Willen der Zentrale allgemeingültig sein soll. Und das bereitet der Zentrale Kopfzerbrechen.

Die Versuche »korrigierender Steuerung« von beiden Seiten bilden im Zentrum des Systems einen Verstärkungskreislauf, der die Beteiligten immer mehr zu polarisieren droht bis hin zu einem wechselseitig destruktiven Verhalten.

Erst durch die Wahrnehmung des Archetyps ist man vor der Systemdynamik gewarnt – vor der immanenten Tendenz zur Verschlechterung, die man andernfalls nicht erkennen würde. Zu Beginn der Beziehung würde alles noch sehr freundlich aussehen. Erst später würde sich die Kluft zwischen den beiden Seiten deutlicher zeigen, und selbst dann würde sich die wahre Ursache des Konflikts aufgrund der großen räumlichen Entfernung wohl einer klaren Analyse entziehen.

Die Zentrale und der Bereich Übersee müssen sich zusammensetzen, bevor es zu spät ist. Sie müssen begreifen, in welchen Systemarchetyp sie geraten sind. Sie müssen den Negativtrend erkennen und versuchen, den Ausgangspunkt der anderen Seite zu verstehen.

Die Situation erfordert eine Verständigung über die Grundregeln. Im Moment glaubt nämlich die Zentrale im Gegensatz zum Bereich Übersee, daß die entscheidenden machtausübenden Kräfte von ihr ausgehen. Außerdem müssen die beiden Seiten die handlungsauslösenden Kräfte abstimmen. So wie die Dinge stehen, hält es die Zentrale für überflüssig, sich um lokale Bedürfnisse in Übersee zu kümmern. Und für den Bereich Übersee gilt umgekehrt das gleiche.

Wachstumshemmnisse

Diesmal befinden wir uns in einer Software-Verkaufsabteilung, die immer mehr zu kämpfen hat, um ihr hervorragendes Leistungsniveau zu halten. Mehr als hundert Quartale lang hat sie ununterbrochen schwarze Zahlen geschrieben. Aber jetzt flachen die Gewinne ab, und im gesamten Getriebe knirscht es. Das vorsintflutliche Computersystem erfüllt seine Verwaltungsaufgabe nur noch mit Ach und Krach. Alle Vertreter sind sich einig, daß die Zeit für eine Rundumerneuerung gekommen ist.

Allgemein betrachtet deutet das Systemverhalten auf den Archetyp »Wachstumshemmnisse«. Mit den steigenden Gewinnen wurde auch die Zahl der Vertreter erhöht, dies wiederum führte zu größeren Gewinnen. Dieser positive Verstärkungskreislauf hielt fast zwanzig Jahre an.

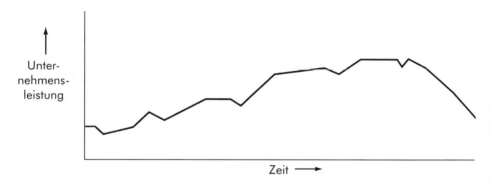

Und was geschah dann? Was führte zu den Gewinneinbrüchen? Die Gewinne stießen auf ein Wachstumshemmnis. Dieses besteht in unserem Fall aus der begrenzten Kapazität des Informationssystems sowie der Personal- und Ausbildungssysteme. Kurzfristig kann dies durch vermehrte Anstrengungen aller Beteiligten wettgemacht werden. Aber letztlich führen die komplexen betrieblichen Zusammenhänge zu einer deutlichen Abschwächung des Wachstums. Es handelt sich um einen Ausgleichskreislauf zum Wachstumszyklus.

Die Gefahr einer derartigen Dynamik ergibt sich aus der Verzögerung im Ausgleichskreislauf. Dabei kommt es zu einer ähnlichen Wirkung wie beim Aufdrehen des Heißwasserhahns in der Dusche. Die zeitliche Ver-

Blickpunkt verborgene Ansatzmöglichkeiten

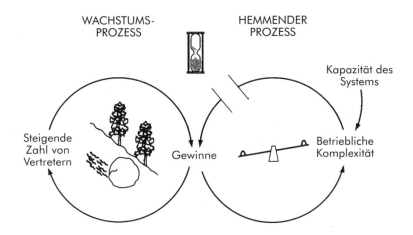

zögerung bewegt uns zu überzogenen Gegensteuerungsversuchen. Bestenfalls deutet ein Szenario nach dem Modell »Wachstumshemmnisse« darauf hin, daß die Gewinne – entgegen den Schlußfolgerungen aus einer bloßen Extrapolierung aktueller Trends – bald und vielleicht sogar plötzlich abflachen werden, da sich der hemmende Prozeß erst mit zeitlicher Verzögerung auswirkt. Schlimmstenfalls warnt uns das Szenario vor der Möglichkeit, daß die überzogene Gegensteuerung zu einem völligen Zusammenbruch der Fähigkeit zur Gewinnerzeugung führt. In diesem Fall endet der Boom direkt in der Pleite.

Eine MoMaHa-Auswertung zeigt weitere beunruhigende Aspekte der Situation auf. Das Problem ist viel gravierender, als es zunächst den Anschein hatte. Die Abteilung wird von einer Reihe sehr konsequenter und potentiell schädlicher heimlicher Spielregeln beherrscht. Diese führen zu den Nebeneffekten Stagnation, Suboptimierung und gebremste Leistung.

Heimliche Spielregeln, die zu Stagnation führen

Die Stagnation äußert sich in Symptomen wie chronischer Risikoscheu, Zynismus gegenüber Veränderungen und der Tatsache, daß das Management seit zwanzig Jahren nichts Proaktives mehr getan hat. Weshalb? Sehen wir uns die ungeschriebenen Gesetze an.

- *Für einen mittleren Manager:* Meine Prämien und meine Karriere hängen davon ab, daß ich meine Zahlen erreiche (und im Idealfall übertreffe). Also muß ich auf Nummer Sicher gehen.
- *Für einen leitenden Manager:* Ein Großteil meines Einkommens besteht aus der Prämie für das Übertreffen des Plans. Also darf ich ihn mir nicht vermasseln lassen.
- *Für den Leiter der Abteilung:* Ich habe drei bis fünf Jahre, um zu glänzen und aufzusteigen. Also hole ich alles aus der Abteilung heraus.

Diese Regeln werden noch verstärkt durch die Tatsache, daß nach über hundert Quartalen mit Gewinn keiner daran schuld sein möchte, daß diese Erfolgsserie abreißt. Außerdem haben die Aktienoptionen für leitende und mittlere Manager eine zweijährige Laufzeit. Weshalb sollte man da mittelfristig denken? Eine Erneuerung des Systems hätte für das mittlere und leitende Management nur Nachteile. Daher besteht die Gefahr, daß gar nichts passiert oder zuwenig zu spät.

Heimliche Spielregeln, die zu Suboptimierung führen

Die Suboptimierung in der Abteilung äußert sich in der Abgrenzung der Bereiche voneinander. Es werden nur wenige Informationen ausgetauscht, und es entsteht kaum ein gemeinsamer Lernprozeß. Das kommt nicht von ungefähr:

- Man wird nicht dafür belohnt, wenn man einem anderen beim Ausbau seines Bereichs hilft. Also konzentriert man sich auf sein eigenes Revier.
- Risiken in meinem Bereich kann ich nur begrenzen, wenn ich die Macht darüber behalte. Also: Hände weg!
- Je größer die Zahl meiner Mitarbeiter, desto größer meine Macht und mein Ansehen. Also vergrößert man die eigene Basis.
- Die Neuanstellung von Stabsmitarbeitern können wir immer schwer rechtfertigen. Ein neuer Mitarbeiter in unserem Bereich dagegen wird immer genehmigt. Also kocht man sein eigenes Süppchen.

Diese ungeschriebenen Gesetze werden verstärkt durch die grundsätzliche Abneigung innerhalb der Abteilung gegen Stabskosten und eine sehr spärliche Aufgabenrotation zwischen den Funktionsbereichen als Folge unterschiedlicher Vergütungsregelungen. Die Gefahr für die notwendige Systemerneuerung liegt in einem unterschwelligen, aber alles durchdringenden Widerstand gegen Veränderungen: »Wir müssen es machen – aber ich nicht.«

Heimliche Spielregeln, die zu gebremster Leistung führen

Und wie steht es mit der gebremsten Leistung? Diese äußert sich in der gesamten Abteilung als Zynismus gegenüber den »Zahlen«. Es gibt keine echte Kontrolle, und es wird allgemein mit verdeckten Karten gespielt. Dies verdeutlichen die ungeschriebenen Gesetze:

- Man muß glänzen, um höhere Prämien und eine Beförderung zu bekommen. Das Einhalten von Zielen reicht nicht. Also setzt man die Schätzungen niedrig an, um sie dann zu übertreffen.
- Alles ist verhandelbar.
- Wir setzen für verschiedene Gruppen inkompatible Ziele fest, die sich nicht vergleichen lassen. Also benutzt man die Zahlen nicht als Kriterien, sondern um die Leute zu fordern.
- Die Zahlen sind für Planungszwecke unzuverlässig und werden sowieso immer überboten. Das kann zu großen Störungen führen. Also darf man keine gut geölte Maschinerie erwarten.
- Man möchte die Erwartungen nicht hochschrauben, also drosselt man die Leistung bis zum nächsten Quartal und kann einen gesunden Trend vorweisen.

Da sich die Hauptverwaltung des Unternehmens an dieses Verhalten der Abteilung gewöhnt hat, spielt sie nach den gleichen Regeln und erwartet, daß die Abteilung ihre Ziele übertrifft. Und so setzt sich diese Entwicklung in einer immer enger werdenden Spirale fort.

Auch wenn man das Erneuerungsprojekt erfolgreich in die Wege leitet, besteht die Gefahr, daß alle Beteiligten die Gespräche zur Umstrukturierung als Verhandlungsübung auffassen.

Und es gibt ein weiteres Problem: Die einzelnen Trends können nicht isoliert betrachtet werden. Gebremste Leistung in Kombination mit Stagnation in Kombination mit institutionalisierter Suboptimierung in Kombination mit heroischen Zielen in Kombination mit unausweichlichem Druck führt zu einem weitverbreiteten BURNOUT.

Die Optionen

Ja, das Informationssystem muß natürlich von Grund auf erneuert werden. Und das gleiche gilt wahrscheinlich für alle anderen Systeme von der Anstellung über Ausbildung und Beurteilung bis hin zur Leistungsvergütung.

Aber einige wesentliche Maßnahmen müssen ergriffen werden, um die gefährlichsten verborgenen Hindernisse aus dem Weg zu räumen. Insbesondere sollte etwas unternommen werden gegen die Fixierung auf Quartalsergebnisse, die Risikoscheu, das Revierdenken, das Spielen mit verdeckten Karten sowie den Zynismus und die Ambivalenz gegenüber dem Wandel beim leitenden Management.

Die Fixierung auf Quartalsergebnisse ließe sich vielleicht beheben, wenn man mit der Hauptverwaltung Einzelheiten zu kurzfristigen Verlusten und längerfristigen Leistungssteigerungen vereinbart. Die Erneuerung müßte auf die Sicherung früher Gewinne abstellen, um ihre Selbstfinanzierung zu ermöglichen.

Die Risikoscheu ließe sich durch eine Abstimmung der Prämien und Aufstiegsregelungen auf die Ziele der Erneuerung verringern. Offizielle und inoffizielle Anreizinstrumente könnten so umstrukturiert werden, daß sie die pünktliche Einhaltung von Zielen fördern und ein Horten für den nächsten Finanzzeitraum bestrafen.

Für potentielle Verlierer einer Reorganisation sollten deutliche mittelfristige Vorteile eingeführt werden. Andernfalls würde das Revierdenken die Schaffung einer optimalen Abteilungsstruktur behindern.

Schließlich könnte man auch die leitenden Manager zu mehr Veränderungsbereitschaft ermuntern, wenn man ihre Bezüge von den erwünschten Unternehmenszielen abhängig macht und ihnen eine – möglichst kurze – Visionsübung verordnet, um einen Supermagneten für die

Abteilung (und für sich selbst) zu schaffen. Diesen könnten sie dann als Hierarchie von Magneten an die Abteilung weitergeben, damit sich alle für den erstrebten Wandel engagieren.

Der Leiter der Abteilung könnte unmißverständlich deutlich machen, daß das obere Management überschaubare Risiken eingehen will, daß die Abteilung klare Ziele verfolgt und daß er sich für das Erreichen nachhaltiger Vorteile durch den Wandel einsetzt.

Die Tragödie des gemeinsamen Weiderechts

Werfen wir noch einmal einen Blick auf das letzte Szenario. Aber diesmal geht es um die Zentrale und das Verwaltungssystem, das sowohl von der Software- als auch von der Hardware-Verkaufsabteilung benutzt wird. Es ist das klassische Problem eines Schusterjungen, der barfuß geht.

Die Hardware-Verkaufsabteilung ist vor zehn Jahren erworben worden, aber die beiden Absatzorganisationen sind aufgrund ihrer völlig verschiedenen Produkte nicht zusammengelegt worden. Das zentrale Verwaltungssystem, mit dem sie arbeiten, ist nie erneuert worden.

Und jetzt gibt es erste beunruhigende Anzeichen. Beide Absatzorganisationen sind in den letzten zehn Jahren stetig gewachsen, nur in jüngster Zeit nicht mehr. Die Vertreter sind aktiv wie eh und je, ja sie strengen sich vielleicht sogar noch mehr an als früher. Der Umsatz ist in Ordnung, wenn auch nicht aufregend. Aber darin liegt auch nicht das Problem.

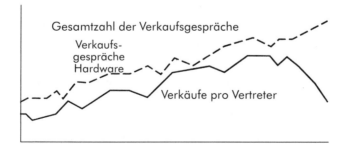

Sorgen macht man sich über die durchschnittliche Produktivität der Vertreter. Alles in allem werden mehr Verkaufsgespräche geführt als je zuvor, aber der Durchschnittsumsatz pro Vertreter hat seinen Höhepunkt erreicht. Und jetzt beginnt er kontinuierlich zu sinken. Handelt es sich um eine vorübergehende Abweichung?

Aus dem letzten Szenario kennen wir bereits die besonderen Probleme eines wachsenden Verkaufsstabs, der mit einem veralteten Verwaltungssystem arbeitet: Das System hemmt das Wachstum der Zukunft.

Und was geschieht, wenn zwei Abteilungen mit einer je eigenen wachstumshemmenden Dynamik an ein und demselben Prozeß teilhaben? Die daraus resultierende Systemdynamik ist weit instabiler als jede für sich allein genommen. Ursache dafür ist wiederum der Zeitfaktor. Die Verzögerung in einem Ausgleichskreislauf trifft uns meist völlig unerwartet. Wir reagieren zu stark, weil das Feedback, das wir bekommen, bereits veraltet ist. Und wenn zwei unabhängige Verstärkungskreisläufe ins Rollen kommen, wird die gleiche Verzögerung doppelt gefährlich. Bis das Feedback zu uns durchdringt, führen die ins Rollen geratenen Kreisläufe in ihrer kombinierten Wirkung zu einer massiven Überreaktion.

Dieser klassische Archetyp trägt den eher poetischen Namen »Tragödie des gemeinsamen Weiderechts«. Dahinter verbirgt sich die Metapher einer Wiese, auf der nicht nur ein Schäfer seine Herde weiden läßt, sondern viele. Gemeinsames Weideland kann so schnell abgegrast sein, daß die ersten Anzeichen dafür nicht rechtzeitig wahrgenommen werden und alle darunter zu leiden haben.

In unserem Unternehmen stehen die Dinge noch schlechter, als dies aus dem Archetyp hervorgeht. Heimliche Spielregeln in beiden Abteilungen verschärfen die Probleme zusätzlich. Zum Beispiel: »Wir sind unabhängig, also machen wir unsere eigene Sache«; »Übergriffe auf den Bereich einer anderen Abteilung müssen in aller Stille vor sich gehen – danach kann man sich immer noch entschuldigen«; »Einer anderen Abteilung zu helfen bringt nur Nachteile, also muß man auf den eigenen Vorteil schauen«. Diese Aussagen zeugen nicht gerade von Teamgeist, aber das ist nicht das Problem. Das Problem ist der daraus entstehende Nebeneffekt. Sowohl Hardware- als auch Software-Gruppe haben versucht, Komplettsysteme aus Hardware und Software an ihre Kunden zu

Blickpunkt verborgene Ansatzmöglichkeiten

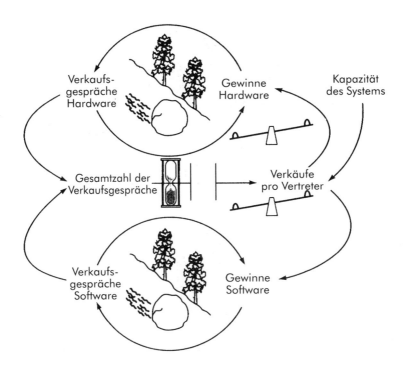

verkaufen – manchmal sogar an dieselben Kunden. Weder die linke noch die rechte Hand will anerkennen, daß sie zum selben Körper gehört. Einige Kunden haben allmählich genug und wandern ab.

Zwei subtile Veränderungen wirken sich zusätzlich auf die Systemdynamik aus. Zum einen geht das Wachstumshemmnis nicht nur von antiquierten Verwaltungssystemen aus, sondern auch von einem gesättigten Markt, in dem beide Abteilungen einander die Kunden abjagen. Zum anderen wird dieser Markt ausgerechnet durch die Verkaufsbemühungen verkleinert: Je mehr unkoordinierte Verkaufsgespräche mit einem potentiellen Kunden geführt werden, desto wahrscheinlicher werden sich dessen Mitarbeiter über diesen Mangel an Professionalität ärgern und sich an einen anderen Anbieter wenden.

Dadurch greift ein neuer Ausgleichskreislauf in die Systemdynamik ein. Je höher die Zahl der Verkaufsgespräche, desto mehr verkleinert sich der Markt. Wenn dieser Kreislauf auftritt, nimmt die Tragödie des gemeinsamen Weiderechts ihren Lauf: Der Archetyp wird äußerst instabil und kann katastrophale Folgen nach sich ziehen.

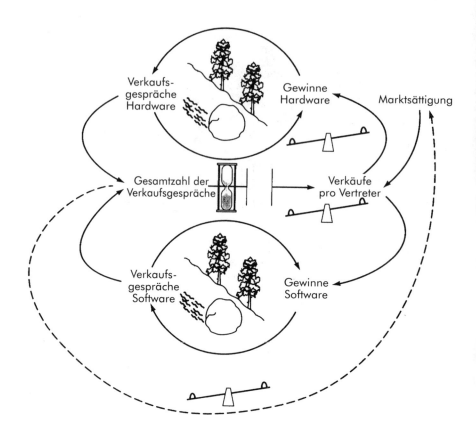

Der Gesamtzusammenhang in Kurzform läßt sich so formulieren: Ausgelöst von zwei Verstärkungskreisläufen, deren Wachstum aufgrund des verzögerten Feedbacks zu spät gebremst wird, wirkt eine massive Überaktivität zusammen mit einer massiven Verringerung des Anwendungspotentials dieser Aktivität. Grandioses Wachstum führt unvermittelt zum völligen Versagen des Systems. Darin liegt die Tragödie dieses Archetyps.

Die Optionen

Jetzt geht es ums nackte Überleben. Sobald man den Archetyp erkannt hat, muß man handeln. Die Informationen kommen mit großer Verzögerung. Sie dulden keinen Aufschub mehr.

Man muß Kontakt zu allen Kunden aufnehmen und Maßnahmen zur Schadensbegrenzung einleiten. Mit kurzfristigen Mechanismen kann man die Koordination zwischen den beiden Abteilungen gewährleisten. Die Maßnahmen werden mit Sicherheit bürokratisch, vielleicht sogar drakonisch sein, aber sie haben nur eine befristete Gültigkeit. Alle Angehörigen der beiden Abteilungen müssen darüber informiert sein, was geschieht. Sie müssen die abstoßende Wirkung des starken negativen Supermagneten spüren. Dann gilt es, rasch eine positive Vision als Supermagneten zu entwickeln, deren strategische und taktische Umsetzung den Abteilungen vorbehalten sein sollte. In diesem Prozeß werden sie ihre eigene Hierarchie von Hilfsmagneten aufbauen.

Den nächsten Schritt sollte eine Zusammenlegung der beiden Abteilungen und der Austausch des vorsintflutlichen Verwaltungssystems bilden. Parallel dazu müssen alle Ursachen für das Beinahe-Desaster aufgeklärt und behoben werden, damit sich derlei nicht mehr wiederholen kann.

Nach diesem langen Aufenthalt in der Unterwelt verborgener Ansatzmöglichkeiten sind wir bereit für eine neue Herausforderung. Im nächsten Kapitel steht die operative Abstimmung im Blickpunkt.

Wegweiser zum Management verborgener Ansatzmöglichkeiten

Folgende Bojen markieren einen sicheren Kurs über die Unternehmensuntiefen:

1. Trotz klarer offizieller Unternehmensregeln wird das Verhalten der Mitarbeiter von heimlichen Spielregeln bestimmt, die ihnen vernünftig erscheinen.
2. Diese ungeschriebenen Gesetze sind immer logisch. Sie können sie weder einfach durch Intuition erfassen, noch durch Macht zerschlagen. Jeder Versuch in dieser Richtung endet in Veränderungsmüdigkeit.
3. Business Reengineering hat durchaus seine Berechtigung, aber ein übertrieben harter Ansatz wirkt letzten Endes nur zerstörerisch.
4. Anhand des MoMaHa-Modells können Sie die unsichtbaren Verbindungen zu den heimlichen Spielregeln aufdecken:
   - **Mo**tivierende Kräfte: Was ist den Mitarbeitern wichtig?
   - **Ma**chtausübende Kräfte: Wer beeinflußt, was den Mitarbeitern wichtig ist?
   - **Ha**ndlungsauslösende Kräfte: Was müssen sie tun, um zu bekommen, was ihnen wichtig ist?
5. Die Aufdeckung heimlicher Spielregeln ist nur ein erster Schritt. Sie müssen die unsichtbaren Verbindungen zu diesen Regeln finden, um die schädlichsten identifizieren und verändern zu können.
6. Mit Systemdenken erkennen Sie zusammenhängende Bereiche, deren wechselseitige Auswirkungen wegen Kurzsichtigkeit, Verzögerungen, überraschender Entwicklungen und Komplexität verborgen bleiben.
7. Archetypische Systeme bestehen aus zwei Arten von Kreisläufen (Verstärkung und Ausgleich) sowie Verzögerungen.
8. Die nützlichsten Systemarchetypen sind:
   - Die Last verschieben,
   - Lösungen mit Bumerangwirkung,
   - Gegner aus Zufall,
   - Wachstumshemmnisse,
   - Tragödie des gemeinsamen Weiderechts.
9. Die größte Gefahr liegt darin, nicht zu erkennen, wie veraltet Feedback in manchen Fällen sein kann. In instabilen Szenarien kann dies zu Überreaktionen und zum Zusammenbruch führen.
10. Ein Unternehmen sollte nicht mehr als nötig verändern, um die erstrebten Ziele zu erreichen. Je weniger Sie verändern, desto weniger beeinträchtigen Sie das System und um so weniger Probleme werden sich ergeben.
11. Verborgene systemische Barrieren gegen Veränderungen – die heimlichen Spielregeln – sollten Sie mit einem kombinierten Ansatz aus MoMaHa-Modell und Systemdenken angehen:
    - Sehen Sie sich um: Was sind die Symptome?
    - Sehen Sie nach oben: Welcher Archetyp scheint am besten zu passen?
    - Sehen Sie nach unten: Was zeigt das **MoMaHa**-Modell?
    - Entscheiden Sie: Welche Glieder in der Kausalkette müssen verändert werden?
12. Die stärksten systemischen Barrieren gegen Veränderungen sollten durch eine Neuabstimmung zunächst von handlungsauslösenden, dann von machtausübenden und zuallerletzt von motivierenden Kräften – die keine Kernwerte darstellen – beseitigt werden.
13. Ein Management verborgener Ansatzmöglichkeiten verknüpft die strategische Flexibilität und die Veränderungsbereitschaft mit allen anderen Komponenten des Wandels.

4. Blickpunkt operative Abstimmung

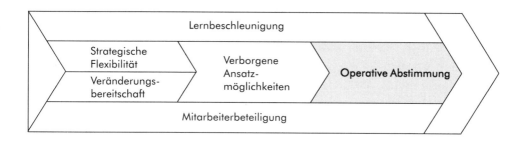

Die Verwandlung des Unternehmens im Alltag

Einer der größten Konzerne der Welt hat sich in den letzten Jahren sehr schwergetan, Neuprodukte genauso schnell auf den Markt zu bringen wie die Konkurrenz und Qualität wie Produktivität zu verbessern.

Dabei beschäftigt der Konzern einen der größten und bestinformierten zentralen Stäbe seiner Branche. Der Stab verfügt über mehr Informationen zu den neuesten Managementideen, mehr Branchenvergleichswerte und mehr umfassende Strategiepläne als alle anderen Unternehmen der Industrie. Aber viele Mitarbeiter beschreiben das Ergebnis als Paralyse durch Analyse. Offenkundig fehlt es an der praktischen Umsetzung, und das wirkt sich auch auf die Leistungen des Konzerns aus.

Das Management der operativen Abstimmung, das im Blickpunkt dieses Kapitels steht, zielt darauf, Einsichten aus den anderen Veränderungselementen in die alltägliche Praxis einzubinden, damit die Bemühungen auch wirklich zu etwas Zählbarem führen.

Die Umsetzung der Vision für ein neues Unternehmen ist alles andere als ein Kinderspiel, selbst wenn man am Anfang steht. Alle müssen die Vision teilen, alte Denkmodelle aufgeben und als Team zusammenarbeiten. Es ist beeindruckend, wenn Unternehmen inspirierende Organisationen schaffen können, so wie es General Motors mit seiner Saturn-Gruppe getan hat.

Diese Situation ist vergleichbar mit dem Bau eines Schiffs auf einem Trockendock. Vor einer viel größeren Herausforderung steht man freilich, wenn man auf hoher See ein Segelschiff zu einem atombetriebenen Kreuzer umbaut, ohne die Sicherheit der Passagiere zu gefährden – und ohne die Reise zu verzögern. Und dieser Vergleich paßt viel besser auf die meisten Umwandlungsprozesse in heutigen Unternehmen.

Manche Berater möchten uns glauben machen, man könne bei einem Wandel einfach »von einem leeren Blatt Papier ausgehen«. Aber das stimmt nicht. Man muß auch weiterhin die Kunden versorgen und die Produktionsmittel effektiv einsetzen. Unternehmen müssen ihre Verpflichtungen ohne Qualitätseinbuße erfüllen, während sie sich gleichzeitig um Veränderungen bemühen.

Wie kann man gleichzeitig die alltäglichen Geschäfte und ein Veränderungsprogramm steuern? Im Grunde liegt die Antwort auf der Hand: Die Mechanismen zur Steuerung des Unternehmens müssen die gleichen sein wie die Mechanismen zur Lenkung eines kontinuierlichen Wandels. Dadurch bleibt man nicht nur auf dem richtigen Weg, man kann sich auch auf einen Wandel einstellen, der nicht mehr aufhört.

Um die Alltagsmechanismen für ein Management kontinuierlicher Veränderungen zu finden, benötigen wir ein klares Veränderungsmodell. Ein solches Modell hat vor mehreren Jahrzehnten der Unternehmensexperte Kurt Lewin vorgeschlagen. Sein Modell entspricht zwar nicht mehr unbedingt den neuesten Entwicklungen, bietet aber immer noch eine vernünftige Ausgangsbasis.

Lewin benannte drei Stadien des Wandels: Auftauen, Bewegen und Einfrieren.

Als erstes sollte man hier festhalten, daß Lewins Modell natürlich nur dann gelten kann, wenn ein Unternehmen bereit ist, in neuer Gestalt wieder einzufrieren. Bei vielen Unternehmen wäre dies heutzutage ein Fehler, weil sie schon kurz nach dem Einfrieren wieder aufgetaut werden müßten, um einen weiteren Wandel zu vollziehen und so weiter. Lewins Modell gibt sich also als Newtonscher Veränderungsansatz mit klarer Mechanik zu erkennen, der im konstanten Fluß der heutigen Welt weniger hilfreich erscheint.

Darüber hinaus erklärte Lewin, daß für das Bewegen des Unternehmens und für seine Lenkung im Alltag verschiedene Managementtechniken notwendig sind. Nach seiner Auffassung stellt das Stadium der Bewegung eine Abweichung gegenüber der Normalität dar, die erst mit dem Einfrieren wieder hergestellt wird. Heutzutage trifft dies in vielen Fällen nicht mehr zu.

In einem Großunternehmen zum Beispiel spornte ein leitender Manager sein Unternehmen dazu an, sich tatkräftig für ein geplantes Veränderungsprogramm einzusetzen. Er forderte die Manager auf, die Sache ernst zu nehmen und alle an einem Strang zu ziehen.

Aber schon bald konnte das von ihm eingerichtete Veränderungsteam kaum mehr einen Manager zur Teilnahme an veränderungsrelevanten Aktivitäten bewegen, obgleich sie von allen als überaus wichtig bezeichnet worden waren. Die Sekretärinnen erklärten, die Betreffenden seien mit anderen, wichtigeren Angelegenheiten beschäftigt. Das Veränderungsteam erinnerte die Manager an das Leitwort, das sie selbst kreiert hatten: »Das Verbesserungstempo zu erhöhen ist die Managementaufgabe Nummer eins« – eine ziemlich passende Beschreibung der Führungsaufgaben in einem beschleunigenden Unternehmen.

Was für wichtigere Angelegenheiten hatten denn Priorität, wollte das Veränderungsteam wissen.

»Wir müssen doch das Unternehmen weiter führen«, hieß die entrüstete Antwort der leitenden Manager.

Viel angemessener erscheint demgegenüber ein Veränderungsprozeß, der die Prinzipien verkörpert, nach denen das Unternehmen in Zukunft arbeiten wird. Und dies sollte schon am ersten Tag beginnen.

Jonglierkünste

Um die Mittel für eine kontinuierliche Neufindung und Veränderung zu entwickeln und aufrechtzuerhalten, benötigt ein Unternehmen zwei Bausteine. Zum einen semipermanente Strukturen wie zum Beispiel wichtige Unternehmensprozesse; und zum anderen Veränderungsmechanismen, das heißt in der Regel strukturübergreifende Arbeitsgruppen, die für Verbesserungen zuständig sind.

Wenn diese Aufteilung richtig umgesetzt wird, bleiben die Veränderungsmechanismen auch nach Vollzug des Wandels intakt, so daß sich das Unternehmen auch weiterhin verändern kann.

Abgestimmter Wandel

Zur Wahrung der operativen Abstimmung während des Wandels müssen die Veränderungsmechanismen drei Faktoren berücksichtigen: die Gestaltung von Unternehmensprozessen, die Fertigkeiten und Motivation der Mitarbeiter und die Qualität der aufgebotenen Ressourcen. Diese drei Elemente sind eng miteinander verknüpft, und vieles deutet darauf hin, daß ihre Abstimmung von mindestens ebenso großer Bedeutung ist wie die Qualität jedes einzelnen dieser Elemente.

1991 führten wir mit der Economist Intelligence Unit eine weltweite Untersuchung von Fertigungsfabriken in mehreren Branchen durch. Dabei erwies sich, daß Werke, die Prozesse, Mitarbeiter und Ressourcen am engsten koordiniert hatten, nicht nur die besten Leistungen, sondern auch das höchste Verbesserungsniveau erzielten. Dieses Ergebnis wurde später im Vergleich von zwölf Fabriken eines Unternehmens bestätigt. Diejenigen, die sich am schnellsten verbesserten, hatten auch die beste Balance. Operative Veränderungsmechanismen müssen also vor allem die Balance zwischen Prozessen, Ressourcen und Mitarbeitern gewährleisten.

 Ohne Rücksicht auf Verbindungen

Die getrennte Verbesserung der Einzelelemente eines Systems ohne Rücksicht auf ihre Verbindungen ist nie so effektiv wie die Verbesserung des Gesamtsystems.

Ein erfolgreicher Lkw-Hersteller in den USA hatte sich zu lange auf seinen Lorbeeren ausgeruht und wollte das Versäumte durch einen großen Sprung nach vorne auf einmal nachholen. Man erteilte den Auftrag zur Einrichtung einer bahnbrechenden Fertigungsstätte. Technische Abteilung, Fertigungstechnik und Personal wurden aufgefordert, die besten Ressourcen, Prozesse beziehungsweise Mitarbeiterverfahren zu entwickeln.

Die technische Entwicklung entwarf und installierte eine der avanciertesten automatisierten Produktionseinrichtungen der Branche, zu der unter anderem eine automatische Materiallagerung und -ausgabe gehörte. Die Fertigungstechnik erarbeitete einen Just-in-time-Fertigungsprozeß. Und die Personalabteilung legte einen Teamwork-Plan vor, bei dem sich vielseitige Arbeiter in ihren Tätigkeitsbereichen ablösen, und empfahl einen Standort im Süden, weil dort der Einfluß der Gewerkschaften geringer war (aber auch die Zahl ausgebildeter Arbeiter).

Doch nach diesen Planungen verging ein Jahr, bis die Fabrik den ersten kompletten Lastwagen baute. Als beim Materialsystem Probleme auftraten, waren die Arbeiter zu unerfahren, um sie zu beheben. Das Just-in-time-System ließ keinen Spielraum für Fehler und Verzögerungen. Die unvollständigen Lastwagen wurden ausgeliefert und mußten von den Händlern fertiggestellt werden. Dies wirkte sich negativ auf die Kosten und auf die Qualität aus. Die Veränderungsmechanismen des Unternehmens waren schlicht zu unkoordiniert. Zuletzt wurde das Unternehmen nach schlechten Geschäftsergebnissen übernommen.

Um die notwendige Balance und Harmonie zu erreichen, muß man auf drei Ebenen gleichzeitig tätig werden:

- *Erstens* muß man alltägliche dringende Fragen bewältigen – Kundenprobleme, Gerätefehler und lokale Verbesserungen bei operativen Verfahren. Dabei geht es häufig um eine Kombination aus den Folgen zurückliegender Fehler und unerwarteter Ereignisse.
- *Zweitens* muß man Teams bilden, die sich um alle verbesserungsbedürftigen Prozesse kümmern. Dazu gehören unter anderem Kundenmanagement, Lagermanagement und Produktentwicklung. Die Beschäftigung mit diesen Fragen sollte letztlich zu einer Reduzierung der auftretenden Notfälle führen. Die Ursachenforschung bei häufig auftretenden dringenden Fragen bildet den Ausgangspunkt für jede Prozeßüberprüfung.
- *Drittens* muß man Teams zusammenstellen, die Verbesserungen an der grundlegenden Infrastruktur – Informationssysteme, Ausbildung, Leistungsbeurteilung – vornehmen, um die Verbesserungen an Prozessen abzustützen.

Und natürlich müssen die Beteiligten bei all dem wachsam bleiben für Veränderungen von Konkurrenten, Kunden, Lieferanten und auch Kollegen.

Die Bälle fangen

Die meisten Manager sind gerne aktiv. Aber dabei laufen sie Gefahr, das jeweils Anliegende immer effizienter und schneller zu bearbeiten, ohne das ständige Wiederkehren bestimmter Problemtypen zu bemerken. Viele Managementkonferenzen laufen nach diesem Muster ab: Die Punkte auf der Tagesordnung werden nacheinander effizient abgehandelt, aber man ist dabei viel mehr darauf fixiert, Löcher zu stopfen, als das Leistungsvermögen des Unternehmens von Grund auf zu erneuern.

 Rennen bis zum Stillstand

Der Leiter einer Papierfabrik wollte herausfinden, welche Wirkung er und sein Stab mit ihren Maßnahmen gegen Probleme erzielt hatten. Mit Hilfe von Beratern verfolgten er und sein Stab 420 ihrer Maßnahmen zurück und stellten fest, daß 397 davon keine oder sogar eine abträgliche Wirkung hatten. Und die Reaktion auf das Eingreifen der Manager hatte zu Störungen geführt, die weitere Eingriffe notwendig machten. Die Manager der Fabrik waren wie Hamster auf Laufrädern – sie kamen nicht voran.

Vor allem Betriebsmanager stehen unter großem Druck. Sie müssen engere Termine einhalten, mit knapperen Budgets auskommen und dabei den Kunden immer besseren Service bieten. Ihre Kalender, ihre Ablagen für Post, Voice-Mail und E-Mail quellen über mit Dingen, die zu erledigen sind. Und in diesem Kontext müssen sie mit operativen Veränderungsmechanismen jonglieren.

Natürlich stehen für die Analyse und Umgestaltung von Unternehmen und Arbeitsprozessen eine Vielzahl von Instrumenten und Methoden zur Verfügung. Die Qualitätsbewegung, die Organisationsentwicklung und andere Managementschulen haben alle zu einem reichen Instrumentarium beigetragen. Im Hinblick auf das Management operativer Abstimmung ist es auch nicht der Mangel an Techniken und Instrumenten, der viele Unternehmen von der erfolgreichen Realisierung erwünschter Veränderungen abhält, sondern vielmehr die Art und Weise, wie die Instrumente und Methoden verwendet werden.

Operativer Wandel erfordert ein Umschalten von alten auf neue Arbeitsformen. Aber dieses Umschalten muß sich in den Köpfen der Mitarbeiter und in den alltäglichen Handlungen vollziehen. Deshalb müssen diese Mitarbeiter an der Analyse und Entwicklung des operativen Wandels beteiligt werden, damit sie Lösungen selbst entdecken und dafür einstehen. Nur dann werden sie aktiv für den Wandel eintreten. Es reicht nicht, wenn eine Stabsabteilung oder ein Berater die Instrumente und Techniken anwendet und dann versucht, andere für die Ergebnisse zu gewinnen.

Beschleunigtes Lernen im Unternehmen setzt eine Reihe von Verbesserungsteams voraus, die diese Techniken beherrschen. Man kann es sich als ein Jonglieren mit drei Bällen vorstellen:

- Erster Ball: Eine Gruppe trägt die Verantwortung für die Abstimmung umfassender Inhalte und Richtlinien für jedes Verbesserungsteam.
- Zweiter Ball: Für jede größere Verbesserungsaufgabe wird ein funktionsübergreifendes Team zunächst auf Prozeßebene und dann auf Infrastrukturebene gebildet.
- Dritter Ball: Ein offizieller Integrationsprozeß sichert die Abstimmung zwischen verschiedenen Teamlösungen und die Kompensation für Veränderungen.

Erster Ball

Eine Abstimmung der Verbesserungsteams setzt voraus, daß man weiß, was die Teams erreichen sollen. Aus diesem Wissen werden sich auch Möglichkeiten für einen Ausgleich zwischen verschiedenen Zielen ergeben.

Einen praktischen Ansatz hierfür bietet die Schaffung einer Koordinierungsgruppe, an der all jene beteiligt sein sollten, die in ihrem Bereich tätig werden müssen, um den erstrebten Gesamtwandel umzusetzen. Dies sind die machtausübenden Kräfte. Jedes Mitglied der Gruppe kann inspirierende Sonderziele einbringen, die als Magneten zum Supermagneten der Vision und Strategie passen.

Nehmen wir als Beispiel ein Unternehmen, das sich in Erwartung eines kommenden Marktrückgangs ein finanzielles Polster schaffen will. Eine Gruppe könnte ihren Beitrag zu diesem Ziel so definieren, daß sie 1997 6000 Produkte herstellt. Eine andere Gruppe könnte sich das Ziel setzen, durch Verbesserung der Wartung die Ausfallzeiten der Maschinen zu halbieren. Diese Ziele werden zu Magneten, wenn die Gruppe sie für wichtig hält und sich von ihnen zu größerem Einsatz beflügeln läßt.

Ein alternativer Ansatz sieht so aus, daß die Koordinierungsgruppe einzelne Teamziele zusammen festlegt. Dadurch sind Folgerichtigkeit und Abstimmung der Ziele leichter zu gewährleisten. Der Nachteil dieser Vorgehensweise liegt darin, daß diese Ziele den Teams »mitgeteilt« oder »überzeugend« vermittelt werden müssen und deshalb zunächst keine magnetische Anziehung auf sie ausüben.

Unabhängig davon, wie die anfänglichen Magneten hergeleitet werden, muß sich die Koordinierungsgruppe mit der Frage befassen, wie die verschiedenen Magneten aufeinander einwirken werden. Dazu braucht sie Systemdenken und das MoMaHa-Modell, um sich über das Gesamtsystem und seine zusammenhängenden Elemente zu orientieren.

 Das Beste zweier Welten

Nach dem Vorbild von Toyota wollte Cemex die Fähigkeit entwickeln, die operative Leistung schneller zu verbessern als jeder Konkurrent der Branche. Die Unternehmensleitung erkannte einen Ansatzpunkt dafür in der schnellen Verbesserung der Fähigkeiten einzelner und teilautonomer Teams. Daher mußte man als entscheidende Voraussetzung die Möglichkeit schaffen, Aufgabengebiete zu verbreitern und vielseitige Fertigkeiten zu erwerben.

Einen weiteren Ansatzpunkt für eine Verbesserung der operativen Leistung bildete die Betriebszeit der Brennöfen und anderer wichtiger Maschinen, weil die Zementherstellung sehr kapitalintensiv ist und Produktionsunterbrechungen hohe Kosten verursachen. Aufgrund der entsprechend großen Bedeutung von Wartungsfähigkeiten schien Spezialisierung die naheliegende Antwort.

Dies führte zu einem direkten Gegensatz zwischen der Idee der Aufgabenverbreiterung und der spezialisierten Wartung. Die für den koordinierten Wandel verantwortliche Gruppe fand eine Lösung, die einen Ausgleich zwischen beiden Erfordernissen schuf: Jedes vielseitige Team enthielt einen Wartungsspezialisten, der im Bedarfsfall kritische Probleme beheben und ansonsten andere Teammitglieder unterweisen konnte.

Die Koordinierungsgruppe von Cemex betrachtete das System als Zusammenspiel mehrerer sozialer und technischer Schlüsselbausteine, von denen Personal, Produktion und Wartung die wichtigsten waren. Die Gruppe legte fest, welche Hauptkennzeichen dieses soziotechnische System haben mußte, um zu einem Hochleistungsunternehmen modernster Prägung zu führen. Zum Beispiel gehörte zu den Kennzeichen einer modernisierten Personalabteilung ein rechtzeitiges und aufgabenbezogenes Ausbildungsangebot sowie eine Entlohnung nach Fertigkeit und Leistung. Zu den wesentlichen Kennzeichen im Bereich des Produktionssystems gehörten bedarfsgerechte Zeiteinteilung und Arbeitsteams, die direkt mit den Kunden sprechen. Die Gesamtdaten für den Wandel und die Anforderungen für die einzelnen Elemente dienten als Bezugsrahmen für alle Verbesserungsteams, obgleich sie alle eigene Verantwortungsbereiche hatten und innerhalb der Gesamtparameter der Koordinierungsgruppe Magneten schufen.

Daß Teams eigene Sonderziele entwickeln, ist die Regel – und auch wünschenswert. So könnte zum Beispiel das Team, das 1997 6000 Produkte herstellen will, zusätzliche Ziele entwickeln, um die Mitglieder in Richtung des Gesamtziels zu ziehen. (Natürlich dürfen die Sondermagneten nicht zu potentiellen Konflikten mit anderen Gruppen führen.)

Zweiter Ball

Um die Abstimmung der Veränderungen zu gewährleisten, benötigt man Verbesserungsteams. Diese werden oft erst gebildet, wenn das Koordinierungsteam umfassende Richtlinien formuliert hat.

Dabei bedeutet es einen großen Unterschied, wenn man jedes Team mit Mitarbeitern besetzt, die jede in diesem Kontext relevante Perspektive repräsentieren können. Das heißt im Normalfall, daß Vertreter der verschiedenen Funktionsbereiche des Unternehmens in den Teams sitzen.

> ### Teams bei Honda
>
> Das Unternehmen Honda, dem allgemein große Fähigkeit zu beschleunigtem Lernen bescheinigt wird, überträgt jede bedeutende Initiative einem »SED-Team« (für Sales, Engineering und Development, also Verkauf, Technik und Entwicklung). Die genaue Verteilung der Mitglieder hängt von der Größe und Orientierung des jeweiligen Projekts ab, aber diese drei Fachdisziplinen müssen immer vertreten sein.

Funktionsübergreifende Teams sind aus drei Gründen hilfreich.

Erstens erlaubt die Beteiligung aller Funktionsbereiche schnellere Teamentscheidungen in Fällen, in denen verschiedene Unternehmensperspektiven Berücksichtigung finden müssen. Vor allem erleichtert dieser Ansatz eine Kombination allgemeiner Systemperspektiven mit realistischen MoMaHa-Perspektiven, um anschließend die jeweilige Entscheidung oder Maßnahme treffen zu können.

Zweitens sind einige Aspekte des Wissens »implizit«. Sie lassen sich also nicht leicht ausdrücken, sondern müssen im direkten Kontakt durch soziale Interaktion vermittelt werden. Implizites Wissen in einem Team kann reichen von den Kenntnissen eines Handwerkers bis zum »Instinkt« eines erfahrenen Managers. Solches Wissen ist – per definitionem – bisher nicht explizit erfaßt worden, und dies wird vielleicht auch nie möglich sein. Daher läßt es sich nur durch gemeinsame Arbeit an einem gemeinsamen Problem weitergeben. Und oft beruhen die tiefen Einsichten, die eine großartige Lösung von einer zwar tauglichen, aber phantasielosen unterscheiden, auf implizitem Wissen.

Drittens profitieren multifunktionale Teams vom Austausch vieler Perspektiven, der die Aufmerksamkeit der Teammitglieder für verborgene Ansatzmöglichkeiten schärft. Die Manager entwickeln vielseitigere Fähigkeiten und erhöhen damit ihrerseits die Fähigkeit des Unternehmens zur Steuerung komplexer Systeme.

Es ist eher unwahrscheinlich, daß ein Unternehmen eine große Zahl von Verbesserungsteams auf einmal etablieren will. Besser sollte man sie phasenweise in der Reihenfolge der Verbesserungsaufgaben einführen, die die Teams zu bewältigen haben: im operativen, im Prozeß- und im Infrastrukturbereich.

Operative Teams, die sich mit Alltagsproblemen befassen, werden ihre Arbeit wohl schon vor dem ersten Zusammentreten der Koordinierungsgruppe aufnehmen. Dennoch entscheidet sich die Gruppe vielleicht im Gefolge ihrer allgemeinen Festlegungen zu den Veränderungen, bestimmte dringende Fragen zu lösen, um mehr Zeit für die Bewältigung grundlegender Probleme zu bekommen. Drohendes Maschinenversagen zum Beispiel könnte Notmaßnahmen erforderlich machen. Dadurch läßt sich das Gröbste bereinigen, bis der Wartungsprozeß so verbessert worden ist, daß das Ziel einer Halbierung der Ausfallzeiten realisiert werden kann.

Die meisten Teams der ersten Generation, die von der Koordinierungsgruppe zusammengestellt sind, werden sich auf die Verbesserung von Prozessen konzentrieren. Wenn sich die Gruppe mit den im Unternehmen gültigen heimlichen Spielregeln auseinandersetzt und dabei auf offensichtliche Infrastrukturprobleme in Bereichen wie Informationssysteme oder Leistungsbeurteilung stößt, wird es vielleicht weitere Teams einrichten, um diese Punkte anzugehen.

Aber oft zeichnen sich die besten Lösungen für Infrastrukturprobleme erst ab, wenn die Erfordernisse der von der Infrastruktur abgestützten Prozesse verstanden worden sind. Wenn die verschiedenen Verbesserungsteams ihre Magneten verfeinern und auf ihre Ziele zusteuern, gewinnen auch die Notwendigkeiten für Infrastukturveränderungen deutlichere Konturen.

Auf dieser Basis wird die Koordinierungsgruppe ein neues Team bilden, das sich aller Wahrscheinlichkeit nach aus Experten für die betreffende Infrastrukturfrage und aus ausgewählten Mitgliedern der Teams zusammensetzt, die ursprünglich auf das Infrastrukturproblem gestoßen sind.

Um zu spüren, wann die Zeit für ein neues Team gekommen ist, muß die Koordinierungsgruppe natürlich ein wachsames Auge für Integrationsfragen haben. Das ist der dritte Jonglierball.

Dritter Ball

Nehmen wir an, die umfassenden Inhalte und Richtlinien für die Veränderung stehen fest, nachdem sie im Rahmen der Koordinierungsgruppe gemeinsam von den Hauptbeteiligten entwickelt worden sind, die Teile der Lösung umsetzen müssen. Und es gibt funktionsübergreifende Teams, die die Integration innerhalb der einzelnen Elemente gewährleisten.

Aber schon eine geringe Veränderung in einem Team kann andere Teams dazu zwingen, ihre Pläne zu überprüfen und anzupassen – ein völlig normaler Vorgang im Rahmen einer Unternehmensveränderung. Deshalb benötigen die Teams einen Integrationsmechanismus. Um diesen schaffen zu können, müssen sie sich jedoch vorher über Gesamtlage und Gesamtzusammenhang orientieren. Wir sprechen in diesem Fall von »Integrationskonferenzen«.

Die Leiter aller Verbesserungsteams sollten sich zu regelmäßigen (vielleicht täglichen, mindestens jedoch wöchentlichen) Gesprächen über Integrationsfragen treffen. Zusammen könnten diese Leiter aber auch die Koordinierungsgruppe bilden, was die Integration noch einmal erleichtert. Wie auch immer, es kann nicht schaden, die von der Koordinierungsgruppe vorgegebenen Prinzipien und Inhalte an der Wand aufzuhängen, um alle Beteiligten bei der Stange zu halten. Ein anschauliches Hilfsmittel an der Wand ist auch eine Tabelle mit den Namen der einzelnen Veränderungsinitiativen: die Integrationsmatrix.

Die Matrix dient dem Zweck, in den einzelnen Kästen festzuhalten, welche Anforderungen eine bestimmte Initiative an eine andere stellt. Angenommen, wir haben zwei Magneten: hochwirksame Ausbildung und Halbierung der Ausfallzeiten. Das für die Verminderung der Ausfallzeiten zuständige Team wird bei seiner Arbeit unweigerlich Anforderungen an das für die Ausbildung zuständige Team formulieren. Diese wechselseitige Abhängigkeit muß durchgesprochen und die vorgeschlagene Lösung in den Kasten eingetragen werden, in dem sich beide Bereiche überschneiden. Bei der nächsten Integrationskonferenz kann die Gruppe die Fortschritte bei vorhandenen Punkten feststellen und neue Punkte in die Matrix eintragen.

Blickpunkt operative Abstimmung

Beispiel einer Integrationsmatrix für ein Fertigungsunternehmen

Hilfsmagneten	6 bis 97	Ausfallzeiten halbieren	Anteil verdoppeln	Hohe Beteiligung	Hochwirksame Ausbildung	Was, wo, wann
Sechs bis 97 1997 6000 Produkte herstellen; den verbleibenden Marktspielraum nutzen, um ein finanzielles Polster zu schaffen.			Produktion wird schwieriger, wenn Flexibilität für den Kundendienst notwendig ist.			
Ausfallzeiten halbieren Die Maschinenausfallzeiten durch verbesserte Wartung halbieren, um mehr Produktionszeit und bessere Anlagennutzung zu ermöglichen.					Wenn wir die Wartung verbessern, müssen wir die Fertigkeiten vieler Mitarbeiter verbessern.	
Anteil beim besten Kunden verdoppeln Auftragsvolumen (eines ausgewählten Kunden) bis zur nächsten Rezession verdoppeln, um als bevorzugter Zulieferer Sicherheit zu haben.	Für eine Verbesserung des Kundendienstes brauchen wir größere Flexibilität in der Produktion.					Für eine Verbesserung des Kundendienstes brauchen wir Online-Informationen über den Auftragsstatus.
Kommunikation mit hoher Beteiligung Eine/n Prozeß/Infrastruktur für offenere Kommunikation zwischen allen Ebenen schaffen, um die Beteiligung am Veränderungsprozeß zu erhöhen.						
Hochwirksame Ausbildung Ein System für rechtzeitige, aufgabenbezogene Ausbildung einrichten, um die Schaffung einer Hierarchie von Magneten zu unterstützen.						
Was, wo, wann Die Informationssysteme erneuern, um die Mitarbeiter über den Status von Aufträgen und Produktion zu informieren, wenn sie ihre Ziele erreichen müssen.					Eine Veränderung von IT-Systemen setzt rechtzeitige Ausbildung vieler Mitarbeiter voraus.	

Durch die Verwendung der Integrationsmatrix bei vielen regelmäßigen Konferenzen kann das Integrationsteam entstehende Muster erkennen: Trends bei Problemen und Erfordernissen, die Einblicke in die Systemdynamik des Unternehmens eröffnen. Anhand von Systemarchetypen kann das Team rasch Problemkategorien bestimmen, die es dann mit dem MoMaHa-Modell gründlicher untersuchen kann. Die Integrationsmatrix zeigt auch auf, wann einzelne Teams überlastet sind und vorübergehend Ressourcen von anderen Teams benötigen, die ihrerseits auf die Beiträge der überforderten Teams warten.

Die Matrix ermöglicht den Übergang vom Systemdenken zum Systemhandeln. Anhand dieses Instruments kann ein Team ausgehend von einem detaillierten Wissen über die Elemente eines Unternehmens systemisch handeln und die systemischen Verknüpfungen im Verlauf der Veränderungen erkennen. Im Rahmen der Matrix lassen sich Verbindungen zwischen kurzfristigen und langfristigen Erfordernissen bestimmen, so daß man beiden auf angemessene Weise nachkommen kann.

 Jonglieren mit den Bällen

Ein amerikanischer Autoteilehersteller mußte dringend seine beiden größten Fertigungsfabriken erneuern, um die Hauptkunden zu halten und die Stillegung von Werken zu vermeiden. Man nahm radikale Veränderungen an Schlüsselprozessen vor – Produktion, Lagermanagement, Wartung, Produkteinführung und Planung – sowie an Anlagen und Organisation – Teamarbeit, Abbau von Führungsebenen, Ausbildung und Lohnstruktur.

All diese Veränderungen hingen eng zusammen, daher entschied sich Werk A dafür, mit allen drei Bällen zu jonglieren: Koordinierungsgruppe, funktionsübergreifende Teams und Integrationsprozeß. Werk B setzte auf die beiden ersten, entschied sich aber gegen einen Integrationsprozeß. Man wollte lieber an einem traditionelleren Management by Objectives festhalten, in dessen Rahmen nach Festlegung der Ziele, Ressourcen und Zwänge nur die zuständigen Manager rechenschaftspflichtig waren. Natürlich, so meinte man, könnten die Manager immer um Hilfe bitten, wenn sie nicht zurechtkämen. Aber welcher Manager würde so etwas zugeben?

In beiden Fabriken wurden Verbesserungen festgestellt. Aber Werk A verbesserte sich viel schneller und mit einer Geschwindigkeit, die die Unternehmensleitung überraschte. Und binnen weniger Monate war auch die Teamar-

Blickpunkt operative Abstimmung

beit in Werk A weit besser als in Werk B, obwohl sie zu Beginn der Erneuerung schlechter gewesen war. Dieser Umstand beschleunigte die Verbesserungen noch mehr.

Der Integrationsprozeß erlaubte es dem indischen Lkw-Hersteller Telco, der sich eines Angriffs japanischer Konkurrenten zu erwehren hatte, in nur 18 Monaten – von der Konzeption bis zur Markteinführung – ein neues Lastwagenmodell zu entwickeln und damit den bisherigen Entwicklungsrekord der Branche um mehr als die Hälfte zu unterbieten. Das Projekt trug den Namen Jupiter und wurde erfolgreich realisiert. Zahlreiche Parallelinitiativen wurden integriert: nicht nur die Planung und die Entwicklung des Lastwagens selbst, sondern auch eine neue Reihenanordnung der Bearbeitungszentren, ein neues Herstellungsverfahren für Metallblechplatten zur Reduzierung der Entwicklungszeit und ein Programm zur Ausbildung kenntnisreicher und vielseitiger Facharbeiter.

Den größten Nutzen zog Telco aus der Integrationsmatrix durch ihre Verwendung als Indikator für notwendige Verschiebungen von Ressourcen, wenn das eine oder andere Team unter zu starker Belastung stand.

Neue Informationstechnologien wie Groupware ermöglichen häufige Kontakte zwischen den Teams, ohne daß sie sich gemeinsam in einem Raum treffen oder überhaupt eine Konferenz abhalten müssen. Der Integrationsprozeß und die Matrix sind für die Organisation elektronischer Treffen genauso geeignet wie für direkte Gespräche von Angesicht zu Angesicht.

Veränderungsteams werden bisweilen als Symphonieorchester beschrieben. Uns erscheint dieser Vergleich wenig plausibel, weil die einzelnen weder einer bestimmten Partitur noch den Anweisungen eines Dirigenten folgen, der den Takt angibt.

Wir stellen uns den Wandel eher als eine Reise ins Unbekannte vor. Die Veränderungsteams sind wie Forscher oder Pioniere, die sich ihren eigenen Weg bahnen oder spontan eigene Varianten eines allgemein bekannten Musikthemas kreieren. Aber ein großangelegter Unternehmenswandel muß vielleicht auch auf die inspirierte Teilnahme des Publikums reagieren – auf einen Kunden, einen Zulieferer oder Aktionär, der gerne mitträllern möchte.

🖎 Sich selbst treu bleiben

»Wenn Du Deinen Weg Schritt für Schritt vor Dir ausgebreitet siehst – dann ist es nicht Dein Weg. Deinen Weg erschaffst Du mit jedem Schritt, den Du machst.«
Joseph Campbell, Dichter.

Das nötige Ausmaß an dezentralisierter und selbstregulierender Integration läßt sich nur schwer erreichen. Wir haben es eigentlich nur dann angetroffen, wenn die betreffenden Unternehmen koordinierte Entwicklung, funktionsübergreifende Teams und einen Integrationsprozeß verwendeten. Wenn es funktioniert, führt dieses abgestimmte Teamwork dazu, daß das Zusammenspiel der Mitarbeiter harmonisch einer gemeinschaftlich komponierten Melodie folgt.

Es vergingen einige Jahre, bis wir das Autoteilewerk A, das sein Schwesterwerk überrundet hatte, und Telco, das mit der Erarbeitung und Durchführung eines neuen Ansatzes zur Produktentwicklung einen Volltreffer gelandet hatte, erneut aufsuchten. Dabei stellten wir etwas Interessantes fest. In beiden Fällen war der Integrationsprozeß mit regelmäßigen Teamkonferenzen und dem Einsatz funktionsübergreifender Teams, die nach Bedarf zusammengestellt und wieder aufgelöst wurden, zum gültigen Mechanismus für die Erledigung laufender operativer Fragen geworden.

Bei den Konferenzen konnten die Teams die Verbindungen zwischen operativen Fragen und Verbesserungsprojekten erkennen und die Ressourcen je nach Sachlage neu verteilen. Es war vorbei mit den getrennten Beurteilungen und den gegenseitigen Schuldzuweisungen der Abteilungen. Eine pragmatische Alternative war an ihre Stelle getreten: Die Lenkung der Alltagsgeschäfte wurde im Rahmen des gleichen Mechanismus abgewickelt wie das Management des Wandels.

Und genau so soll es sein.

Gemessenen Schritts

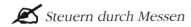 *Steuern durch Messen*

»Wir haben festgestellt, daß man die Aufmerksamkeit unter anderem durch eine Veränderung der Meßkriterien auf sich ziehen kann. Gehen wir den Gründen dafür nach. Daten und Theorien sind die Triebfeder für die Überzeugungen eines Unternehmens. Falsche Daten werden nur selten durch Dummheit verursacht, sondern durch Überzeugungen und Systeme, die auf die Zwänge und Erfordernisse einer vergangenen Ära zurückgehen. Diese Systeme waren dem Unternehmen unter alten Wettbewerbsbedingungen von großem Nutzen, aber sie werden zur Bedrohung, wenn sich die Spielregeln verändern. Durch irreführende oder unkorrekte Zahlen können die Systeme veraltete Überzeugungen aufrechterhalten und das Unternehmen zu falschen Entscheidungen veranlassen oder den Widerstand gegen ›richtige‹ Entscheidungen stärken.«

Charles Baden Fuller und John Stopford, Rejuvenating the Mature Business (London 1992).

Der Wandel nötigt das Unternehmen, eine neue Sprache zu erlernen, und Wörter wie »Messen« oder »Maßstab« gehören sicherlich zu den wichtigsten Begriffen. Das hat damit zu tun, daß Maßstäbe oft den stärksten handlungsauslösenden Kräften entsprechen, die hinter einigen der entscheidenden heimlichen Spielregeln stehen.

Wie bereits mehrfach erwähnt, reagieren die Mitarbeiter schneller auf Veränderungen an handlungsauslösenden Kräften als auf Veränderungen an machtausübenden oder gar motivierenden Kräften. Die Betrachtung der Beurteilungsmaßstäbe stellt also einen wichtigen Baustein im Management der operativen Aspekte des Wandels dar.

Nehmen wir als Beispiel die leidvollen Erfahrungen eines asiatischen Automobilherstellers, der mit kostengünstiger Fertigung trotz begrenzter Produktpalette jahrelang große Wettbewerbserfolge erzielt hatte. Aber Veränderungen im Markt zwangen das Unternehmen zum Ausbau seines Produktspektrums und zu mehr Sonderanfertigungen. Also investierte man in den Maschinenpark, und die Mitarbeiter erhielten zusätzliche Ausbildung, um die größere Produktvielfalt planen und realisieren zu können. Die neue Strategie wurde im ganzen Unternehmen bekanntgemacht und von allen Mitarbeitern begriffen. Jede Woche erhielt der

Generaldirektor einen Bericht über die Qualität der Ausführung von Spezialaufträgen; jeden Monat bat er alle Manager zu einer Konferenz, um auftretende Probleme zu lösen.

Trotzdem faßte die Strategie nicht so schnell Fuß wie erforderlich. Kleinbestellungen und Spezialaufträge, die die Gesamtproduktion verlangsamten, wurden in der Regel aufgeschoben oder zusammengelegt, und längere Laufzeiten für Standardprodukte hatten nach wie vor Priorität. Weshalb?

Es stellte sich heraus, daß der Generaldirektor selbst das Hindernis war. Er forderte auch weiterhin jeden Morgen einen zusammenfassenden Bericht über die Gesamtproduktion des Vortages. Dies war in der Vergangenheit der wichtigste Maßstab für Gesamtproduktivität und Betriebskosten. Und der Generaldirektor behandelte diesen täglichen Bericht genauso wie schon seit Jahren: Bei hoher Produktion bekamen die Linienmanager am Telefon einen freundlich schnurrenden, bei niedriger Produktion einen böse knurrenden Generalmanager zu hören. Kein Wunder, daß sich die morgendlichen Anrufe nachhaltig auf die Tagesstimmung der Manager auswirken konnten.

Manager, die jeden Morgen gut aussahen, weil sie sich auf die Gesamtproduktion konzentrierten und sich erst in zweiter Linie um die angestrebte Vielfalt kümmerten, konnten sich für die monatliche Konferenz eine gute Ausrede zurechtlegen und zum Beispiel etwas von Engpässen bei den Ressourcen erzählen. Eine wichtige heimliche Spielregel lautete: »Es ist wichtiger, den Chef zufriedenzustellen, als der offiziellen Strategie des Unternehmens zu folgen; also sorge ich für eine hohe Gesamtproduktion.«

Der Durchbruch zum Wandel gelang erst, als der Generaldirektor die Form der Berichterstattung änderte. Von nun an wurden im Morgenbericht die Spezialaufträge des Vortags und ihre Bearbeitung aufgelistet, und die Gesamtproduktion wurde nur noch einmal pro Woche überprüft. Wenn der Generaldirektor jetzt zum Telefonhörer griff, dann bezog sich sein Schnurren und Knurren auf die Spezialaufträge. Die neue Strategie hatte sich bald durchgesetzt.

Festzuhalten bleibt, daß nicht nur neue Maßstäbe zur Bestärkung von Prioritäten benötigt wurden, sondern daß auch alte Maßstäbe aufgegeben werden mußten, um die damit verbundenen heimlichen Spielregeln zu entschärfen und den Mitarbeitern den Zugang zu neuen Kriterien zu erleichtern.

Widerstrebende Manager

Natürlich widerstrebt es manchen Managern, alte Beurteilungsmaßstäbe aufzugeben. Der Grund dafür liegt vielleicht in ihrer fehlenden Veränderungsbereitschaft, aber oft besitzen die alten Maßstäbe nach wie vor eine gewisse Relevanz, und es fällt ihnen schwer, Abschied von einem alten Freund zu nehmen.

Noch öfter kommt es vor, daß der alte Maßstab die handlungsauslösende Kraft in einer für den Manager wichtigen MoMaHa-Beziehung ist. Solange sich zum Beispiel die Budgethöhe eines Managers nach der Zahl seiner direkten Untergebenen auf dem Organisationsplan richtet, wird dieser Maßstab weiterhin größte Bedeutung haben, auch wenn er ansonsten keinem anderen Zweck dient – und auch wenn die im Organisationsplan ausgewiesene Hierarchie so gut wie nichts mit der Realität zu tun hat.

Dieser Maßstab kann bei Gesprächen über offizielle Veränderungen an der Organisationsstruktur zu ungeahnten Manövern führen. Zwar haben die betreffenden Manager vielleicht gegen bestimmte Veränderungen nichts einzuwenden, aber sie kämpfen wie die Löwen um eine möglichst große Zahl von direkten Untergebenen auf dem neuen Organisationsplan – falls diesem Unfug kein Riegel vorgeschoben wird.

Getrieben von solchen Kräften entwickeln Meßsysteme eine starke Eigendynamik. Und wenn sie einmal ins Rollen geraten sind, rollen sie oft auch dann noch weiter, wenn sie keinen Nutzen mehr bringen. Diese Dynamik läßt sich nur durch eine Umlenkung der Energie in einen neuen Maßstab aufhalten.

Scharfeinstellung

Bei der Entscheidung über den Erwerb von Aktien eines Unternehmens kann man sich die finanziellen Ergebnisse des Unternehmens ansehen oder das Unternehmen selbst. Die meisten Menschen sehen sich die Finanzen an: die Entwicklung der Aktienpreise und anderer finanzieller Daten im Laufe der Zeit. Sie machen eine statistische Auswertung vergangener Leistungen zur Grundlage ihrer Investitionsentscheidungen.

Einige Menschen jedoch treffen ihre Investitionsentscheidungen nach eingehendem Studium der betrieblichen Faktoren eines Unternehmens. Sie betrachten die Produkte und bewerten die Manager, weil sie davon ausgehen, daß sich diese Merkmale letztlich im Aktienpreis niederschlagen werden.

Ohne einen guten Denkansatz zu Ursache und Wirkung in Unternehmen wird man schwerlich etwas anderes tun können, als die Finanzdaten anzusehen. Aber wer die latenten Zusammenhänge durchschaut, kann sich die Erfolgsunternehmen der Zukunft aussuchen und reich werden: Er kann vor der großen Masse investieren und – zumindest in der Theorie – sehr viel mehr Gewinne erzielen als diese.

Manager scheinen im weiteren Sinne die gleichen beiden Ansätze zur Steuerung ihrer Unternehmen zu verwenden. Wenn sie keine echte Handhabe für ein wirkliches Verständnis eines Geschäftsfeldes sehen, greifen sie auf eine Trend- und Bilanzanalyse zurück. Manche Manager verwenden solche Analyseformen, weil sie kein zusätzliches – oder alternatives Meßsystem entwickelt haben, das auf den echten operativen Grundlagen des Unternehmens beruht.

Wie schade.

Wenn steigende Betriebsergebnisse auf bessere Produkte, zufriedenere Kunden und effizientere Arbeit zurückzuführen sind, dann sind sie als Indikatoren wichtiger als die Gewinne, weil sie als Leitindikatoren auf künftige Gewinne deuten. Gewinne hingegen zeigen nur, was bereits geschehen ist.

 Finanzielle Maßstäbe reichen nicht

Arthur C. Martinez, der Vorstandsvorsitzende der Sears Merchandise Group, führte das Unternehmen aus der Flaute heraus, in der es in den achtziger Jahren steckte. Zum Teil gelang ihm dies durch die Einführung neuer Maßstäbe. Er betonte die Bedeutung ehrgeiziger Ziele und stellte fest: »Solche Ziele dürfen nicht rein finanziell sein. Als Indikator für die Fähigkeit eines Unternehmens, seine Kunden zufriedenzustellen und seine Mitarbeiter zu motivieren, hinken die Finanzergebnisse meistens hinter anderen Maßstäben her.«

Das Management sollte seine Aufmerksamkeit nahezu ausschließlich auf solche Leitindikatoren richten und Abschied nehmen von der Fixierung auf finanzielle Konsequenzen der Leistung wie Gewinn und Verlust, Liquidität und Bilanz. Wenn Verbesserungen der Produkte, des Kundendienstes und der Arbeitseffektivität durch besser motivierte und ausgebildete Mitarbeiter sowie die Fähigkeit des Unternehmens zur Schaffung und Anwendung von Wissen erreicht werden, dann sollten die Manager nach Maßstäben für diese Leitindikatoren suchen.

Nach Verbesserungen Ausschau halten

Die vier universellen Maßstäbe der operativen Leistungsfähigkeit heißen Verarbeitungsmenge, Betriebskosten, Schnelligkeit und Qualität im Hinblick auf Kundenerwartungen. Die Verarbeitungsmenge weist auf die Effizienz, mit der vorhandene Geschäftswerte und Kapazität genutzt werden; die Betriebskosten zeigen die Effektivität der Nutzung operativer Beiträge. Schnelligkeit und Qualität sind Maßstäbe für das Reagieren auf Kundenbedürfnisse. Diese Meßkriterien gelten für Servicebetriebe genauso wie für Fertigungsbetriebe. Außerdem stehen sie in engem Zusammenhang mit der Zufriedenheit von mindestens zwei Interessengruppen: Kunden und Eigentümer.

Es sind vorwiegend diese Kriterien, nach deren Verbesserung das Business Reengineering strebt. Und im Grunde könnte man dies von der gesamten Industrial-Engineering-Bewegung sagen, aus der das Business Reengineering ja zum großen Teil hervorgegangen ist. Diese vier Maßstäbe haben nichts von ihrer Gültigkeit eingebüßt, aber sie gehören wie so viele andere Managementpraktiken auch zu einem Newtonschen Geschäftsmodell. Aber in einer Welt, in der die Dinge im Fluß sind, brauchen wir relativistische Maßstäbe.

✍ Die Bedeutung von Maßstäben

»Wenn man messen kann, wovon man spricht, und es in Zahlen ausdrücken kann, dann weiß man etwas darüber. Aber wenn man es nicht messen und in Zahlen ausdrücken kann, dann bleibt das Wissen vage und unbefriedigend.«
Popular Lectures and Addresses from 1891-1894, Baron Kelvin, Mathematiker und Naturwissenschaftler.

Innerhalb eines Relativitätsmodells müssen die Manager zunächst einmal die Geschwindigkeit messen, mit der sich die operativen Fähigkeiten verändern und verbessern. Wenn der Veränderungsprozeß auf eine höhere Verbesserungsgeschwindigkeit zielt, muß man diese auch messen. Es gibt zahlreiche Methoden zur Messung des Erfolgs eines Veränderungsprozesses. Aber ihre Wirksamkeit hängt wesentlich ab von der Balance zwischen Leitindikatoren und Verzugsindikatoren sowie zwischen den Maßstäben, die für die Prozeßteilnehmer einerseits und die Prozeßbeobachter andererseits von Interesse sind.

Den externen Beobachtungsstandpunkt zum Veränderungsprozeß nehmen vor allem die Förderer ein, die am Anfang die allgemeine Richtung des Wandels vorgeben oder genehmigen und bestimmte Resultate im Sinn haben. Konkret gesprochen haben sie wahrscheinlich die Zufriedenheit der entscheidenden Interessengruppen des Unternehmens im Sinn oder aber auch die Zufriedenheit der für sie maßgeblichen machtausübenden Kräfte: Der Vorstandsvorsitzende orientiert sich vielleicht am Verwaltungsrat, und die Bereichsleiter orientieren sich am Vorstandsvorsitzenden.

Für die Teilnehmer am Veränderungsprozeß gehören zu den entscheidenden machtausübenden Kräften, die über den Gebrauch wichtiger Ressourcen verfügen, auch die externen Beobachter des Veränderungsprozesses. Was diese von ihrem externen Standpunkt aus vom Prozeß erwarten, muß zu Beginn festgelegt und mit fortschreitender Dauer des Prozesses hin und wieder überprüft werden.

Die Ausführenden müssen einen internen Standpunkt beziehen. Manche der für die Ausführenden bestimmenden machtausübenden Kräfte benötigen vielleicht mehr als nur eine externe Sicht der Abläufe, um sich ein Bild von den Fortschritten zu machen. Zu den Resultaten, die der interne Standpunkt zu berücksichtigen hat, zählt unter anderem die Zufriedenheit derer, die ein Interesse am Erfolg des Prozesses haben.

Eine ausgewogene Aufstellung des Veränderungsprozesses muß alle vier Quadranten berücksichtigen

	Veränderungen an prozeßinternen Maßstäben (Leitindikatoren)	Veränderungen an Prozeßresultaten (Verzugsindikatoren)
Externer Standpunkt: Beobachter	Zum Beispiel: Durchführung einer Analyse Tauglicher Plan Übereinkunft mit Zulieferern Schaffung eines Meßsystems	Zum Beispiel: Zufriedenheit der Interessengruppen des Unternehmens Verbesserung der Produkte und der operativen Fähigkeiten
Interner Standpunkt: Teilnehmer	Zum Beispiel: Vereinbarung über Verteilung notwendiger Ressourcen Zahl der Mitarbeiter, die an Ausbildungskursen teilnehmen	Zum Beispiel: Neue Fertigkeiten, die das Veränderungsteam erlernt Veränderungsteam für nächste Aufgabe freigestellt

In einem großen integrierten Veränderungsprozeß kann es durchaus sein, daß manche Teams von ihren Magneten mehr auf eine Kategorie von Resultat ausgerichtet werden als auf andere. Insgesamt sollte das Unternehmen jedoch an allen Fronten Fortschritte erzielen, und dies sollte sich auch in einer ausgewogenen Aufstellung von Maßstäben niederschlagen.

Die »weichen« Faktoren

»Weiche« Faktoren wie das Engagement der Mitarbeiter oder die Lernfähigkeit des Unternehmens werden von Managern häufig nicht berücksichtigt. Ein Grund dafür liegt sicherlich in dem Mangel an »harten« Maßstäben für solche Dinge. Aber das ist ein fadenscheiniges Argument.

Wer eine Variable aus seinen Berechnungen ausschließt, der muß davon ausgehen können, daß sie keine oder keine nennenswerte Auswirkung hat. Aber die Behauptung, weiche Aspekte hätten nur einen unwesentlichen Einfluß auf ein Unternehmen, dürfte heute den meisten völlig absurd erscheinen.

Daher empfiehlt es sich viel eher, einer Variablen einen ungefähren, auf einer Schätzung beruhenden Wert zuzuordnen, als sie vollkommen zu vernachlässigen. In einer Gießerei taxieren Experten die Temperatur heißer geschmolzener Metalle durch einen Blick auf die Farbe. In guten Restaurants sehen die Köche an der Beschaffenheit der Soße, ob sie fertig ist. Und ein Experte für industrielle Problemfälle kann sich bei einem Rundgang ein sehr genaues Bild einer Fabrik oder einer Abteilung machen.

Doch bei vielen »weichen« Variablen, die sich auf die Fähigkeit des Unternehmens zu beschleunigtem Lernen auswirken, läßt sich noch sehr viel mehr erreichen.

Wegweiser zum Management der operativen Abstimmung

Folgende Punkte dienen Ihnen als Richtschnur für optimale Abstimmung:

1. Nur wenige Manager können sich den Luxus erlauben, einen Betrieb aus dem Nichts aufzubauen. Wenn Sie nach Einleitung eines Wandels Kontinuität wollen, sollten Sie dafür Sorge tragen, daß die Mechanismen zur Führung des Unternehmens die gleichen sind wie die Mechanismen zur Steuerung des Wandels.

2. Für einen unaufhörlichen Wandel benötigt ein Unternehmen semipermanente Strukturen, wie etwa Unternehmensprozesse, und Veränderungsmechanismen, wie etwa Arbeitsgruppen, die strukturübergreifend tätig sind.

3. Zur Aufrechterhaltung der operativen Abstimmung müssen sich die Veränderungsmechanismen auf Unternehmensprozesse, Fertigkeiten und Motivation der Mitarbeiter sowie die Qualität der aufgebotenen Ressourcen erstrecken.

4. Eine Verbesserung der einzelnen Elemente unter Vernachlässigung ihrer Verbindungen ist nie so effektiv wie eine Verbesserung des Gesamtsystems.

5. Zur Verbesserung der Veränderungsprozesse müssen Sie auf drei Ebenen aktiv werden:
   - Befassen Sie sich mit dringenden Alltagsfragen wie Kundenproblemen oder Maschinenversagen.
   - Bilden Sie Teams, die sich mit allen verbesserungsbedürftigen Prozessen auseinandersetzen.
   - Formieren Sie Teams, die nach Verbesserungsansätzen für die Infrastruktur suchen – zum Beispiel Informationssysteme, Ausbildung und Leistungsbeurteilung.

6. Mit drei weiteren Schritten stimmen Sie die Veränderungsprozesse ab:
   - Stellen Sie ein Verbesserungsteam zusammen, um die Gesamtinhalte und die Richtlinien für einzelne Teams festzulegen.
   - Bilden Sie ein funktionsübergreifendes Team für jede größere Aufgabe, und zwar zunächst auf Ebene des Prozesses und danach auf Ebene der Infrastrukur.
   - Etablieren Sie einen offiziellen Integrationsprozeß.

7. Verwenden Sie zur Beurteilung des Veränderungsprozesses eine ausgewogene Aufstellung von Maßstäben. Entwickeln Sie Meßkriterien jenseits der Finanzdaten.

5. Blickpunkt Mitarbeiterbeteiligung

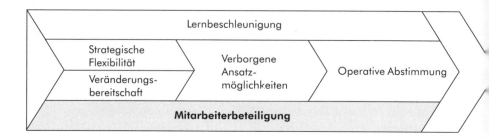

Die Architektur der Beteiligung

Jeden Morgen strömen Hunderttausende von Büroangestellten aus den Vorstädten in Geschäftsviertel von New York, London, Tokio, Hong Kong, Bombay und anderen Städten.

Und doch passiert in Bombay etwas, was es in den anderen Städten nicht gibt. In den Wohnungen oder Häusern der Angestellten ist das Frühstücksgeschirr aufgeräumt, die Kinder sind unterwegs zur Schule, und jetzt bereiten Ehepartner, Eltern oder Freunde der Angestellten heiße Mahlzeiten. Und kurz vor Mittag wird diesen Hunderttausenden von Angestellten das frisch gekochte und noch warme Essen direkt ins Hochhausbüro geliefert. Wenn sie nach Hause kommen, stehen die Essensbehälter schon längst wieder gespült und getrocknet im Regal. Die Zustellung wird jedoch nicht mit Lieferwagen ausgeführt. Die Aufträge werden von Kurieren in öffentlichen Verkehrsmitteln erledigt und sind aus diesem Grund für die Büroangestellten bezahlbar. Der Kurier, der das Essen abholt, ist nicht derselbe, der es zustellt, und die Kuriere verwenden auch keine Kommunikationsmittel, um sich untereinander zu verständigen. Und es gibt keine zentrale Kontrollstelle.

Eine bemerkenswerte Einrichtung, die zudem erstaunliche Ähnlichkeit mit einem anderen Phänomen hat: dem Internet. Auch das Internet nutzt öffentliche Verbindungen, weist niedrige Kosten auf und hat keine zentrale Kontrolle. Und dennoch kann es den Kontakt zwischen einer

Vielzahl von Menschen herstellen. Die meisten Leute denken, daß etwas so Kompliziertes wie ein weltweites Computernetz von einer Zentralstelle aus entworfen und gelenkt werden muß, aber der *Economist* traf den Kern der Sache, als er das Internet als »zufälligen Superhighway« bezeichnete.

Forscher des Santa Fe Institute in New Mexico, die die Merkmale verschiedenartiger Systeme – biologische Gattungen, chemische Systeme, Computernetze – untersuchen, sind zu dem Schluß gelangt, daß solche komplexen Systeme nicht nur keine zentrale Kontrolle benötigen, sondern sich gerade deshalb entwickeln, weil es keine zentrale Kontrolle gibt. Eine Parallele im ökonomischen Bereich finden wir in der deutlich höheren Effizienz und Produktivität freier Marktsysteme gegenüber einer zentralen Planwirtschaft.

Aber Lee Kwan Yew, der Architekt der bemerkenswerten Entwicklung in Singapur, und Experten für die ökonomischen und politischen Systeme Japans, Südkoreas und Taiwans haben in jüngster Zeit auf die große Bedeutung einer starken zentralen Lenkung für das bewundernswerte Wirtschaftswachstum dieser asiatischen Länder hingewiesen. Und mehrere führende Managementdenker – unter anderem Elliot Jacques, der einer der ersten und stärksten Verfechter eines partizipativen Managements war – betonen inzwischen, daß eine Kommandohierarchie durchaus wertvolle Dienste leisten kann. In unserem eifrigen Streben nach flacheren Unternehmen mit selbstverantwortlichen Mitarbeitern sollten wir, so warnen diese Experten, nicht das Kind mit dem Bade ausschütten.

Einmal mehr liegt die Lösung im Mittelweg. In manchen Situationen können Unternehmen vielleicht bestens funktionieren, ohne daß eine Zentrale in Erscheinung tritt, auch wenn dies schwer denkbar ist. Und in einigen seltenen Fällen können vielleicht auch Unternehmen mit einer reinen Kontrollstruktur die Energie aller Mitarbeiter erschließen und sich ausreichend anpassen, verändern und wachsen.

Aber die meisten Unternehmen, die nach einer beschleunigten Entwicklung streben, benötigen eine Struktur, die irgendwo zwischen dezentraler Autonomie und uneingeschränkter Kontrolle liegt. Sie brauchen eine Architektur, die zu einer umfassenden Beteiligung führt, aber dennoch Rechenschaftsbereiche beibehält.

Wir nennen diese Architektur »vernetzte Teams in optimaler Abstimmung«.

Neugestaltung der Pyramiden

In der Vergangenheit besaßen und kontrollierten Unternehmen mit vertikaler Hierarchie die meisten der erforderlichen Ressourcen und Dienstleistungsbereiche und strebten auf diesem Wege nach Effizienz. Henry Fords River Rouge-Fabrik in Detroit wurde auf der einen Seite durch Frachtkähne mit Eisenerz beliefert, und auf der anderen Seite des Werks liefen fertige Automobile vom Band.

Solche Unternehmen arbeiteten höchst effizient. Ford zum Beispiel unterbot die Preise seiner Konkurrenten um mehr als die Hälfte und erzielte dennoch Gewinn. Damit revolutionierte er den Automarkt. Aber diese Struktur führte zu Erstarrung, die sich in Fords berühmtem Ausspruch »Jede Farbe, solange sie nur schwarz ist« äußert.

Vergleichen wir General Motors, das immer noch Schwierigkeiten mit der Anpassung an Kundenbedürfnisse hat, mit Chrysler, das im letzten Jahrzehnt erstaunliche Beweglichkeit bewiesen hat. GM produziert 70 Prozent der Komponenten für seine Autos selbst, während Chrysler 70 Prozent auswärts einkauft. Auch Bekleidungs- und Schuhhersteller – Benetton, Nike, Reebok und andere – können eine riesige und sich verändernde Palette von Modellen anbieten, weil die Fertigungseinrichtungen nicht in ihrem Besitz sind. Sie sitzen im Zentrum weltweiter Netze, die effiziente Fertigungsbetriebe mit den Bedürfnissen und Wünschen der Kunden verbinden.

Vernetzte Unternehmen weisen nicht nur größere Vielfalt auf – so bietet zum Beispiel Levi Strauss Jeans in Sonderanfertigung –, sie scheinen dabei auch mehr Geld zu verdienen. Das Magazin *Fortune* veröffentlichte am 8. Februar 1993 einen Vergleich von 17 Unternehmen der Computerbranche, der sich um ihre Eigenkapitalrendite und den Grad ihrer vertikalen Integration drehte.

Die Analyse zeigte eine bemerkenswert beständige Korrelation. Die pyramidenförmig strukturierten Unternehmen – Unisys, DEC und IBM – bildeten den Abschluß des Feldes. Unternehmen, die hauptsächlich mit externen Anbietern zusammenarbeiten – zum Beispiel Dell und Sun –, befanden sich in der Nähe der Spitze. (Dell besitzt keine Fabriken und least zwei kleine Werke für die Montage von extern gefertigten Teilen.) Die höchste Eigenkapitalrendite wiesen jedoch kleine vernetzte Firmen wie Cisco und Quantum auf. Sie beliefern andere Computerunternehmen und bilden das Zentrum kleiner Netze eigener Zulieferer, weil sie lieber mit anderen Spezialisten zusammenarbeiten, als zuviel selbst zu übernehmen.

Aber viele Unternehmen tun sich schwer mit der Entwicklung praktischer Organisationsstrukturen, die sich von der bürokratischen Hierarchie traditionellen Zuschnitts lösen und dennoch alle Dimensionen berücksichtigen, die in einem relativ großen und komplexen Unternehmen gesteuert werden müssen. Soll das Unternehmen nach Produkten, Märkten oder Regionen gegliedert werden? Und wer soll Mitarbeiter und Ressourcen kontrollieren: der Gebietsleiter, der Produktmanager oder der Marktmanager?

Das Bemühen um eine Lösung dieses Konflikts führte in den siebziger Jahren zu einer Flut von Matrixorganisationen, in denen die einzelnen Mitarbeiter zwei Vorgesetzten berichteten, etwa einem Gebietsleiter und einem Produktmanager. Es stellte sich heraus, daß diese Strukturen extrem schwer zu steuern waren und oft auch den Mitarbeitern das Leben sehr schwer machten. Die vielen »ununterbrochenen« und »gepunkteten« Linien mündeten nicht selten in Loyalitätskonflikte, Orientierungslosigkeit und Verwirrung. Robert Palmer, der Leiter von Digital Equipment, macht die Matrixstruktur seines Unternehmens für die massive Verzögerung des Übergangs von Minicomputern zu Personalcomputern verantwortlich.

Viele andere Topmanager sind wie er der Meinung, daß Matrixorganisationen zeitraubend und bürokratisch sind, daß sie das Zaudern institutionalisieren und alle Seiten enttäuschen, weil niemand zwei Herren gleichzeitig dienen kann.

Und eines der größten Probleme der Matrixorganisation liegt in der Tat darin, daß es das Herr-Diener-Modell auf alle wichtigen Dimensionen der Geschäftstätigkeit anwendet. Auch in einer klaren Kommandostruktur unterdrückt dieses Modell häufig Eigeninitiative und Kreativität – vor allem wenn die Manager durch ihr Handeln zeigen, daß ihrer

Ansicht nach nur mit Macht und Kontrolle etwas geleistet werden kann. Wenn die Mitarbeiter jedoch zwischen zwei autoritären Befehlsketten eingeklemmt sind, kann dies zu einer vollkommenen Lähmung führen.

Im Prinzip mögen vernetzte Unternehmen attraktiv erscheinen, aber die klassischen Ansätze zur Realisierung einer solchen Struktur sind alles andere als bestechend. Deshalb wollen wir einen Blick auf die Alternativen werfen.

Kämme, Gitter, Fächer und Netze

Alle Unternehmen mit mehr als zehn oder fünfzehn Mitarbeitern drängen nach Aufgliederung in kleinere Teile, damit sich diese auf die Bereiche konzentrieren können, in denen ihre Kompetenzen, Erfordernisse und – in den besten Unternehmen – Wünsche liegen. Die optimale Unterteilung bildet also den ersten Schwerpunkt für die Entwicklung einer Newtonschen Organisationsstruktur.

Zunächst wird das Unternehmen in strategische Geschäftsbereiche und dann auf operativer Ebene in Aufgabengebiete gegliedert. Im nächsten Schritt wird entschieden, wie diese verschiedenen Komponenten miteinander verknüpft werden sollen. Dieser Schritt hat sich in den letzten Jahren am meisten verändert.

Fast seit Beginn unseres Jahrhunderts lief die automatische Verbindung von Aufgaben über Funktionsbereiche beziehungsweise Fachabteilungen wie Forschung und Entwicklung, Produktion und Verkauf. In jüngerer Zeit haben sich die Unternehmensgestalter dafür begeistert, alle Aufgaben eines wichtigen Unternehmensprozesses wie Produktschaffung oder Kundendienst zusammenzufassen. Dies scheint eine attraktive Lösung zu sein, weil das Unternehmen dadurch die klassischen »Mauern« innerhalb der Funktionsorganisation überwinden kann. Manche möchten die Funktionsbereiche sogar völlig abschaffen und Unternehmen nur noch nach Prozessen gliedern.

Aber diese Verlagerung würde die Struktur des Unternehmens nicht grundlegend verändern: eine Reihe voneinander getrennter Linien, die oben zusammengehalten werden. Wir bezeichnen dies als Kammarchitektur.

Blickpunkt Mitarbeiterbeteiligung 143

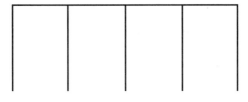
Die Kammarchitektur

Die Kammarchitektur

Der Kamm beruht auf der Vorstellung, daß die Zacken eines Kamms – ob Geschäftsbereiche, Funktionsbereiche oder Prozesse – selbständig arbeiten und für ihre Leistungen allein verantwortlich sind gegenüber der Person an der Spitze, wo alle Linien zusammengehalten werden.

Nach diesem Modell führte Harold Geneen jahrzehntelang mit großem Erfolg ITT. Er setzte für alle Bereiche des Unternehmens Ziele fest, erhielt Berichte über ihre Leistungen und belohnte oder bestrafte die Manager entsprechend. Dies ging lange Zeit gut, weil die Bereiche des stark diversifizierten Konzerns voneinander unabhängig waren und ihre hauptsächliche Verknüpfung in ihrem Beitrag zu den Gesamtfinanzen des Unternehmens erkannten.

 Über einen Kamm geschoren

Lou Gerstner stellte sich gegen eine Anwendung des Kammodells bei IBM, das manchen Leuten als der brauchbarste Ansatz erschien. »Jemand hat eine Linie gezogen und gesagt: ›Dadurch haben wir gute Leistungen und Dezentralisierung.‹ Aber diese Simplifizierung akzeptiere ich nicht.«
Business Week, 4. Oktober 1993

Das Gitter

Die wenigsten Reengineering-Streiter sind so weit gegangen, eine reine, auf Prozessen basierende Kammstruktur vorzuschlagen. Die meisten von ihnen erkennen die spezifischen Fähigkeiten von Funktionsbereichen durchaus an. Daher haben sie eine kombinierte Struktur ins Gespräch gebracht, die die Funktionsbereiche beibehält und die Prozeßstruktur darüberlegt. Diese Variante der Matrixform mit zwei sich überkreuzenden Kammstrukturen bezeichnen wir als Gitter.

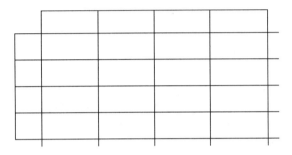

Die Gitterarchitektur

Das Übereinanderlegen von Funktionsbereichen und Prozessen mag zwar als etwas völlig anderes erscheinen als das Übereinanderlegen von Funktionsbereichen und Märkten oder Regionen (nach dem klassischen Matrixmodell), aber die Managementprobleme bleiben die gleichen.

Die Methoden zur Motivierung der Mitarbeiter haben sich praktisch nicht verändert; und auch das mentale Modell Herr-Diener ist nicht verschwunden. Und die Begriffe, mit denen viele Reengineering-Experten die Lenkung dieser lateralen Verbindungen beschreiben – zum Beispiel durch »Prozeßverantwortliche« – geben zu der Sorge Anlaß, daß solche Organisationsformen auch weiterhin traditionelle Vorstellungen des Mitarbeitermanagements anwenden und damit nur eine andere Version der Matrixorganisation darstellen, deren langfristige Nachteile inzwischen ja bekannt sein dürften: schwere Steuerbarkeit und fehlende Flexibilität.

Netzwerke sind durchaus attraktiv. Aber um sie zu realisieren, benötigen viele Manager neue mentale Modelle zur Erzeugung von Kooperation und tiefem Engagement bei Lieferanten, Mitarbeitern und anderen. »Verlernen« müssen sie das Modell, demzufolge diejenigen kontrolliert werden müssen, deren Kooperation benötigt wird. Innerhalb des neuen

Modells müssen sich die Manager die volle Kooperation sichern, ohne auf Kontrollansätze wie Linienhierarchie oder Prozeßverantwortung zurückzugreifen.

Der Fächer

Eine Abkehr vom alten Herr-Diener-Denken bringt eine neue Struktur: der Fächer. Er bewahrt die wesentlichen Vorzüge der Kammarchitektur, verbessert jedoch die klassische Hierarchie mit verschiedenen, fließenderen Organisationsformen für Tätigkeiten und Mitarbeiter. Der Fächer stellt unsere bevorzugte Architektur für wandlungsfähige Unternehmen dar.

Der Fächer weist relativ feste Stäbe auf, die durch flexible laterale Stränge miteinander verbunden sind. Diese Architektur umfaßt also semipermanente Organisationsstrukturen, über denen zeitlich befristete Strukturen liegen – so wie wir es weiter oben für die operative Umsetzung des Wandels gefordert haben.

Honda beispielsweise ist als Fächer organisiert. Es ist in drei Unterneh-

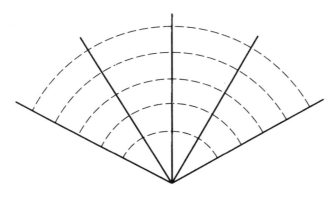

Die Fächerarchitektur

men mit getrennten Bilanzen aufgegliedert: Forschung und Entwicklung, Technik sowie Produktion und Verkauf. Aber alle bedeutenden Aufgaben werden einem Team übertragen, in dem immer Vertreter aller drei Stäbe des Fächers sitzen.

Manche Aufgaben sind größer und dauern länger als andere, so zum Beispiel die Entwicklung eines wichtigen Produkts oder der Aufbau eines Betriebs im Ausland. Die Mitglieder eines solchen Teams sind dann manchmal über Jahre hinweg ausschließlich in diesem tätig. Andere Aufgaben sind viel kleiner, und die Mitglieder der mit ihnen befaßten Teams arbeiten unter Umständen gleichzeitig in einem anderen Team oder an einer anderen Aufgabe.

In der Fächerarchitektur laufen die Stäbe unten zusammen, wo das Koordinationszentrum liegt. Bei Honda teilen sich der Vorstandsvorsitzende und sein Führungsstab ein großes Büro in der Zentrale des Unternehmens in Tokio. Einen wesentlichen Punkt ihrer Verantwortung sehen sie in der Formierung und Unterstützung lateraler Teams, die an bestimmten Aufgaben arbeiten. Bei Asea Brown Boveri, einem dezentralisierten weltweiten Netz von Unternehmen, operiert der Vorstandsvorsitzende Percy Barnevik mit seinem kleinen Stab von Zürich aus und fördert nach Bedarf Verbindungen zwischen den weit verstreuten Unternehmen.

Unternehmen wissen, wie sie die relativ traditionellen Stäbe der Fächerarchitektur steuern müssen. Größere Schwierigkeiten haben sie dagegen mit den flexiblen lateralen Strängen. Teams, Arbeitsgruppen, weltweite Hochleistungszentren – wie sie jüngst von Ford eingerichtet worden sind – und Praxisbereiche – die von vielen Beratungsunternehmen eingesetzt werden – sind Mechanismen zur Herstellung lateraler Verbindungen. All diese Formen erfordern Zusammenarbeit und kooperativen Umgang im Hinblick auf ein gemeinsames Ziel, auch wenn die beteiligten Mitarbeiter im Bereich der Fächerstäbe intern miteinander konkurrieren: um Budgetmittel, Prämien und die Einhaltung regionaler oder funktionaler Gesamtziele.

Das Netz

Das Netz weist sich überschneidende und flexible Stränge auf, die in viele Richtungen führen.

Die flexiblen Stränge sind Teams, die im Sinne der Gesamtziele des Unternehmens zusammen an Einzelaufgaben arbeiten. Wie ein Spinnen-

Blickpunkt Mitarbeiterbeteiligung **147**

netz läuft das Netz in einem zentralen Knoten zusammen, an dem man die Existenz des Unternehmens erkennen kann. In einer zunehmend vernetzten Welt werden sich immer mehr Netze überschneiden, und die Grenzen zwischen Unternehmen und Organisationen werden immer unschärfer werden.

Eine Unterscheidung einzelner Unternehmen wird nur noch durch die Knoten möglich sein, in denen Aktivitäten zusammenfließen. An den Rändern überlappen sich die verschiedenen Netze, so daß eine genaue Zuordnung kaum mehr möglich erscheint.

Auch wenn solche Netze heute noch weitgehend theoretischer Natur sind, gehören sie nicht in den Bereich der Phantasie. Peter Drucker wies im *Wall Street Journal* vom 29. März 1995 darauf hin, daß immer weniger Menschen als Angestellte von Unternehmen arbeiten. Statt dessen sind sie je nach Bedarf und oft sogar gleichzeitig für verschiedene Unternehmen tätig. Zu welchen Teilen des Netzes gehören sie? Und auch kleinere Firmen, die mehrere größere Unternehmen beliefern, sind integraler Bestandteil in deren Netzwerk, wie wir am Beispiel der Computerindustrie gesehen haben.

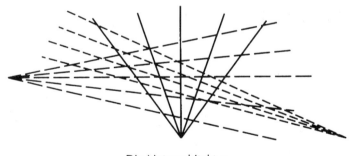

Die Netzarchitektur

 Ein existierendes Netz

Es gibt zumindest ein erfolgreiches Großunternehmen, das in vieler Hinsicht ein Netz darstellt. Seit einem Vierteljahrhundert verzeichnet es ein jährliches Wachstum von 20 bis 50 Prozent. Es unterhält 23 000 Niederlassungen in 200 Ländern und Gebieten, und seine marktführenden Produkte werden von 465 Millionen Menschen benutzt, die jährlich mehr als sieben Milliarden Transaktionen mit einem Gesamtvolumen von 800 Milliarden Dollar vornehmen. Das ist der größte Einzelblock von Verbraucherkaufkraft der ganzen Welt.

Wenn es an der Börse gehandelt würde, würde das Netz einen Wert von 150 Milliarden Dollar darstellen. Aber es kann nicht gekauft, verkauft oder übernommen werden. Es gibt kaum eine zentrale Kontrolle, und die Geschäftsergebnisse der einzelnen Komponenten des Unternehmens kommen ausschließlich diesen zugute.

Der Name des Unternehmens? Visa.

Ein weitreichendes Vordringen des Netzes wird wohl noch länger auf sich warten lassen, obgleich das Internet schon jetzt zur Bildung einiger faszinierender Netzorganisationen führt.

Wie angemessen der Fächer heute auch als Infrastruktur des beschleunigenden Unternehmens erscheinen mag, er wird sich wahrscheinlich nicht länger als einige Jahrzehnte halten können. Aber zur Zeit ist er die beste Vernetzungsarchitektur, die uns zur Verfügung steht.

Eine Voraussetzung für ein Funktionieren des Fächers heißt Teamwork. Werfen wir also einen Blick auf vernetzte Teams.

Grundlagen der Teamarbeit

In größeren Unternehmen sind vernetzte Teams zumindest aus zwei Gründen nicht mehr wegzudenken.

Erstens müssen viele Unternehmensaufgaben heutzutage von großen Netzen von Mitarbeitern erledigt werden, weil diese dank neuer Informationstechnologien Aufgaben häufig sehr viel schneller und flexibler bewältigen können, als dies durch die traditionelle Arbeitsweise autonomer Abteilungen möglich wäre. Dies gilt sowohl für Dienstleistungsbranchen wie Banken, Versicherungen und Reisebüros als auch für die Produktentwicklung und Servicefunktionen in der Fertigungsindustrie.

Zweitens führt eine teambezogene Organisation nachweislich zu besseren Ergebnissen als eine hierarchische Organisation, und zwar auch dort, wo das traditionelle Modell noch funktioniert.

Man kann zum Beispiel immer noch ein effizientes Fertigungsunternehmen führen, wenn man den Prozeß in Sonderaufgaben aufschlüsselt, Standards für diese Aufgaben aufstellt, Mitarbeiter damit betraut und diese dann überwacht und sie je nach individueller Leistung belohnt oder bestraft. Viele Unternehmen folgen nach wie vor diesem traditionellen Managementansatz. Aber in Vergleichen von Fabriken derselben Branche oder desselben Unternehmens hat sich immer wieder erwiesen, daß die Leistungen traditioneller Werke mit teambezogen organisierten Fabriken nicht Schritt halten können.

 *Die Kraft der Einheit*

> Die Houston Rockets haben 1994 und 1995 die amerikanische Basketballmeisterschaft gewonnen. Man wird sich an sie erinnern als ein Team, das als Ganzes sehr viel mehr war als die Summe seiner Teile.
> Fünf oder sechs Teams in der US-Liga verfügten über bessere Einzelspieler als die Rockets, auch wenn deren Center Hakeem Olajuwomn zu den stärksten Spielern überhaupt zählt. Ihren doppelten Triumph hatten die Rockets der Einsicht zu verdanken, daß sie nur durch selbstlosen Einsatz für das Team zum Erfolg gelangen konnten.
> Sie nannten es die Kraft der Einheit: der Vorrang des Zusammenspiels, die Unterordnung von Ego, Statistik und persönlichem Vorteil unter das Gesamtziel. Chucky Brown, einer der besten Mannschaftsspieler des Teams, meinte dazu: »Wenn von Sportlern der neunziger Jahre die Rede ist, muß alles immer verrückt klingen. Aber für mich ist es total unprofessionell, wenn man glaubt, es kommt nur auf die Punkte an. Es ist unprofessionell, wenn jemand unbedingt ›seine‹ Punkte holen muß. In unserem Team gibt es so etwas nicht.«
> *Bryan Burwell, Sportberichterstatter, in USA Today, 13. Juni 1995.*

Wie sehen solche teambezogenen Fabriken aus? In der Regel arbeiten sie mit einer Reihe von teilautonomen Teams von zehn bis zwanzig Mitgliedern, die jeweils für einen Teil der Fabrik oder ein Stadium des Produktionsprozesses zuständig sind. Die Mitarbeiter der Teams tragen zusammen die Verantwortung für Pünktlichkeit, Kosten und Qualität ihres Bereichs. Sie teilen die Aufgaben untereinander auf und können sich dank ihrer Vielseitigkeit gegenseitig aushelfen und bei den Aufgaben abwechseln. Sie entscheiden selbst über ihren Ausbildungsbedarf und übernehmen häufig auch die Verantwortung für die Disziplinierung der Teammitglieder und die Einstellung neuer Mitglieder.

In vielen Fällen entscheiden sie auch über die interne Führungsweise und bestimmen ihre eigenen Leiter oder Koordinatoren. Alle Teams nominieren Vertreter für Werksräte, die die werksweite Politik festlegen. In den Bereichen Ausbildung, technische Dienste und Informationsdienste werden die Teams meist von kleinen spezialisierten Gruppen unterstützt. Der Werksleiter befindet sich im Knotenpunkt dieses Netzes aus Teams und sichert die Klärung von Zielen, die Integration der Teams und die erforderliche Unterstützung. Außerdem trägt er die Verantwortung für die Kommunikation nach außen und die Einhaltung werksweiter Standards.

 Erfahrungen mit Teamwork

Procter & Gamble errichtete schon in den sechziger Jahren erste teambezogene Fabriken, hielt sich aber hinsichtlich ihrer Erfolge immer sehr bedeckt. Mitte der achtziger Jahre, als man bereits 18 solcher Fabriken unterhielt, verlautete dann, daß sie zwischen 30 und 40 Prozent produktiver arbeiteten und sich den veränderlichen Bedürfnissen der Branche auch deutlich besser anpassen konnten als die traditionellen Werke des Unternehmens.

Die Corning-Fabrik in Blacksburg, Virginia, die Keramikkerne für Katalysatoren herstellt, ist in Arbeitsteams organisiert – im Gegensatz zum Schwesterwerk in Erwin, New York, das nach traditionellem Muster geführt wird. Die Ergebnisse sind verheißungsvoll: In den ersten acht Produktionsmonaten erzielte sie statt dem erwarteten Anfangsverlust einen bescheidenen Gewinn. In den Jahren seither hat die Fabrik den Jahresplan – im Hinblick auf Materialertrag, Lieferpünktlichkeit, Stückkosten und defekte Teile pro Million – übertroffen und weit bessere Leistungen erreicht als Erwin.

Hunderte von anderen Unternehmen, deren Spektrum von Autos und Textilien über Baustoffe und Glas bis hin zu Nahrungsmitteln reicht, haben die gleichen Erfahrungen mit Teamwork gemacht.

Fünf Typen erfolgreicher Teams

In Fächerorganisationen sind fünf Teamtypen mit großem Erfolg verwendet worden:

- *Teilautonome Teams* mit Arbeitern, die auch als »Hochleistungsteams« oder »selbstverwaltete Teams« bezeichnet werden. Als relativ perma-

nente Einrichtungen sind diese Teams für einen Teil der betrieblichen Abläufe zuständig.
- *Projektteams*, wie zum Beispiel Teams für Produktentwicklung, für die Einrichtung eines Betriebs oder eines Systems oder für Beratungsaufgaben. Sie werden ad hoc gebildet und werden nach Erledigung ihrer Aufgabe wieder aufgelöst. Sie bestehen immer aus einem Kern von Vollzeitmitarbeitern und vielen Teilzeitmitgliedern.
- *Problemlösungsteams.* Sie werden zur Diagnostizierung eines Problems und zur Entwicklung einer Lösung gebildet, für deren Umsetzung dann ein oder mehrere Projektteams erforderlich sein können. Die Mitglieder arbeiten oft nur Teilzeit im Problemlösungsteam, können aber im Krisenfall auch Vollzeit arbeiten wie ein Projektteam.
- *Managementteams.* Sie schaffen und integrieren andere Teams. Koordinierungsgruppen und Integrationsteams, wie wir sie weiter oben beschrieben haben, sind Beispiele für Managementteams. Der Leitungsausschuß von Honda ist ebenfalls ein Team dieses Typs.
- *Lernteams* wie etwa Qualitätszirkel, Hochleistungszentren oder Beratungsrunden. Die Mitglieder interagieren regelmäßig – in Zukunft wohl auch verstärkt durch interaktive Informationssysteme. Diese Gruppen müssen sich selbst leiten und aus eigenem Antrieb Ergebnisse anstreben, wenn sie zu einem Team zusammenwachsen wollen; andernfalls besteht die Gefahr, daß sie zu Kaffeekränzchen verkommen.

 Projektteams bei Honda

Honda setzt in vielen verschiedenen Bereichen auf Teams. Honda hält große Stücke auf dieses Konzept, weil es die Orientierung an zeitgebundenen Resultaten fördert, weil es Mitarbeiter aus verschiedenen Teilen des Unternehmens zusammenbringt und ihnen Möglichkeiten zum Lernen bietet und weil auf diese Weise Führungspersönlichkeiten heranwachsen, die im Stil des Hauses managen können: nicht bürokratisch durch Einzelpersonen und Aufgaben innerhalb von Abteilungen, sondern kreativ durch unternehmensübergreifende Teams und Projekte.

Die Mitglieder des Leitungsausschusses verwenden sehr viel Zeit darauf, Mitarbeiter subjektiv zu beurteilen und ihre Fähigkeiten und Entwicklungsbedürfnisse auf die Notwendigkeiten des Unternehmens abzustimmen. Aus diesen Diskussionen gehen die Projektteams hervor.

Gesamtabstimmung

Wenn man eine Fächerarchitektur will und weiß, daß Teamwork eine notwendige Voraussetzung für ein optimales Funktionieren des Netzwerks ist, weshalb ist dann die Realisierung vernetzter Teams alles andere als ein Kinderspiel? Was kann man tun, damit diese Veränderungen glatter vonstatten gehen?

Denken wir zurück an die fünf Barrieren, die es im Hinblick auf die Veränderungsbereitschaft zu überwinden gilt:

- Die Mitarbeiter im gesamten Unternehmen müssen den Wandel für notwendig halten.
- Die Mitarbeiter müssen den vorgeschlagenen Wandel für angemessen halten.
- Die Mitarbeiter müssen sich als Personen berücksichtigt fühlen.
- Die Mitarbeiter müssen über die notwendigen Fähigkeiten verfügen, um die Ziele zu erreichen.
- Das System muß das erforderliche Verhalten unterstützen.

Vernetzte Teams können nur dann Realität werden, wenn jedes dieser fünf Kriterien erfüllt wird. Dies erweist sich oft als riesiges Problem, wenn man die Sache nicht systematisch anpackt. Dazu benötigt man viele der Fähigkeiten, die weiter oben bereits angesprochen wurden, als es um strategische Flexibilität, Veränderungsbereitschaft und verborgene Ansatzmöglichkeiten ging.

 Japanische Teamarbeit in den USA

Wieviel hat die vielbewunderte Teamarbeit von Honda mit der japanischen Kultur zu tun? Um dieser Frage nachzugehen, statteten wir dem Hondawerk in Marysville, Ohio, einen Besuch ab, nachdem wir Honda in Japan studiert hatten. Der Erfolg von Honda in den USA ist allgemein bekannt; der Accord hat dem Ford Taurus jahrelang den Platz des meistverkauften Autos in den Vereinigten Staaten streitig gemacht, und die Acura-Division lag an der Spitze des Kundenzufriedenheitsindex von J.D. Power.

Wir trafen uns mit Toshikata Amino, dem Executive Vice President von Honda America, der seit Eröffnung von Hondas teambezogenen Betrieben in Marysville tätig ist, die alle fast ausschließlich von Amerikanern geführt werden.

Schlüssel zur Schaffung der erfolgreichen amerikanischen Organisation war ein Wandel in der Orientierung der US-Manager. Statt einzelne Mitarbeiter und Aufgaben mußten sie jetzt Teams und Projekte führen, erklärte Amino.

Er illustrierte dies mit einem Vergleich aus der Welt des Sports: Zu viele US-Manager handeln wie ein Basketballtrainer, der nur an den Korb des Gegners denkt und seine Spieler nach ihrem persönlichen Punktergebnis belohnt oder bestraft. Aber ein guter Trainer weiß, daß nicht alle Spieler punkten müssen und daß es genauso wichtig ist, andere mit einem guten Abspiel in eine günstige Wurfposition zu bringen und die Angriffe des Gegners zu unterbinden.

Die naheliegende Lösung, Abspiele und Abwehrarbeit zu bewerten, führt nach Meinung Aminos dazu, daß sich die Spieler den Kopf über den relativen Wert verschiedener Zahlen zerbrechen. So wird viel emotionale Energie und Managementzeit für die gerechte Verteilung von Belohnungen verwendet statt für das gemeinsame Ziel, als Team zu gewinnen. Dies ist unvermeidlich, wenn man ein gutes Management nur durch Einzelverantwortung für denkbar hält und Motivation hauptsächlich durch finanzielle Anreize schaffen will.

Besser sind Systeme, die die Leistungsverantwortung im Team gleichmäßig auf alle Schultern verteilen. Je arithmetischer die Leistungsbeurteilung, desto objektiver erscheint das System. Aber diese Systeme zwingen die Mitarbeiter, sich auf ihre persönlichen Leistungen zu konzentrieren, und verstärken eine Kultur des Individualismus, die zu Lasten echter Teamarbeit geht, setzte er hinzu. Viele Manager fördern auf der einen Seite durch Verlautbarungen und Ausbildung Teamarbeit, aber auf der anderen Seite behindern sie sie durch ihre Leistungs-, Beurteilungs- und Anreizsysteme.

Das erste Kriterium zu erfüllen – überzeugend darzulegen, daß eine Veränderung der Kamm- oder Gitterarchitektur notwendig ist – ist weitgehend eine Frage der Bewußtseinsbildung durch gute Kommunikationsarbeit. Dabei gilt es, Unzufriedenheit mit der aktuellen bürokratischen Hierarchie auszulösen. Dies sollte nicht besonders schwerfallen, zumal sich traditionelle Strukturen nur mit viel Mühe auf neue Arbeitsstile einstellen können. Aber eingedenk der Erkenntnis, daß der Weg das Ziel ist, muß man so beginnen, wie man weitermachen will, und jede Bekanntmachung in eine Form gießen, die der erwünschten neuen Architektur entspricht.

Schließlich möchte man ja nicht dem Vorbild jenes autokratischen Unternehmensleiters folgen, der seine Mitarbeiter anwies, selbstverantwortlich zu handeln. Die Kommunikationsabteilung des Unternehmens sollte schon frühzeitig in diese Gespräche einbezogen werden, aber nicht um den Inhalt der Mitteilungen zu gestalten, wie sie es vielleicht erwartet, sondern um den richtigen Stil zu finden, der auf einem wechselseitigen Kommunikationsprozeß mit persönlichem Kontakt der Beteiligten beruhen sollte.

Das zweite Kriterium der Veränderungsbereitschaft – daß vernetzte Teams angemessen sind – läßt sich oft nicht so ohne weiteres erfüllen. Die meisten Mitarbeiter eines Unternehmens wissen einfach nicht, wie sie sich in einem vernetzten Team fühlen würden. Und wenn sie Teamerfahrung haben, kennen sie sie oft nur als lose Zusammenschlüsse von Einzelpersonen und verbinden daher mit den Begriffen *Team* und *Teamwork* die falschen Konnotationen. Die wirksamste Methode zur Überwindung dieser Verwirrung scheint in der Rückbindung an eine gemeinsame Vision zu liegen, wie sie von den Ansätzen der strategischen Flexibilität und Veränderungsbereitschaft angestrebt wird.

Es ist wirklich bemerkenswert, wie oft die persönliche Vision der Mitarbeiter im Hinblick auf eine Weiterentwicklung ihres Unternehmens im Kern auf mehr Kollegialität und gegenseitige Unterstützung zielt.

Bei einer Visionsübung vor nicht allzu langer Zeit stellten die Mitglieder eines Teams, das aus Angehörigen von Arthur D. Little und Innovation Associates bestand, überrascht fest, wie sehr sie die innerhalb der beiden Unternehmen und mit Klienten entwickelten persönlichen Beziehungen schätzen. Und sie wollten, daß sich diese Beziehungen noch weiter vertiefen und zahlreicher werden. Viele Teilnehmer der Übung erlebten zum erstenmal, daß diese persönliche Motivation so offen mitgeteilt wurde.

Ähnlich ist die Stimmung in vielen anderen Unternehmen, und es hängt vom Geschick der Veränderungsmanager ab, das Potential dieses gemeinsamen Wunsches zu erschließen.

Der erste Schritt zur Schaffung eines emotionalen Magneten, der das Unternehmen in die angestrebte Richtung zieht, besteht also nicht einfach in der Vermittlung der Vision vernetzter Teams, denn zunächst gilt es zu beobachten, ob aus den im Abschnitt Strategische Flexibilität erörterten Ansätzen – überzeugen, erproben, beraten oder gemeinsam entwickeln – auf ganz natürliche Weise eine gemeinsame Vision vernetzter Teams hervorgeht.

Häufig entsteht aus rein pragmatischen Gründen eine Variante vernetzter Teams, die Aspirations- und Inspirationskomponenten für eine Reihe von Magneten beinhalten. Gespräche über die Transpirationskomponente – wie die Vision verwirklicht werden soll – werden die Gruppen zu Überlegungen über notwendige Veränderungen an der bestehenden Infrastruktur hinführen. Damit kann das Unternehmen die zweite Hürde auf dem Weg zur Veränderungsbereitschaft nehmen.

Die dritte Hürde – die Berücksichtigung der vergangenen Leistungen von Mitarbeitern – kann beim Übergang zu vernetzten Teams ebenfalls eine wesentliche Rolle spielen. Der Wandel zieht unweigerlich den Zusammenbruch alter Herrschaftsbereiche und damit für einige auch einen scheinbaren Machtverlust nach sich. Die in Kapitel 3 erörterten verborgenen Ansatzmöglichkeiten sollten dem Unternehmen genügen, alte Denkweisen und Besitzstände aufzugeben.

Die vierte Barriere – die Frage, ob die Leute über die Fähigkeiten zur Arbeit in vernetzten Teams verfügen – läßt sich nur mit Ausbildung, Ausbildung und noch mehr Ausbildung überwinden.

Damit wären wir bei der fünften Hürde angelangt, die für manche Unternehmen die höchste ist: die Beseitigung systemischer Behinderungen für vernetzte Teams. Dies kann in der Tat zu großem Kopfzerbrechen führen.

Am häufigsten treten in diesem Zusammenhang folgende Diskrepanzen zutage: unangemessene Arbeitsplatzbeschreibungen, unzulängliche Leistungsbeurteilungen und unpassende Entlohnungssysteme. Werfen wir vielleicht einen Blick auf den letzten Punkt.

Wir wissen ja bereits, daß verborgene Ansatzmöglichkeiten nicht gerade oft im finanziellen Bereich zu suchen sind. Nach unseren Erfahrungen nimmt Geld auf der Liste motivierender Kräfte eines normalen Unternehmens den vierten, fünften oder sechsten Platz ein. Prämien- oder Gehaltserhöhungen empfinden die Mitarbeiter zwar als »angenehm«, fühlen sich dadurch aber nur selten dazu angespornt, Tag für Tag ein bestimmtes Verhalten zu zeigen (außer bei Gruppen, die fast ausschließlich auf Provisionsbasis arbeiten).

Aber Prämien- und Gehaltserhöhungen bringen auch Anerkennung. Und Anerkennung nimmt in der einen oder anderen Form meistens einen der vorderen Plätze auf der Liste motivierender Kräfte ein.

Wenn finanzielle Anreize neben gelegentlichen, aber zunehmend selteneren Beförderungen das einzige offizielle Mittel eines Unternehmens zur Anerkennung seiner Mitarbeiter darstellen, dann bekommen diese Anreize ein Gewicht, das in keinem Verhältnis zu ihrer scheinbaren Bedeutung steht. Die abgedroschene Weisheit, daß »Geld bei uns keine allzu große Rolle spielt«, ist also mit großer Vorsicht zu genießen. Geld spielt vielleicht keine große Rolle, aber das, wofür es steht.

Welche Lösung kommt in Frage? Die Einzelheiten hängen natürlich vom jeweiligen Unternehmen ab, doch allgemein gesprochen gibt es einen Lösungsweg. Man läßt sich angemessene Leistungsmaßstäbe einfallen und entwickelt Anreizsysteme, mit denen sich die Mitarbeiter identifizieren können.

Unbedingt vermeiden sollte man die klassische Lösung, einen Arbeitsentgeltexperten hinzuzuziehen, wobei das Problem weniger beim Arbeitsentgelt liegt als beim Expertentum. Diese Spezialisten konzentrieren sich meist auf Prämienregelungen, erfolgsabhängige Zahlungen, Vergütungsvereinbarungen und so weiter. Alles andere bleibt dabei völlig unberücksichtigt. Wenn man sich um eine Abstimmung verschiedener Unternehmensaspekte bemüht, wäre es mehr als töricht und sogar gefährlich, einen externen Experten hinzuzuziehen, um einen Aspekt vom Rest des Geschehens abgehoben optimieren zu lassen. Derlei kann alle Bemühungen um Systemdenken untergraben und die Fähigkeit des Unternehmens, sich auf eine neue Architektur einzustellen, völlig zunichte machen.

Wenn sich allerdings die seltene Chance zur Zusammenarbeit mit einem wirklich systemisch denkenden Anreizexperten bietet, sollte man unbedingt zugreifen.

 Probleme mit dem Hay-System

Die Punktebewertung anhand des Hay-Systems hat zu Nebeneffekten geführt, von denen man ursprünglich keine Ahnung hatte. Das Arbeitsentgelt war an die Anzahl der Punkte geknüpft, die ein Arbeitsplatz wert war. Je mehr Untergebene man hatte, desto mehr Hay-Punkte wurden dem Arbeitsplatz zugeordnet. Man muß kein Einstein sein, um zu erkennen, wie sich dies auf den Versuch zur Schaffung fließender Teamnetzwerke auswirkt, die sich ohne Zutun eines festen Vorgesetzten bilden und erneuern.

Daher sollte man sich nicht eindimensional am Geld orientieren. Man sollte die wichtigsten fünf motivierenden Kräfte im Unternehmen ermitteln und handlungsauslösende Kräfte schaffen, die hauptsächlich auf die ersten drei zielen – zum Beispiel Arbeitsplatzsicherheit, Achtung und fesselnde Arbeit. Weist das gesamte Unternehmen keine homogenen motivierenden Kräfte auf, dann müssen Systeme eingeführt werden, die den jeweiligen motivierenden Kräften entsprechen – vergleichbar mit zwei verschiedenen Karrierewegen. Bei einer einseitigen Fixierung auf die Arbeitsvergütung als Form offizieller Anerkennung sollte man gegensteuern und Alternativen einführen wie etwa öffentliche Preisverleihungen.

 Buchtip zu Belohnungsformen

Ihnen fallen keine alternativen Belohnungsformen ein? Schnell und vergnüglich zu lesen, aber trotzdem ergiebig ist *1001 Ways to Reward Employees* von Bob Nelson (New York 1995).

Selbst wenn es schwer ist, einer wesentlichen motivierenden Kraft – wie zum Beispiel Arbeitsplatzsicherheit – zu entsprechen, sollte man nichts unversucht lassen. Die meisten Unternehmen, die sich außerstande sehen, sichere Arbeitsplätze zu versprechen, übersehen den entscheidenden Punkt. Begrenzte Arbeitsplatzsicherheit ist besser als gar keine. Wenn die leistungsstärksten Mitarbeiter mit einer Jobgarantie für mindestens zwei Jahre belohnt werden, dann werden sie sich wahrscheinlich in den nächsten zwölf Monaten auf ihre Arbeit konzentrieren. Und wenn sie nach Ablauf dieser Frist aufgrund ihrer Leistungen wiederum eine zweijährige Arbeitsplatzgarantie bekommen, werden sie sich abermals ins Zeug legen und so weiter. Unter der Voraussetzung, daß nur die Leistungsstärksten solch eine Garantie erhalten (während die Mehrheit der Mitarbeiter vielleicht nur eine einjährige Garantie bekommt), kann praktisch jedes Unternehmen begrenzte Arbeitsplatzsicherheit als Belohnungsmechanismus verwenden.

Southwest Airlines

Schon mal mit Southwest Airlines geflogen? Die Gesellschaft hat den besten Kundendienst der amerikanischen Flugbranche. Und sie fertigt die Flugzeuge schneller ab als die gesamte Konkurrenz. Für den Fluggast ist der Teamgeist zwischen Rampenbetreuern, Deckpersonal, Wartungskräften, Bodenpersonal, Gepäckträgern und Besatzung förmlich mit Händen zu greifen. Sie strengen sich an, damit alles reibungslos über die Bühne geht. Gelegentlich haben wir schon beobachtet, wie die Besatzung beim Einladen des Gepäcks mitgeholfen hat. Bei welcher anderen Fluggesellschaft wäre so etwas denkbar?

Southwest Airlines ist ein einziges großes Team, das aus vielen kleineren Teams besteht. Einige davon bleiben längere Zeit zusammen – das Verkaufsbüro zum Beispiel. Andere kommen nur kurz zusammen und lösen sich nach Erledigung ihrer Aufgabe wieder auf – etwa bei der Abfertigung eines Flugzeugs. Daneben weist Southwest auch noch eine andere Besonderheit auf: die leistungsstärkste Aktie der USA. Trotz schwieriger Konjunktur für die Flugbranche verzeichneten die Southwest-Aktien zwischen 1972 und 1992 eine Wertsteigerung von 21.775 Prozent.

Im Gespräch über den Erfolg seiner Fluglinie bemerkte der Vorstandsvorsitzende Herb Kelleher einmal: »Die Leute schreiben mir, daß sie aus rein subjektiven Gründen entlassen worden sind oder nur auf Probe behalten werden. Und ich antworte ihnen: ›Genau! Das sind die wichtigen Gründe! Wir glauben an subjektive Entscheidungen!‹ Anders gesagt: Die wertvollsten Dinge im Leben lassen sich oft nicht quantifizieren.«

Das Unternehmen zusammenbinden

Wenn all diese Veränderungen in die Wege geleitet sind, wie kann man die Gewißheit gewinnen, daß die neue Architektur halten wird? Wie kann man sich sicher fühlen, daß die ganze Struktur mit ihren fließenden Teams und entstehenden Netzwerken bei all der Selbstverantwortung und angesichts fehlender Weisungs- und Kontrollinstanzen nicht einfach auseinanderbrechen oder in Chaos versinken wird?

Die Antwort heißt mit einem Wort: Vertrauen.

Nicht wenige vielbeschäftigte, praktische Manager werden bei diesem Stichwort versucht sein, zum nächsten Kapitel weiterzublättern. Vertrauen ist so nebulös; es ist wie mit dem Glauben: Entweder man hat es oder nicht. Stimmt nicht, meinen wir.

Es gibt viele praktische Maßnahmen zur Vertrauensbildung. Also, liebe pragmatische Manager, lesen Sie weiter.

 Zwanglosigkeit führt zu Vertrauen

Nach Auswertung einer Erhebung bei multinationalen Unternehmen wies der *Economist* im Juni 1995 darauf hin, daß diese auch in ihrem Inneren immer mehr den Charakter von Netzen aus Allianzen annehmen. Und mit der weitverbreiteten Überleitung zu informellen Kontrollen rückt auch die Frage des Vertrauens stärker in den Mittelpunkt. Charles Handy stellt in »Trust and the Virtual Organization« (*Harvard Business Review*, Mai-Juni 1995) die Frage: »Wie führt man Leute, die man nicht sieht?« Und, so läßt sich hinzufügen, denen man keine Befehle erteilen und die man nicht entlassen kann, weil sie keine Angestellten sind? Handys einfache Antwort: »Durch Vertrauen.«

Weshalb richtet sich die Aufmerksamkeit so sehr auf das Vertrauen? Vor zehn Jahren suchte man noch nach dem gemeinsamen Nenner von Spitzenunternehmen, und Robert Levering, Milton Moskowitz und Michael Katz veröffentlichen 1984 einen Bestseller mit dem Titel *The 100 Best Companies to Work for in America*. Dann gingen einige Experten der Frage nach, wie diese Unternehmen im Leistungsvergleich mit der Wirtschaft allgemein abschnitten.

Eine Studie sah sich den Gewinn je Aktie der »100 Besten« nach Levering und des S&P-500-Index an. Eine andere verglich die »100 Besten« mit dem Russell-3000-Index im Hinblick auf den Gesamtkapitalertrag. In beiden Untersuchungen stellte sich heraus, daß die »besten Arbeitgeber« auch stetig höhere Dividenden und Renditen erzielten als die anderen Unternehmen.

Was bedeutet nun dieser statistische Zusammenhang für Manager? Wenn ein Unternehmen ein hervorragender Arbeitgeber ist, führt dies auch zu guten Leistungen? Oder führen gute Leistungen dazu, daß das Unternehmen zu einem guten Arbeitgeber wird? Wo liegt die Ursache, wo die Wirkung?

Erstaunlicherweise läßt sich diese Frage zumindest tendenziell beantworten.

Zehn Jahre nach der ursprünglichen Untersuchung befragte Levering

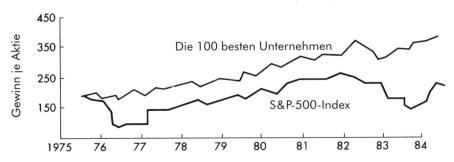

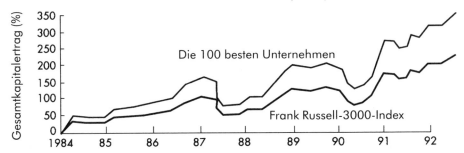

die »100 besten« Unternehmen neben einigen anderen noch einmal. Zwar hatte sich die Liste der »100 Besten« ein wenig verändert, aber er fand keine Beispiele für Unternehmen, die erst Spitzenunternehmen waren und dann zu guten Arbeitgebern wurden. Aber er fand mehrere Unternehmen, die als gute Arbeitgeber, aber mit schlechten Leistungen anfingen und dann zu Spitzenunternehmen wurden, die gute Arbeitgeber blieben.

Noch nicht überzeugt? Betrachten wir eine Studie des US-Arbeitsministeriums von 1993. Sie verglich 75 »progressive« Unternehmen mit 75 »weniger progressiven« Unternehmen der Forbes-500-Liste. (»Progressiv« wurde definiert über deutliche Mitarbeiterbeteiligung, Ausbildung, Jobflexibilität, Teams, Gewinnbeteiligung; »weniger progressiv« waren traditionelle, hierarchische Unternehmen mit Weisungs- und Kontrollstruktur.) Die untersuchten Unternehmen stammten aus vielen Branchen.

Über einen Zeitraum von fünf Jahren erzielten die weniger progressiven Unternehmen eine durchschnittliche jährliche Gewinnsteigerung von 2,6 Prozent, die progressiven jedoch 10,8 Prozent. Der durchschnittliche Umsatzanstieg bei den weniger progressiven Firmen betrug 10,8 Prozent, bei den progressiven Unternehmen 17,5 Prozent. Beim Vergleich von 30 gewerkschaftlich organisierten Stahlunternehmen erreichten die weniger progressiven Unternehmen Maschinenlaufzeiten von 88 Prozent; bei den progressiven Unternehmen waren es 98 Prozent. Außerdem berichtete das Arbeitsministerium in einer Studie über 1000 Maschinenhersteller, daß die Produktion 9 Prozent höher lag, wenn die Arbeiter ihre Arbeitsverfahren selbst festlegten.

Noch mehr Beweise gefällig? Nehmen wir die General-Motors-Fabrik in Fremont, Kalifornien, die nach Einführung eines Managementsystems, das auf die Einbeziehung der Mitarbeiter zielte, ihre Produktivität verdoppeln konnte. Die Fehlzeitenquote fiel von rund 25 Prozent auf 4 Prozent, ebenso die Beschwerden. Die wahrgenommene Qualität des Arbeitslebens schnellte in die Höhe, und die Produktivität kletterte fast auf das Niveau der Toyota-Werke in Japan.

Auch die Ereignisse in der kanadischen Filiale von Merck sind interessant. Das Management forderte die Mitarbeiter auf, ihre Arbeitsmethoden zu verbessern, um ein ausgeglicheneres und zufriedenstellendes Leben führen zu können: mehr Freizeit, erfüllendere Arbeit im Büro und so weiter. Dies stellte natürlich im Vergleich zu anderen Formen der Arbeitsprozeßverbesserung wie etwa dem Reengineering, die unweigerlich auf Kundenzufriedenheit und Geschäftsergebnisse zielen, einen sehr ungewöhnlichen Ansatz dar.

Die aus Managern und Mitarbeitern bestehenden Arbeitsgruppen ließen sich eine Menge Verbesserungen einfallen: Straffung von Arbeitsabläufen, Abschaffung überflüssiger Berichte und dergleichen mehr. Das Ergebnis glich der Bilanz eines von oben verordneten Reengineering, und die Mitarbeiter hatten eine Verbesserung ihrer Lebensqualität erreicht.

Die gleichen Erfahrungen wie Merck machte die Bank First Tennessee National in Memphis.

Wenn die eine Hand nicht weiß, was die andere tut

Über ein kurioses Ergebnis einer Umfrage bei Führungskräften berichtete die New York Times am 19. Februar 1995. Neun von zehn befragten Managern bezeichneten die Mitarbeiter als wichtigste Ressource eines Unternehmens; 98 Prozent gaben an, daß sich die Leistungen der Mitarbeiter auf das Gesamtergebnis auswirken.

Aber als man dieselben Führungskräfte bat, Strategien in der Reihenfolge ihrer Erfolgswahrscheinlichkeit aufzulisten, setzten sie die Mitarbeiterfragen – Leistungen und Investitionen in die Belegschaft – fast ans Ende. Man kann davon ausgehen, daß diese Manager keine Heuchler sind. Aber sie kennen einfach keine praktischen Ansätze, um die »weichen« Aspekte ihrer Unternehmen zu verbessern.

Womit wir wieder beim Stichwort Vertrauen wären. Aus seinen umfangreichen Untersuchungen über die »100 besten« Unternehmen entwickelte Levering ein Modell der Zusammenhänge, die ein Unternehmen zu einem hervorragenden Arbeitgeber machen. Auch er stieß auf das Schlüsselelement Vertrauen. Aber darüber hinaus ging er auch der Frage nach, welche Faktoren vertrauensvolle Beziehungen wahrscheinlich machen und wie man ein Unternehmen im Hinblick auf diese Faktoren beurteilen kann.

Damit werden wir uns im nächsten Abschnitt beschäftigen.

Wie stark sind die Bande?

Wir möchten gleich zu Beginn klarstellen, daß es im Vertrauensmodell nach Levering nicht um die Zufriedenheit der Mitarbeiter geht, auch wenn eine Verbesserung des Vertrauens sehr wahrscheinlich auch die Zufriedenheit der Mitarbeiter erhöht.

Die Verbesserung des Vertrauens läßt sich auch nicht mit besonderen Personalmaßnahmen beschreiben, wie etwa der Einrichtung von Kindertagesstätten oder kostenlosen Cafeterias. Nein, das Vertrauensmodell beruht auf einer Voraussetzung, die nach den Darlegungen Leverings jeder gute Arbeitgeber erfüllen muß.

Blickpunkt Mitarbeiterbeteiligung **163**

Den Kern des Levering-Modells macht die Mitarbeiterbeteiligung aus, die aus drei miteinander verbundenen Beziehungen hervorgeht: zwischen Mitarbeitern und Unternehmensführung, zwischen Mitarbeitern und ihren Jobs und zwischen den Mitarbeitern selbst. Alle drei Beziehungen beruhen auf einem Schlüsselelement.

 Der Kern des Levering-Modells

Beziehung	Schlüsselelement
Mitarbeiter und Unternehmensführung	*Vertrauen*
Mitarbeiter und ihre Jobs	*Stolz*
Mitarbeiter und andere Mitarbeiter	*Kollegialität*

 Die Bestandteile des Vertrauens

Glaubwürdigkeit: wie sehr die Mitarbeiter an die Führung glauben und sich auf sie verlassen können.

Fairneß: wie gerecht und ehrlich den Mitarbeitern ihr Umfeld erscheint.

Respekt: welche Einstellung für die Mitarbeiter in den Maßnahmen der Führung zum Ausdruck kommt.

Die Beziehung zwischen Führung und Mitarbeitern ist die wichtigste für ein Unternehmen. Wesentliche Voraussetzung für ihr Gelingen ist das Vertrauen, das sich aus drei Hauptbestandteilen zusammensetzt.

Erstens muß die Unternehmensleitung in den Augen der Mitarbeiter Glaubwürdigkeit besitzen. Die Führungskräfte müssen Kompetenz ausstrahlen und zu erkennen geben, daß sie mit dem Unternehmen ein klares Ziel anstreben und wissen, wie sie es erreichen können. Nichts ist so demoralisierend wie die Arbeit für Leute, die ihr Geschäft nicht beherrschen. Das Management muß heikle Angelegenheiten wie etwa Konflikte zwischen heimlichen und offiziellen Spielregeln des Unternehmens lösen können. Außerdem wollen die Mitarbeiter für Führungskräfte arbeiten, die auch in schwierigen Zeiten die Wahrheit sagen.

Tennant Company, der weltweit führende Hersteller von Wartungsgeräten für industrielle Nutzflächen, erhöhte nach Angaben des Vorstandsvorsitzenden Roger Hale in einer kritischen Situation die Zahl der Gespräche mit den Mitarbeitern. In schweren Zeiten, so Hale, verbreiten sich Gerüchte schneller, und deshalb sollte sich die Unternehmensleitung gesprächsbereiter zeigen.

Um das Vertrauen der Mitarbeiter zu gewinnen, müssen die Führungskräfte auch unangenehmen Wahrheiten ins Auge sehen, ohne die Überbringer schlechter Nachrichten zu bestrafen. Eine Reihe von Unternehmen haben Foren eingerichtet, in denen sich die Führungskräfte schwierigen Mitarbeiterfragen stellen. Pitney Bowes hält zum Beispiel jährliche »Arbeitnehmerversammlungen« ab – ähnlich den jährlichen Aktionärsversammlungen. Bei diesen Gesprächen treffen sich Spitzenmanager mit Mitarbeitergruppen aus dem gesamten Unternehmen. Die Mitarbeiter, die die besten schriftlichen und mündlichen Fragen stellen, erhalten Pfandbriefe über 50 Dollar. Die Gewinner werden von Mitarbeitergruppen ausgewählt.

Solch eine Versammlung ist ein Beitrag zu einem Klima, in dem sich die Manager nicht hinter einem bürokratischen Bollwerk verschanzen, sondern wirklich auf die Sorgen der Mitarbeiter hören. Aber die Bereitschaft zum Zuhören allein reicht noch nicht, um glaubwürdig zu werden. Die Führungskräfte müssen sich auch den Ruf erwerben, daß sie ihre Versprechen einhalten und eine konsequente Haltung zeigen: Den Worten müssen Taten folgen.

Die Führung von Pitney Bowes sorgt dafür, daß jeder Frage aus den Arbeitnehmerversammlungen nachgegangen wird, daß der Mitarbeiter, der die Frage gestellt hat, über die Entwicklungen in diesem Bereich informiert wird und daß bei Bedarf ein schriftlicher Bericht an größere Mitarbeitergruppen geht.

Der zweite Bestandteil des Vertrauens ist Fairneß.

Die Mitarbeiter müssen erkennen, daß sie gerecht und ehrlich behandelt werden, daß Beförderungen und Bezahlung nicht auf Machtintrigen, sondern auf Verdienst und Beiträgen beruhen und daß nötige Einschnitte nach objektiven und fairen Maßstäben erfolgen.

Wer sich ungerecht behandelt fühlt, muß eine Möglichkeit sehen, sich zu beschweren. Bei IBM gibt es schon seit langem Ombudsleute im

Büro des Vorstandsvorsitzenden, die Beschwerden von Mitarbeitern unterer Ebenen gegen unfaire Behandlung verfolgen. Dies hat zu einem Umfeld beigetragen, in dem die Vorgesetzten sehr genau wissen, daß Übergriffe gegen Mitarbeiter nicht geduldet werden.

Drittens beruht Vertrauen auf Respekt. Die Mitarbeiter müssen das Gefühl haben, als Person respektiert und unterstützt zu werden. Dies läßt sich zum Teil dadurch erreichen, daß die Mitarbeiter in Entscheidungen über ihre Arbeit einbezogen werden und große Verantwortung in ihrem Tätigkeitsbereich erhalten. Außerdem müssen sie Gelegenheit erhalten, ihre Fähigkeiten durch Ausbildung zu erweitern. Respekt bekundet das Management seinen Mitarbeitern auch, wenn es sie um Ideen und Anregungen bittet und vor allem auch darauf reagiert.

Zahlreiche Unternehmen haben durch die Total-Quality-Bewegung in diesem Bereich große Fortschritte erzielt. In vielen Firmen treffen sich inzwischen regelmäßig kleine Mitarbeitergruppen, um gemeinsame Ideen und Ansätze für deren praktische Umsetzung zu entwickeln.

Stolz zählt fast genauso wie Vertrauen

Neben dem Vertrauen in der Beziehung zwischen Mitarbeitern und Unternehmensführung als wichtigstem Baustein für die Schaffung eines guten Arbeitsklimas muß auch das Verhältnis der Mitarbeiter zu ihrem Job berücksichtigt werden. Den Schlüssel bildet hier der *Stolz*.

Die Mitarbeiter entwickeln Stolz, wenn sie an den besonderen Sinn ihrer Tätigkeit glauben und sie nicht nur als Arbeit sehen. Dazu müssen sie davon überzeugt sein, daß sie mit ihrem persönlichen Einsatz etwas bewirken und daß ihr Produkt oder ihre Dienstleistung für andere eine Bedeutung hat. Führungskräfte können diese Einstellung fördern, wenn sie den Mitarbeitern zeigen, welchen Platz ihre Aufgaben im Gesamtgefüge einnehmen oder wie die Kunden ihre Produkte benutzen.

Die Leitung des Raumfahrtherstellers Moog entwarf eine Fabrik, in der die Produktionsmitarbeiter buchstäblich sehen können, wie ihre Arbeit ins Gesamtbild paßt. Der Parkbereich umgibt kreisförmig den Gebäudekomplex, so daß die Mitarbeiter durch mehrere Teile des Werks gehen müssen, um zu ihren Arbeitsplätzen zu gelangen.

Die Mitarbeiter wollen auch stolz auf die Rolle ihres Unternehmens in der Gemeinschaft sein. Ursache dafür haben sie zum Beispiel, wenn sich das Unternehmen an Wohltätigkeitskampagnen beteiligt oder Mitarbeiter für kommunale Tätigkeiten freistellt – wie dies unter anderem von IBM, Xerox und Tandem Computers praktiziert wird.

Wenn die Mitarbeiter stolz auf ihre Arbeit und ihr Unternehmen sind, sind sie auch zu größerem Einsatz bereit, um ihre Aufgaben zu erfüllen.

 Der Kunde kommt an zweiter Stelle

»Wir glauben an nichts so sehr wie an die Bedeutung der Zufriedenheit am Arbeitsplatz. Darin erkennen wir den Schlüssel zu überragenden Dienstleistungen. Natürlich sind unsere Kunden der Grund für unsere Existenz als Unternehmen, aber wir können sie nur dann optimal versorgen, wenn unsere Mitarbeiter an erster Stelle kommen.«

Hal Rosenbluth, der das kleine Reisebüro seiner Familie zum viertgrößten Reiseveranstalter der USA gemacht hat.

Das Motto des Unternehmens? Der Kunde kommt an zweiter Stelle.

Last, not least: Kollegialität

Der letzte Punkt, den Levering als Einflußfaktor für die Qualität des Arbeitsklimas ermittelt hat, ist die *Kollegialität*: das Verhältnis der Mitarbeiter zueinander.

Mitarbeiter wollen Verständnis, Anerkennung, Achtung und Freude im persönlichen Umgang mit Kollegen spüren. Außerdem möchten sie Zugang haben zu Überzeugungen, Einstellungen, Hoffnungen und Werten anderer im Betrieb. Kollegialität kann einen ungeheuren Einfluß auf die Kooperation der Mitarbeiter ausüben. Bei einigen der besten Arbeitgeber sehen sich die Mitarbeiter als Teil einer Familie.

Im Zeichen der Kollegialität haben Mitarbeiter das Gefühl, sie können ganz sie selbst sein. Dies spielt eine besonders große Rolle, wenn das Unternehmen sehr viel von seinen Mitarbeitern erwartet. Denken wir an die Kollegialität bei Southwest Airlines. Von den Gepäckträgern bis zu den Führungskräften sprechen alle einhellig davon, wieviel Spaß ihnen die Arbeit macht, und daß sie große Zuneigung füreinander und für ihre Kunden spüren. Der logische Zusammenhang mit der ungewöhnlichen Ertragsfähigkeit des Unternehmens in einer krisengeschüttelten Branche und der überragenden Produktitivät seiner Mitarbeiter liegt auf der Hand.

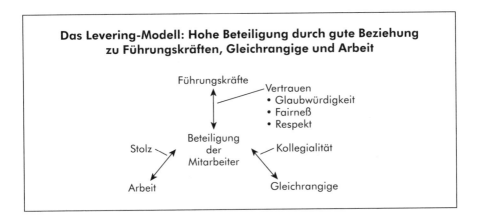

Das Levering-Modell: Hohe Beteiligung durch gute Beziehung zu Führungskräften, Gleichrangige und Arbeit

 Tip zur Levering-Untersuchung

Einzelheiten der Levering-Untersuchung sind erhältlich bei:
Great Place to Work Institute
1537 Franklin Street, Suite 208
San Francisco, CA 94109

Wesentliche Bausteine

Eine Antriebskraft vor allen anderen, die uns der Vision einer vernetzten Welt näherbringen, scheint unaufhaltsam: der Einsatz interaktiver Informationstechnologie.

Wir erleben zur Zeit die Auswirkungen zweier Gesetze der Informationstechnologie. Das erste ist Moores Gesetz (es geht zurück auf den Mitbegründer von Intel, Gordon Moore) und besagt, daß sich Stärke und Kapazität der Computer aufgrund von Entwicklungen bei Hardware und Software alle achtzehn Monate verdoppeln. Dieses Gesetz hat seit Anfang der siebziger Jahre Bestand, auch wenn die Experten immer wieder behaupten, daß sich die Entwicklung »bald« verlangsamen wird. Doch es scheint, daß es von einem zweiten Gesetz abgelöst wird, das nach Bob Metcalfe benannt ist, dem Erfinder des Ethernet-Standards.

Metcalfes Gesetz besagt, daß der Nutzen für die Anwender eines Informationsnetzes ungefähr dem Quadrat der Zahl der Anwender entspricht. Internet, Groupware und Multimedia stecken alle noch in den Kinderschuhen, aber schon heute gibt es Möglichkeiten im Überfluß.

Behindert wird der Nutzen der Interaktivität aus neuer Informationstechnologie von dem, was Computerspezialisten als Wetware oder Humanware bezeichnen – von den Interaktionen zwischen Menschen.

Beim Weltwirtschaftsforum im Januar 1995 sprachen wir über die Zukunft der Erde, als John Sculley hereintrat. Der frühere Leiter von Apple Computers sagte voraus, daß sich der allgemeine Zugang zur Technologie in den nächsten zehn Jahren stark vermehren und uns zu einer »virtuellen Gemeinschaft« machen würde, deren Interaktionen über leistungsfähige und komplexe Computernetze laufen. Sorge bereitete ihm nur der Gedanke, daß die Menschen mit den technologischen Veränderungen nicht Schritt halten könnten. In seinen frühen Stadien können wir dieses Problem schon heute beobachten.

Dennoch hat IBM erst kürzlich 3,5 Milliarden Dollar für den Kauf von Lotus aufgebracht, vor allem um Lotus Notes zu erwerben, die Groupwaretechnologie, die Mitarbeitern eine Zusammenarbeit per Computer über Unternehmensgrenzen hinweg gestattet. IBM setzt darauf – und Microsoft muß fürchten –, daß diese Technologie die Welt der Computeranwendungen zur nächsten Entwicklungsstufe führen wird, auf der die größten Möglichkeiten für Produktivitätssteigerungen in einer Verbesserung der Kooperationsformen zwischen Mitarbeitern liegen. Lotus behauptet, daß Lotus Notes den Anwenderunternehmen bereits heute eine durchschnittliche Investitionsrendite von 180 Prozent einbringt.

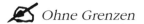 *Ohne Grenzen*

»Himmlische Freiheit in einer Welt, die nicht von engen provinziellen Mauern in kleine Fragmente zerschnitten wird.«
Rabrindanath Tagore, Dichter und Nobelpreisträger.

Wie Sculley sieht auch Lotus die größten Probleme nicht im technologischen, sondern im psychologischen Bereich: die Mauern, die Menschen zwischen sich errichten. Lotus stellte fest, daß der größte Nutzen für Anwender aus der Groupwaretechnologie nicht durch technische Unterstützung, sondern durch vermittelnde Hilfestellung zu erzielen ist, die sich ganz spezifisch auf Fragen der zwischenmenschlichen Kommunikation und Zusammenarbeit bezieht. Der Einsatz von Informationstechnologie, um die Voraussetzungen für vernetzte Teams zu schaffen, wirft somit gravierende Personalprobleme auf.

Nach unserer Auffassung werden Personalwesen und Informationssysteme den Schlüssel zur Zukunft beschleunigender Unternehmen bilden. Aber dann werden die Abteilungen Personal und Informationssysteme in ihrer heutigen Gestalt von der Bildfläche verschwunden sein.

Wie kann das sein? Weil sich die Bereiche Personal und Informationssysteme von Grund auf verändern müssen, um die in Zukunft benötigten Dienste anbieten zu können.

Die Personalabteilung wird im Laufe der Zeit stark schrumpfen, da die meisten Personalprobleme dann von Linienvorgesetzten routinemäßig als Teil ihrer täglichen Arbeit geklärt werden. Dennoch werden einige Personalexperten bleiben und ausschließlich für eine der entscheidendsten Aufgaben in der Zukunftsentwicklung des Unternehmens verantwortlich sein: Sie müssen als Katalysatoren eines unaufhörlichen Wandels agieren und eine Infrastruktur schaffen und pflegen, die das Management der Mitarbeiterbeteiligung in einem kontinuierlich sich verändernden Unternehmen trägt.

Gleiches gilt für den Bereich Informationssysteme. Auch die Aufgaben dieser Abteilungen werden dezentralisiert und in die alltägliche Zuständigkeit von Linienvorgesetzten fallen. Vieles spricht dafür, daß dann reine Informationsspezialisten in einem durchschnittlichen Unternehmen kaum mehr gebraucht werden. Sie müssen mit ihren Kollegen aus der Personalabteilung zusammenwachsen, um gemeinsam mit ihnen an der Schaffung und Pflege einer Infrastruktur mitzuwirken, die ein Management der Mitarbeiterbeteiligung inmitten des Wandels erlaubt. Und diese Aufgabe dreht sich mindestens ebensosehr um Menschen wie um Computer.

Die beiden miteinander verquickten Aufgaben der neuen Abteilungen Personal und Informationssysteme müssen letztlich zu einer Einheit werden, um die Strukturen und Mechanismen für ein hohes Engagement der Mitarbeiter hervorbringen zu können. Und das wird für die Beteiligten sicherlich zu einem Kulturschock.

Ihre Kunden versorgen

Wenn die Mitarbeiter eines Unternehmens ihr Ziel kennen und es engagiert verfolgen, benötigen sie Unterstützung, die ihnen auf Abruf zur Verfügung steht. Aufgrund der steigenden Tendenz zur Vernetzung und Teamorganisation werden praktisch alle Teams Unterstützung für die Entwicklung von Fähigkeiten brauchen, um soziale Kontakte und den Umgang mit Informationstechnologie zu bewältigen. Daher müssen Personalabteilung einschließlich Ausbildung und Informationstechnologie so gestaltet werden, daß sie den Teams die erforderliche Unterstützung bieten können.

In vielen Unternehmen wird man sich da verwundert die Augen reiben. Gerade haben sie andere im Unternehmen davon überzeugt, daß Kunden nicht mehr mit einer Variante von Henry Fords Einheitsschwarz abgespeist werden können, und jetzt müssen Personal und Informationstechnologie selbst lernen, die Bedürfnisse ihrer Kunden zu erfüllen. Und das wiederum heißt, daß sie die möglichen Bedürfnisse ihrer Kunden bereits im Vorfeld erkennen und in die Fähigkeit investieren müssen, diesen auf flexible und effektive Weise gerecht zu werden.

Wir haben ja bereits gesehen, daß sich ein Wandel im Unternehmen durch die anziehende Wirkung von Magneten effektiver bewältigen läßt als durch eine abstoßende Wirkung allein. In diesem Sinne sollten Manager aus den Bereichen Personal, Ausbildung und Informationstechnologie die Unternehmensführung unterstützen. Gleiches gilt für die Strategiegruppe. Zusammen müssen sie ihren Beitrag zur Erzeugung von Anziehungskraft durch Vision, Strategien und Magneten leisten. Und dann müssen sie die Dienste anbieten, die die Teams in Anspruch nehmen wollen. Ingesamt müssen sie also auf die Bedürfnisse sowohl der Teams als auch der Unternehmensführung eingehen.

Mehr zur Rolle der Führung im nächsten Abschnitt.

Der führende Architekt

Ein Mangel an geeigneter Führungsstärke kann sich in einem schnell veränderlichen, weniger berechenbaren und härteren globalen Wettbewerb als Achillesferse des Unternehmens erweisen.

Vernetzte Organisationsformen stellen Unternehmensführer und -manager vor neue Herausforderungen. Führung nach dem Schema Anweisung und Kontrolle wird nicht mehr funktionieren. Die Macht des Eigentums und hierarchischer Autorität ist in vernetzten Unternehmen bei weitem nicht mehr so stark wie in traditionellen, monolithischen Kapitalgesellschaften. Dennoch müssen die Führungskräfte das Engagement aller Mitglieder des vernetzten Unternehmens für das gemeinsame Ziel gewinnen.

Allein schon der Begriff *Führung* und seine Konnotationen veranschaulichen, was vielen Unternehmen zu schaffen macht: Er weist auf das Verhalten einer kleinen Elite.

Wir vertreten eine ganz andere, ja sogar radikale Auffassung: daß *Führungsstärke* von vielen – wenn nicht sogar allen – Angehörigen eines Unternehmens ausgehen muß. Natürlich sind Führungsqualitäten besonders bei Topmanagern gefordert. Aber die gleichen Grundsätze müssen bis zu einem bestimmten Grad auf allen Ebenen eines vernetzten Unternehmens hervortreten.

Auch die Form, in der Führung sichtbar wird, muß sich verändern. Früher hing Führung weitgehend mit der Position in der Hierarchie zusammen, doch dies erscheint heute kaum mehr denkbar, weil die Hierarchie selbst viel unklarer ist.

Drei Grundsätze für Führungskräfte

Führungskräfte moderner Unternehmen müssen sich vor allem von drei Grundsätzen leiten lassen:

- Durch vorbildliches Verhalten und Einführung effektiver Mechanismen eine Kultur hoher Beteiligung schaffen.
- Die Kernwerte des Unternehmens bewahren.
- Nicht Zahlen oder Dinge, sondern die Mitarbeiter in den Vordergrund stellen.

 *Identifikation*

»Echte Identifikation verlangt mehr als nur einen Anteil am Gewinn. Sie erfordert ein Mitspracherecht bei betrieblichen Abläufen.«

Gordon Forward, Leiter von Chapparal Steel, dessen Arbeiter für die Produktion einer Tonne Stahl nur 1,6 Arbeitsstunden benötigen – im Vergleich zu 2,4 Stunden in Kleinfabriken und 4,4 Stunden in integrierten Werken.

Der erste Grundsatz zielt auf die Schaffung einer Kultur intensiver Beteiligung im Unternehmen. Hohes Engagement entspringt viel eher einem Mitspracherecht zur Gestaltung betrieblicher Abläufe als einem Aktienanteil am Unternehmen. Echte Führungspersönlichkeiten laden daher alle Mitarbeiter zur Verbesserung des Unternehmens ein.

Sie beeinflussen andere durch ihr Verhalten und geben dadurch den Ton an. Außerdem schaffen sie effektive Instrumente, die es den Mitarbeitern erleichtern, sich zu beteiligen.

Erfolgreiche multinationale Konzerne wie Nestlé und Asea Brown Boveri haben Vernetzungsmechanismen entwickelt, durch die immer wieder Mitarbeiter aus verschiedenen Teilen des Unternehmens zusammengeführt werden. Dies erlaubt einen fruchtbaren Wissensaustausch und bestätigt gleichzeitig die Werte und das Vertrauen zwischen den Mitarbeitern. Die Zusammenführung von Mitarbeitern aus aller Welt kostet Zeit und Geld, aber die genannten Unternehmen bedauern diesen Aufwand nicht, weil sie ihn als wesentlichen Bestandteil ihrer Führungsaufgabe betrachten.

 Vorbildfunktion

Wal-Mart ist in weniger als fünfzig Jahren zu einem Einzelhandelsgiganten mit einem Jahresumsatz von 80 Milliarden Dollar geworden. Überrundet wurde dabei unter vielen anderen Konkurrenten auch Kmart. Die beiden Unternehmen ähnelten sich, verkauften die gleichen Produkte, wandten sich an die gleichen Kunden und stammen sogar aus der gleichen Zeit. Jetzt steht Kmart vor dem Aus, während Wal-Mart die – nach Southwest Airlines – bestbewertete Aktie in den USA mit einer Wertsteigerung von 19.807 Prozent zwischen 1962 und 1992 vorweisen kann.

»Letzten Endes hat die Haltung vielleicht sogar mehr bewirkt als die Strategie«, schreiben Christina Duff und Bob Ortega im *Wall Street Journal* vom 24. März 1995. »Mr. Walton und Mr. Glass [Mr. Waltons Nachfolger] fragten ihre Mitarbeiter, was nicht funktionierte, und tadelten sie, wenn sie schlechte Nachrichten nicht weitergaben. Auch in der Öffentlichkeit sprachen er und Mr. Glass eher über die Schwächen als über die Stärken von Wal-Mart ...

Demgegenüber war Mr. Antonini [Vorstandsvorsitzender von Kmart] überhaupt nicht der Meinung, daß ihm andere viel Neues über das Geschäft erzählen können. Auf Kritik reagierte er ungehalten und war sogar als Teflon-Boß verschrien, weil alle Veränderungsvorschläge einfach an ihm abglitten.«

Der zweite Grundsatz moderner Führung betrifft die Bewahrung der Kernwerte im Unternehmen. Ein gewisses Maß an Sicherheit ist entscheidend für die Mitarbeiter von Unternehmen, die sich laufend neuen Entwicklungen anpassen müssen.

Die Führungskräfte sind darauf angewiesen, daß alle Mitarbeiter wie Trapezkünstler handeln und ihre Schaukel loslassen in dem Vertrauen, von jemand anderem aufgefangen zu werden. In vernetzten Organisationen können sie diese andere Person oft gar nicht sehen. Daher die wesentliche Bedeutung des Vertrauens, aber auch eines Sicherheitsnetzes in Form von Kernwerten.

Effektive Mechanismen

»General Electric bemüht sich um die Schaffung eines Umfelds, in dem alle Mitarbeiter die Verbindung zwischen ihren täglichen Tätigkeiten und dem Erfolg im Markt herstellen können. Wenn Arbeiter, die normalerweise einfach ignoriert werden, mit ihren Ansichten Gehör finden, und zwar nicht nur durch herablassendes Kopfnicken, wenn diese Ansichten auf Anklang stoßen und vor allem auch umgesetzt werden – dann sprudeln die Ideen nur so.«

Lawrence Bossidy, jetziger Vorstandsvorsitzender von Allied Signal, als stellvertretender Vorsitzender von General Electric im Mai 1991.

Vernetzte Unternehmen werden auf einem Fundament von Kernwerten aufbauen, denen die Mitarbeiter unter allen Umständen folgen. Die Führungskräfte sind verantwortlich für den Zusammenhalt, können aber nicht mehr vom Zentrum aus kontrollieren. Daher müssen sie Kernwerte kultivieren und durchsetzen. Und am stärksten sind diese Werte, wenn sie keine Ausnahmen zulassen.

Werte klingen zwar nach »weichen« Faktoren, aber in der Praxis erfordern sie auch harte Worte. Oft muß man vor diesem Hintergrund greifbare, meßbare und finanziell orientierte Erwägungen hintanstellen, wie es Johnson & Johnson in der Tylenol-Krise getan hat. Dies sind die Entscheidungen, die die Führungspersönlichkeiten treffen müssen, und oft brauchen sie dazu sehr viel Mut.

 Ihre Leistungen sind hervorragend – Sie müssen gehen!

Der Generaldirektor des leistungsstärksten Bereichs eines technischen Unternehmens war ein hervorragender Ingenieur und ein unerbittlicher Manager. Aber er verhielt sich beleidigend gegenüber seinen Kollegen, und die Mitarbeiter in seinem Bereich hatten Angst vor seinen Tiraden. Er vertraute ihnen nicht; sie vertrauten ihm nicht.

Eines Tages rief ihn der Vorstandsvorsitzende an. »Ich habe Ihnen mehr als einmal erklärt, daß ich ein Unternehmen wünsche, in dem die Leute effektiv zusammenarbeiten und einander vertrauen können, ohne sich ständig vor Übergriffen fürchten zu müssen. Sie sind ein abschreckendes Beispiel für ein Verhalten, das wir von niemandem im Unternehmen akzeptieren dürfen. Und weil Sie in einer solch verantwortlichen Stellung sind, muß ich Sie leider bitten, uns zu verlassen.«

Nach diesem Schritt vergaßen die Mitarbeiter des Bereichs ihre Furcht und wurden von Begeisterung erfaßt. Durch die klare Bestätigung der Unternehmenswerte verbesserte sich die Teamarbeit, und die Leistungen machten einen weiteren großen Sprung nach vorne.

Blickpunkt Mitarbeiterbeteiligung 175

Der dritte Grundsatz moderner Unternehmensführung ist die vorrangige Orientierung an den Mitarbeitern. Und darin liegt eigentlich der fundamentale Unterschied zwischen Management und Führung.

Führung muß sich auf Menschen beziehen. Maschinen, Geld, sogar komplexe Arbeitsprozesse kann man managen, ohne einen anderen Menschen führen zu müssen. Aber Führung beschreibt ihrem Wesen nach ein Verhältnis zu Menschen. Führung dreht sich um die menschliche Seite des Wandels.

 West Point

Die Kadetten in West Point lernen etwas Bemerkenswertes über Führung. In seinem 1993 erschienenen Buch *The West Point Way of Leadership* erklärt der inzwischen pensionierte Colonel Larry Donnithorne sein wichtigstes Prinzip: Aufgabe der Führungskraft ist es, absolut vertrauenswürdig zu sein, die Bedürfnisse von Menschen über andere und vor allem über persönliche Erwägungen zu stellen. Charismatische Führungsstärke ist für ihn ein Oxymoron – egoistisch, arrogant, ohne Rücksicht auf die Werte der Organisation.

Als zweites Prinzip herrscht in West Point die Auffassung, daß Führung nichts mit Befehlen und Gehorsam zu tun hat, sondern mit der Berücksichtigung von Gefühlen und besonders von Gefühlen Untergebener. Führung betrifft Werte und Moral; sie betrifft das notwendige Vertrauen zum Aufbau von Teamwork.

Mitarbeiterbeteiligung setzt also mehr voraus als nur ein Verständnis von Netzwerkarchitekturen und Teams. Sie erfordert mehr als nur eine Abstimmung der Unternehmensgrundsätze, Verfahren, Informationssysteme und Ausbildungskurse. Sie verlangt Vertrauen. Und dieses Vertrauen kann nur durch Führungsstärke im gesamten Unternehmen gefördert werden – Führungsstärke, die sich auf die Menschen konzentriert. Für viele wird dies eine faszinierende Herausforderung sein, für andere eine beunruhigende.

Zahlreiche Topmanager haben ihre Stärken nicht gerade im Umgang mit Mitarbeitern. In der Regel bringen sie Höchstleistungen und sind auf diese Weise an die Spitze gelangt. Und wenn solche Manager in den Ruhestand gehen, werden sie oft von anderen ersetzt, die gleichfalls nur auf die Geschäftsergebnisse schauen und statt zu führen nur verwalten.

Dieses Vorgehen hat keine Zukunft. Ein Management der Mitarbeiterbeteiligung kann nur über die zwischenmenschliche Interaktion funktionieren. Und es kann durchaus sein, daß kein anderer Managementansatz für die Führungspersönlichkeiten von morgen solch unmittelbare Bedeutung haben wird wie dieser.

Wegweiser zum Management der Mitarbeiterbeteiligung

Folgende Angaben sollten Sie beim Aufbau einer neuen Architektur beachten:

1. Je komplexer die Organisationsstruktur, desto flexibler muß auch der Managementansatz sein.
2. Anstelle des starren Herr-Diener-Modells für die Unternehmenshierarchie sollten Sie eine »Fächerstruktur« mit relativ festen Stäben zur Organisation der Geschäftstätigkeit und flexibleren Querverstrebungen oder aber ein »Netz« überlappender und flexibler Verbindungen in viele Richtungen schaffen.
3. Schaffen Sie die Atmosphäre und das Umfeld für Teamarbeit.
4. Reagieren Sie sensibel auf die Bedenken der Mitarbeiter im Hinblick auf ihre Tätigkeit in vernetzten Teams. Verordnen Sie die Vision vernetzter Teams nicht von oben; lassen Sie sie aus Gesprächen über notwendige Veränderungen hervorgehen.
5. Entwickeln Sie Leistungsmaßstäbe und Anreizsysteme, die die Teamstruktur unterstützen und bekräftigen.
6. Nutzen Sie die Prinzipien verborgener Ansatzmöglichkeiten. Ermitteln Sie die wichtigsten motivierenden Kräfte und schaffen Sie dazugehörige handlungsauslösende Kräfte. Denken Sie daran, daß Sicherheit des Arbeitsplatzes, fesselnde Arbeit und Respekt oft wichtiger sind als finanzielle Leistungen.
7. Vertrauensbildung ist wesentlich und beruht auf drei Faktoren:
   - Die Führung muß den Mitarbeitern glaubwürdig erscheinen.
   - Die Mitarbeiter müssen ein ehrliches Umfeld und faire Vergütungsregelungen vorfinden.
   - Die Mitarbeiter müssen sich respektiert fühlen und mit ihren Ideen Gehör finden.
8. Mitarbeiter wollen stolz auf ihre Arbeit und ihr Unternehmen sein und in einem kollegialen Umfeld tätig sein.
9. Ein vernetztes Unternehmen stellt die Führungskräfte vor neue Herausforderungen. Dabei kommt es vor allem darauf an, daß Sie mit gutem Beispiel vorangehen, daß Sie die Kernwerte des Unternehmens bewahren und daß Sie sich vorrangig auf die Mitarbeiter konzentrieren.

6. Blickpunkt Lernbeschleunigung

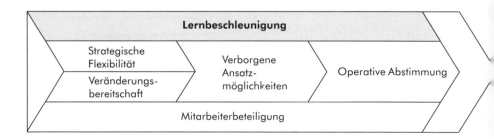

Dynamisches Wachstum

Moderne Unternehmen stehen vor Veränderungen, die weniger berechenbar sind und sich weit schneller vollziehen als je zuvor. Die Bedürfnisse der Interessengruppen können sich mit einem Schlag verändern, aus völlig unerwarteten Richtungen können neue Wettbewerber auf den Plan treten, und sogar die Grundlagen des Wettbewerbs können einen radikalen Wandel durchlaufen. All diese Klippen des Wandels müssen moderne Unternehmen umschiffen können, wenn sie überleben und vor allem florieren wollen.

Früher konnte ein Unternehmen mit stetigen Verbesserungen Jahr für Jahr relativ ungehindert seinen Kurs verfolgen. Aber das genügt nicht mehr. Wenn das Unternehmen heute eine Veränderung im externen Umfeld wahrnimmt, ist es vielleicht schon zu spät. Auch wenn es sich noch so anstrengt, kann es das Hindernis, das sich vor ihm auftürmt, nicht mehr überwinden. So ging es IBM mit der Herausforderung durch Personalcomputer.

Rechtzeitig reagieren können Unternehmen nur, wenn sie über die Fähigkeit zur Beschleunigung der Leistungsverbesserungen verfügen. Und wie gewinnen sie diese Fähigkeit?

Eine ausgewogene Aufstellung

Zunächst müssen die Veränderungsprogramme neu ausgerichtet werden. Die aus dem Wandel resultierenden Verbesserungen dürfen sich nicht auf den operativen Bereich beschränken, sondern müssen sich auch auf die Entwicklungsfähigkeit des Unternehmens erstrecken. Und die Resultate solcher transformativer Programme werden konsequenterweise nicht nur an traditionellen Kriterien wie Kosten, Qualität, Produktionsmenge und Servicezeit gemessen, sondern auch an Maßstäben, die sich auf die Verbesserungsgeschwindigkeit sowie die Reaktions- und Veränderungsfähigkeit des Unternehmens beziehen.

Leider fehlten genau solche Kriterien in vielen Reengineering-Initiativen der letzten fünf Jahre völlig, so daß sich die Mitarbeiter häufig am kurz- und mittelfristigen Nutzen orientierten statt an der nachhaltigen Wirkung und der Wachstumsbeschleunigung.

Ein Unternehmen, das flexibel reagieren, lernen und sich schnell verändern kann, müßte sich deutlich von seinen Konkurrenten unterscheiden, und dies würde sowohl den externen Beobachtern als auch den Prozeßbeteiligten auffallen. Man könnte sogar sagen, daß der Erfolg eines transformativen Veränderungsprozesses an diesen immer deutlicher zutage tretenden Unterschieden erkennbar sein müßte.

Also müssen wir wissen, wonach wir Ausschau halten – und wir müssen danach Ausschau halten.

In Kapitel 4 haben wir die Notwendigkeit einer ausgewogenen Aufstellung von Veränderungsmaßstäben angesprochen. Jetzt wollen wir sehen, welche Maßstäbe in der Aufstellung zu einem transformativen Veränderungsprozeß Platz finden würden.

Aus solchen Maßstäben läßt sich ersehen, daß die Mitarbeit in einem Unternehmen, das seine Leistungsverbesserung beschleunigen kann, ein völlig anderes Erlebnis ist als in einem durchschnittlichen Unternehmen. Zum Beispiel wird das gesamte Unternehmen aus Erfahrungen lernen und Fehler nur selten wiederholen. Es wird neugierig auf neues Wissen sein und es auf breiter Ebene austauschen. Die Mitarbeiter werden wenig Selbstzufriedenheit an den Tag legen und immer versuchen, mehr zu erreichen.

Eine ausgewogene Aufstellung für einen transformativen Veränderungsprozeß muß Maßstäbe für die Verbesserungsfähigkeit des Unternehmens umfassen

	Veränderungen an prozeßinternen Maßstäben (Leitindikatoren)	Veränderungen an Prozeßresultaten (Verzugsindikatoren)
Externer Standpunkt: Beobachter	Zum Beispiel: Neugier auf entstehende Bedürfnisse aller Interessengruppen Bereitschaft, von anderen Unternehmen zu lernen	Zum Beispiel: Höheres Verbesserungstempo Innovationsgeschwindigkeit erfolgreicher Produkte und Dienstleistungen
Interner Standpunkt: Teilnehmer	Zum Beispiel: Verfügbarkeit und Anwendung von Wissen im gesamten Unternehmen Grad der Experimentierfreudigkeit im gesamten Unternehmen	Zum Beispiel: Höhere Lerngeschwindigkeit Häufigkeit der Wiederholung früherer Fehler

Lernen im Unternehmen

Diese Verhaltensweisen machen das Lernen in einem Unternehmen aus. Eine nach unserer Auffassung sehr nützliche Definition für diesen Vorgang liegt darin, daß ein Unternehmen zur Verbesserung seiner Leistungen Wissen schafft, anpaßt oder reproduziert.

In dem Bewußtsein der Bedeutung von Wissen für ihre Organisationen haben einige wegweisende Unternehmen – unter anderem Dow Chemical (in den USA), Skandia (die schwedische Versicherungsgesellschaft) und die Canadian Imperial Bank of Commerce – besondere Führungspositionen eingerichtet, um das Lernen im Unternehmen stärker in den Mittelpunkt zu rücken. Diese Positionen beinhalten die Zuständigkeit, den Wert des Unternehmenswissens zu messen und Ansätze zu

Blickpunkt Lernbeschleunigung

finden, um diesen Wert durch Verbesserung der Unternehmensprozesse für Wissenserwerb und Lernen zu steigern.

Ein wunderbares Konzept. Aber woran erkennen wir, daß ein Unternehmen lernt? Belege findet man tatsächlich anhand der gerade angesprochenen Leistungsmaßstäbe, die zeigen, wie sich das Unternehmen verändert.

Aber wozu das Ganze? Und wie können wir den Lernvorgang verbessern, wenn es uns geboten erscheint? Diesen Fragen möchten wir uns in diesem Kapitel zuwenden.

Reiche Ernte

Anfangs erblickte man die hauptsächlichen Vorteile der Globalisierung in der Optimierung der Produktionskosten und in der Erschließung zusätzlicher Märkte. Inzwischen meinen die Führungskräfte vieler großer Unternehmen, daß der Hauptvorteil eines global operierenden Unternehmens in den größeren Lernchancen liegt. Die Vielzahl der Umgebungen, in denen große Unternehmen tätig sind, schaffen einen reichen Wissensvorrat, aus dem sie im Hinblick auf die Verbesserung ihrer Leistungen schöpfen können.

Yoshikazu Kawana, der stellvertretende Vorsitzende von Nissan, sagt, daß sein Unternehmen die ganze Welt als Wissensbasis benutzen will.

 Asea Brown Boveri

»Unsere wichtigste Stärke liegt darin, daß wir in 25 Fabriken auf der ganzen Welt Stromtransformatoren herstellen. Diese Leute arbeiten Tag für Tag und Jahr für Jahr an den gleichen Problemen und Chancen und lernen dabei eine Menge. Wir wollen einen Prozeß für einen kontinuierlichen Wissenstransfer schaffen. Dadurch werden wir einen Vorsprung gewinnen, den keiner unserer Konkurrenten aufholen kann.«

Sane Karlsson, stellvertretender Präsident, Asea Brown Boveri, in der Harvard Business Review vom März-April 1991.

Electrolux unterhält ein Forschungslabor in Finnland, ein Entwicklungszentrum in Schweden und eine Designgruppe in Italien. Nestlé richtet interne Konferenzen ein, arrangiert Kurzbesuche und läßt wichtige Arbeitskräfte zwischen den Technik- und Forschungszentren in aller Welt rotieren. Das amerikanische Telekommunikationsunternehmen Nynex verwendet neueste Kabeltechnik in Thailand, um aus diesen Erfahrungen für die Verkabelung des US-Marktes zu lernen.

Multinationale Konzerne können umfassende interne Leistungsvergleiche anstellen und dadurch vielleicht noch mehr lernen als aus externen Vergleichen, weil die benötigten Informationen leicht zugänglich sind. ABB verfügt über Leistungsdaten seiner weltweit 4500 Profitcenter, die über das hauseigene Abacus-Informationssystem von allen Divisionen abgerufen werden können.

Aber wenn diese Orientierung am unternehmensweiten Lernen die Auffassungen führender Unternehmen über die Vorteile einer globalen Tätigkeit verändert, wie steht es dann mit dem Nutzen von Allianzen und Übernahmen?

Früher dienten Allianzen und Übernahmen der besseren Ausnutzung von Entwicklungs-, Produktions- und Distributionsmöglichkeiten oder der Erschließung neuer Märkte. Wichtig für die Auswahl guter Allianzen und Übernahmen war die Einschätzung der Attraktivität und Eignung von Geschäftswerten. Und entscheidend für den Erfolg der Allianz oder Übernahme war der möglichst rasche Abbau doppelter Funktionen.

Aber zahlreiche, vor allem japanische Unternehmen aus den verschiedensten Branchen haben in den letzten fünfundzwanzig Jahren ihre Allianzen als Lernchancen genutzt und sind aus dem Schatten ihrer Konkurrenten herausgetreten.

Diese Unternehmen legten den Akzent mindestens genauso sehr auf den Erwerb von Wissen wie auf unmittelbare Verbesserungen der Geschäftsergebnisse. In einer Studie der *Harvard Business Review* vom Januar-Februar 1989 über die internen Zusammenhänge von fünfzehn strategischen Allianzen aus aller Welt stellten die Autoren Prahalad, Hamel und Doz fest: »In jedem Fall, in dem ein japanisches Unternehmen stärker als sein westlicher Partner aus einer Allianz hervorging, hatte das japanische Unternehmen größere Lernbemühungen gezeigt.« NEC zum

Blickpunkt Lernbeschleunigung **183**

Beispiel konnte dank einer Reihe von Gemeinschaftsvorhaben seine Produkt- und Technologiekompetenzen verbessern und wurde zum weltweit einzigen Unternehmen, das gleichzeitig eine führende Stellung in den Bereichen Telekommunikation, Computer und Halbleiter einnimmt. Die westlichen Unternehmen in der Studie, so schreiben die Autoren, »gingen Allianzen häufig ein, um Investitionen zu vermeiden, und waren weniger an neuen Fähigkeiten interessiert als an einer Reduzierung von Kosten und Risiken, die durch das Betreten neuer Märkte entstehen.«

 Aus Allianzen lernen

> Honda war der erste japanische Autohersteller, der zur Produktion von Autos in Europa eine strategische Allianz mit einem europäischen Unternehmen einging. Der Partner war Rover aus Großbritannien. Rover verfügte über eine lange Tradition in der Herstellung guter Luxuswagen, hatte aber mit schlechter Fertigungsqualität und erbärmlicher Produktivität zu kämpfen (wie fast alle der einst so stolzen britischen Automobilfirmen). Honda stellte ausgezeichnete Kleinwagen her und unterhielt äußerst effiziente Fertigungsbetriebe. Rover benötigte Kapital; Honda suchte einen Zugang zum britischen und europäischen Markt. Daher investierte Honda in Rover und begann mit der Produktion von Kleinautos in Großbritannien.
>
> Diese Ehe führte zu eindrucksvollen strategischen Vorteilen. Honda wollte das explizite und implizite Wissen von Rover über die wirklichen Erwartungen von Luxuswagenkäufern, um dieses Marktsegment zu erschließen. Rover wollte das explizite und implizite Wissen von Honda über effiziente Qualitätsfertigung. Beide Seiten hatten klare Vorstellungen über ihren Wissensbedarf und machten sich gezielt daran, das Benötigte voneinander zu lernen.
>
> Honda lernte sehr gut und entwickelte in Zusammenarbeit mit Rover die Legend-Limousine, die Honda später über einen eigens geschaffenen Absatzkanal in den USA als Acura verkaufte. Damit betrat Honda als erstes japanisches Unternehmen den amerikanischen Luxuswagenmarkt – noch vor dem Lexus von Toyota und dem Infiniti von Nissan, obgleich Honda im Gegensatz zu Toyota und Nissan noch nie zuvor Limousinen produziert hatte.
>
> Auch Rover erreichte sein Lernziel. Die Roveringenieure eigneten sich das Wissen von Honda an und sorgten damit für eine deutliche Steigerung von Qualität und Produktivität.

Wenn das Unternehmen lernt, so trägt dies gleichermaßen zur Zufriedenheit der Aktionäre, Kunden und Mitarbeiter bei.

Die Aktionäre profitieren durch Wertsteigerung, und das sollte genügend Motivation für jeden nüchtern denkenden Vorstand sein. 1990 zum Beispiel bezahlte McCaw Cellular Communications fast 4 Milliarden Dollar für die Übernahme von 42 Prozent der Anteile an Lin Broadcasting. Dieser Betrag lag mehr als das 17fache über dem Buchwert des erworbenen Nettovermögens. Und diese Transaktion war nur die letzte einer Flut ähnlicher Übernahmen. RJR Holding erwarb RJR Nabisco für mehr als 25 Milliarden Dollar, obwohl dessen Buchwert nur bei rund 5 Milliarden lag. Bristol-Myers kaufte Squibb für 12 Milliarden Dollar trotz eines Buchwerts von nur knapp über einer Milliarde. Time Inc. gab fast das Sechsfache des Buchwerts aus, um 50,6 Prozent von Warner Communications zu erwerben. Eastman Kodak erwarb Sterling Drug für mehr als das Vierfache seines Buchwerts. Philip Morris erhielt Kraft für mehr als das Fünffache des Buchwerts. Die Liste ließe sich fortsetzen.

In all diesen Fällen war das übernehmende Unternehmen davon überzeugt, durch den Kauf Zugang zu Wissen über Produkte, Märkte, Distribution, Technologien und Kunden zu bekommen. Wissen nimmt für Großunternehmen inzwischen eine solche Schlüsselstellung ein, daß es häufig viel wertvoller ist als Sachvermögen wie Gebäude, Fabriken, Maschinen, Rohstoffe und Lagerbestand, deren Wert die traditionelle Buchhaltung in der Bilanz ausweist.

Der Marktwert der 200 führenden Unternehmen an der Londoner Börse liegt im Durchschnitt beim Dreifachen des Anlagevermögens. Bei High-Tech-Unternehmen ist es sogar das Zwanzigfache. Das gleiche Bild in den Vereinigten Staaten. Manche wissensintensiven Unternehmen wie etwa Microsoft haben einen Marktwert, der um ein Mehrhundertfaches über dem Buchwert ihres Nettovermögens liegt. Der Markt erkennt den wahren Wert von Unternehmen, auch wenn er aus traditioneller Buchführungsperspektive nicht sichtbar wird.

Sicherlich ist es fast immer einfacher, eine Gewinnsteigerung durch Kostensenkungen zu erreichen als durch ein Umsatzwachstum. Aber die Investoren, die das abschließende Urteil über den Wert eines Unternehmens fällen, wissen sehr genau, daß diese beiden Gewinnformen sehr verschiedene Konsequenzen nach sich ziehen. Eine Untersuchung zu 847 großen Publikumsgesellschaften von Mercer Management Consulting in Boston quantifiziert den Unterschied ganz deutlich. Die Studie stellt fest, daß der Marktwert von Unternehmen, die überdurchschnittliche Gewinnsteigerungen bei unterdurchschnittlichen Umsatzzuwächsen erzielen – die Kostensenkungsspezialisten also –, zwischen 1989 und 1992 im Jahresschnitt um 11,6 Prozent gestiegen ist. Demgegenüber erhöhte sich der Marktwert von Unternehmen mit überdurchschnittlichem Umsatzwachstum jährlich um 23,5 Prozent – um mehr als das Doppelte.

 Der Ast, auf dem man sitzt

»Wer ohne Wachstumspläne umstrukturiert und Personal abbaut, handelt nicht anders als jemand, der Vermögenswerte verbraucht, statt in sie zu investieren.«
Roger Enrico, stellvertretender Vorsitzender von Pepsico, in Fortune (7.März 1994).

Im Gegensatz zu einer Gewinnsteigerung durch Ausgabensenkungen erfordert ein Umsatzwachstum durch Innovation oder geographische Expansion ein erhebliches Ausmaß an Lernfähigkeit im Unternehmen. Die Manager müssen eine Vorstellung davon haben, in welche Richtung der technologische Fortschritt geht, wie Märkte weiterentwickelt werden können, welche Wünsche die Verbraucher haben werden, wohin ihre Branche steuert und wie sie selbst den Anschluß oder auch einen Vorsprung halten können.

Bedauerlicherweise wurden solche Fähigkeiten in der Ära der Umstrukturierungen nicht gefördert. Daher müssen die Manager jetzt lernen, den Wandel in ihren Unternehmen auf eine Weise zu lenken, die deren Fähigkeit zum Lernen, Verbessern und somit auch Wachsen steigert. Andernfalls werden sie die Zukunftsfähigkeit ihrer Unternehmen blockieren.

Wie sich das Lernen im Unternehmen auf die Zufriedenheit der Kunden auswirkt, geht aus den Umsatzsteigerungen und dem Wachstum hervor, die ein Unternehmen nur dann erzielen kann, wenn es seine Wahrnehmung entstehender Kundenbedürfnisse schärft und seine Fähigkeit zur Erfüllung dieser Bedürfnisse verbessert.

Der Nutzen des unternehmensweiten Lernens für die Mitarbeiter liegt darin, daß sie mehr Entfaltungsmöglichkeiten bekommen als in Unternehmen, die nicht lernen und wachsen. Aber selbst dieser psychische Vorteil für Mitarbeiter bringt einen finanziellen Nutzen mit sich. In Kapitel 5 haben wir bereits auf den deutlichen Zusammenhang zwischen hervorragenden Arbeitgebern und anhaltendem Finanzerfolg hingewiesen.

Dieser dreifache positive Einfluß auf die finanziellen Leistungen durch verbessertes unternehmensweites Lernen – höherer Marktwert, ertragreiches Umsatzwachstum durch zufriedene Kunden und größere Kompetenz und Motivation der Mitarbeiter – sollte jedem Unternehmensführer zu denken geben.

Das Lernfeld

Nach unserer Definition ist das Lernen im Unternehmen die Schaffung, Anpassung oder Reproduktion von Wissen durch ein Unternehmen zur Verbesserung seiner Leistungen. Durch die Schaffung von Wissen, durch die Anpassung von Wissen, das im Unternehmen existiert oder von außen einbezogen wird, oder einfach durch die Reproduktion von Wissen ohne Modifizierungen kann ein Unternehmen lernen.

In der Regel sehen Unternehmen das Lernen in einem viel zu engen Rahmen. Das Lernen sollte sich auf viele verschiedene Teile eines Unternehmens und auf viele verschiedene thematische Bereiche erstrecken. Hierfür erscheint es uns zunächst nützlich, die wichtigsten Formen des Lernens im Unternehmen in einer Matrix darzustellen, dem Lernfeld.

Eine Dimension beschreibt, wer lernt. Diese Dimension läßt sich nach unseren Erfahrungen am besten in vier Typen unterteilen: individuelles Lernen, Lernen des Teams, Lernen von größeren Gruppen, die zusammen eine Organisation bilden, und Lernen der Gemeinschaft, das über die Grenzen eines Unternehmens oder eines selbständigen Geschäftsbereichs hinausgeht.

Die Wettbewerbskräfte und die notwendigen Formen der Zusammenarbeit zwischen den Mitgliedern dieser Kategorien sind unterschiedlicher Natur. Ein Team innerhalb eines Geschäftsbereichs zum Beispiel könnte im Zeichen einheitlicher Grundsätze und Anreize auf ein einziges Ziel hinarbeiten, während eine Gruppe, die über die Grenzen von Unternehmen hinweg operiert, unter Umständen Schwierigkeiten hat, unterschiedliche Ziele miteinander in Einklang zu bringen.

Zweifelsohne überschneiden sich die Lernvorgänge in diesen vier Kategorien. Wenn Teams lernen, dann tun dies natürlich auch die einzelnen Mitglieder der Teams (und Teams können auch nicht lernen, wenn die Mitglieder nicht lernen). Aber die Zusammenführung kenntnisreicher Einzelpersonen in einer Gruppe mündet nicht automatisch in gemeinsames Handeln – das kann jeder Abgeordnete bestätigen, der gerade aus einer Parlamentsdebatte kommt. Voraussetzung für ein effektiv funktionierendes Team ist ein gemeinsamer Lernprozeß, der zu einer gemeinsamen Entscheidungslinie führt.

Ein wandlungsfähiges Unternehmen muß also die besonderen Lernbedingungen aller vier Kategorien berücksichtigen. Es darf nicht einfach davon ausgehen, daß große Ausgaben für Ausbildung und Schulung einzelner Mitarbeiter einen effektiven Lernprozeß im gesamten Unternehmen in Gang setzen oder daß es im Gegenteil die Notwendigkeit individueller Entwicklung ignorieren kann. Neben individuellem Lernen müssen das Lernen der Teams und auch team- und unternehmensübergreifende Lernprozesse unterstützt werden.

Die vertikale Dimension umfaßt die Lernbereiche. Ganz unten steht das Lernen im Hinblick auf Verfahren, die man anwenden muß, um etwas richtig zu machen. Ein Großteil des hier erlernten Wissens ist explizit und besteht aus wiederholbaren Einzelschritten. Aber routinierte Arbeiter ergänzen dies, gestützt auf ihre Erfahrung, durch eigene Urteile. Hierbei handelt es sich um implizites Wissen. Computergestützte Expertensysteme zielen darauf, dieses implizite Wissen in größerem Umfang explizit zu machen. Als besonders problematisch hat sich in diesem Zusammenhang jedoch das »Wissens-Engineering« erwiesen, mit dem den Experten ihr implizites Wissen entlockt werden soll.

Auf der nächsten Stufe finden wir das Lernen auf Prozeßebene. Wir gehen vom Einzelverfahren zu einem Bündel von Verfahren über. Je mehr Verfahren miteinander verwoben sind, desto mehr implizites Wissen ist auch im Spiel. Leider haben viele Unternehmen noch immer an dem Vermächtnis der zwanziger Jahre zu tragen, als die Wirtschaftsingenieure glaubten, alles nötige implizite Wissen in explizite Verfahren über-

Das Lernfeld

Der Lernbereich	Wer lernt			
	Einzelner	Team	Unternehmen	Gemeinschaft
Vision				◯
Mentales Modell			◯	◯
Unternehmensprozeß		◯	**B**	**C**
Verfahren		**A**		

tragen zu können, das dann jeder Beliebige ohne weiteres Nachdenken befolgen sollte.

Auch viele Reengineering-Programme der jüngsten Zeit beruhen auf der Annahme, ein Prozeß sei nur eine Ansammlung von Verfahren – eigentlich nichts weiter als ein sehr komplexes Verfahren. Aber dieser Denkansatz unterschätzt die Bedeutung von implizitem Wissen für die Führung eines modernen Unternehmens. Er führt zu einer unzulässigen Simplifizierung der Zusammenhänge.

Auf der nächsten Ebene des Lernfelds treffen wir auf die mentalen Modelle. Hier geht es um ein Lernen im Hinblick darauf, was das Wesen und die Wirkungsweise eines Prozesses ausmacht. Das vorherrschende Modell übt einen starken Einfluß darauf aus, welches Spektrum verschiedener Prozesse und Verfahren angemessen erscheint. Will man einen Prozeß nicht nur umstrukturieren, sondern völlig neu gestalten, beginnt man mit einer Untersuchung des mentalen Modells, das den eigenen Denkweisen zugrunde liegt.

Blickpunkt Lernbeschleunigung

Neue mentale Modelle lassen sich nur schwer erlernen, weil die alten stark in der Psyche verwurzelt sind. Aber die größten Chancen für einen Leistungsdurchbruch liegen im Lernen auf der Ebene mentaler Modelle (die oft auch als Paradigmen bezeichnet werden).

In enger Verbindung zu mentalen Modellen steht der letzte Punkt innerhalb dieser Dimension: die bereits bekannte motivierende Kraft der Vision. Die Motivation für das Aufgeben eingespielter Denkweisen und für Offenheit gegenüber neuen Ansätzen entsteht aus einer Bestrebung, die genausosehr vom Herzen wie vom Verstand ausgeht.

Werfen wir einen kurzen Blick auf ein für einen Unternehmensmanager nicht unbedingt naheliegendes Beispiel. Gesetzt den Fall, man möchte einen Garten anlegen, an dem sich Blinde erfreuen können. Eine dazu passende Vision würde sicherlich einen Garten beinhalten, der weniger durch Schönheit besticht als durch Düfte, plätscherndes Wasser, Vogelgesang, rauschendes Schilf, den Geruch bestimmter Blätter oder das Gefühl von Moos an bloßen Füßen. Um diesen Garten zu genießen, muß man nicht sehen können. Aber um ihn zu entwerfen, braucht man eine Vision.

Neue Visionen und neue mentale Modelle allein führen noch nicht zu verbesserten Leistungen. Dazu müssen sich Visionen und mentale Modelle erst in neuentwickelten Prozessen niederschlagen, und die Prozesse müssen anhand von impliziten oder expliziten Verfahren in die Tat umgesetzt werden. In der Beschäftigung mit dem Management der strategischen Flexibilität, der Veränderungsbereitschaft, der verborgenen Ansatzmöglichkeiten und der operativen Abstimmung haben wir gesehen, wie das Lernen von der Vision in die operative Realisierung fließt.

Manchmal werden Verbesserungen auf einer Ebene blockiert, weil zuerst auf einer höheren Ebene des Lernfelds etwas gelernt werden muß. Das obenstehende Schaubild zum Lernfeld zeigt drei Beispiele dafür.

Beispiel A ist ein Fertigungsteam, das Verfahren zur Qualitätskontrolle entwickelt. In der Praxis kann das Team nur dann geeignete Verfahren erarbeiten, wenn es den Prozeß versteht, in den die Qualitätskontrollverfahren eingefügt werden müssen. Wenn der Fertigungsprozeß hochflexibel sein und ohne prozeßinterne Bestandsaufnahmen auskommen muß, sollte man tunlichst keine Verfahren entwickeln, die vorschreiben, daß einzelne Teile zur Inspektion vom Band genommen und die betreffende Ladung so lange zurückgehalten werden, bis die Teile abgefertigt sind.

Beispiel B ist ein professionelles Dienstleistungsunternehmen, das einen Produktentwicklungsprozeß erarbeitet. Die Gestaltung des Prozesses muß mit dem mentalen Modell übereinstimmen, nach dem die Geschäfte geführt werden. Wenn das Modell selbstverwaltete Divisionen vorsieht, die in erster Linie an ihren Geschäftsergebnissen gemessen werden, dann wird sich ein Produktentwicklungsprozeß, dessen Erfolg vom divisionsübergreifenden Austausch der Ressourcen abhängt, sehr rasch als untauglich erweisen. Das Unternehmen muß entweder ein neues mentales Modell zur Führung seiner Geschäfte erlernen oder seine Produkte in einem anderen Prozeß entwickeln, der zum bestehenden mentalen Modell paßt.

Das dritte und letzte Beispiel C ist ein Netz von Unternehmen der Gesundheitsbranche, die einen übergreifenden Dienstleistungsprozeß entwickeln. Möglicherweise müssen sie zunächst mit einer gemeinsamen Vision zukünftige Kundenvorstellungen über guten Service erfassen. Dies wiederum setzt vielleicht ein Überdenken mentaler Modelle zu Sinn und Zweck ihrer Unternehmen und somit auch zu geeigneten Managementformen voraus.

Innerhalb dieses Lernfeldes stehen eine Reihe nützlicher Instrumente zur Verfügung, die wir uns als nächstes ansehen wollen.

Instrumente für jede Gelegenheit

Bislang haben wir uns mit den Fragen beschäftigt, *wer* lernt und *was* gelernt wird. Die nächste Frage zielt darauf, *wie* gelernt wird. In den vorausgehenden Kapiteln haben wir bereits einige Methoden angesprochen: produktive Gespräche und Szenarien zur Schaffung von Teamvisionen; Aufdeckung heimlicher Spielregeln durch Systemdenken und das MoMaHa-Modell; und Instrumente zur Förderung von operativem Lernen wie etwa die Integrationsmatrix.

Darüber hinaus gibt es auch noch zahlreiche Instrumente im Bereich Business-Reengineering – wie zum Beispiel Process-Mapping und Pro-

Blickpunkt Lernbeschleunigung

zeßeinzelanalyse sowie die Methoden des Total Quality Management, die inzwischen in aller Welt bekannt sind.

Man kann fast überall auf der Welt vor einer Gruppe von Managern ein Ursache-Wirkung-Diagramm zeichnen, ohne erklären zu müssen, worum es dabei geht. Noch vor zehn Jahren war das nicht so. Seit den sechziger Jahren haben japanische Unternehmen ihre Mitarbeiter mit Hilfe dieser einfachen, aber wirkungsvollen Instrumente in einen unternehmensweiten Lernprozeß eingebunden und dadurch ihre Leistungsverbesserungen stark beschleunigt. Darauf hat sich inzwischen auch der Rest der Welt eingestellt.

Von den vielen verfügbaren Instrumenten möchten wir hier drei vorstellen, die besonders nützlich sind für die Entscheidungsfindung von Gruppen, die jedoch alle drei noch weitgehend unbekannt sind: die *Hypothesenleiter*, die *linke Spalte* und das *Abwägen zwischen Verfechten und Nachfragen*.

 Buchtip zu Lerninstrumenten

Eine große Zahl von Lerninstrumenten – auch die drei hier angesprochenen – werden vorgestellt in *The Fifth Discipline Field Book* von Peter Senge, Charlotte Roberts, Richard B. Boss, Bryan J. Smith und Art Kleiner (New York 1994).

Die Hypothesenleiter

Gesetzt den Fall, Sie sind an einer Straßenecke in Frankfurt abgesetzt worden, um Ihren Kollegen Hans Schmidt zu treffen. Sie sehen ihn nirgends, aber dafür steht ein ungepflegter Teenager mit langen Haaren herum. Er muß arbeitslos sein, wenn er um diese Zeit auf der Straße ist. Wahrscheinlich nimmt er Drogen und hält Ausschau nach einem Opfer, das er ausrauben kann. Sie sehen, wie er Sie mustert und plötzlich auf Sie zugeht, den grausamen Blick unverwandt auf Sie gerichtet.

Sie fahren innerlich zusammen, als er zu sprechen beginnt. »Bitte entschuldigen Sie«, sagt er mit ausgesuchter Höflichkeit. »Warten Sie vielleicht auf Hans Schmidt?«

Sie nicken stumm.

»Wunderbar! Ich bin sein Sohn. Er ist leider aufgehalten worden und wußte nicht, wie er sich mit Ihnen in Verbindung setzen sollte. Also hat er mich gebeten, ihn zu entschuldigen.«

Die Hypothesenleiter

Sie sind gerade eine Hypothesenleiter hinaufgeklettert – und sofort wieder hinuntergerutscht. Die Leiter veranschaulicht einen automatischen unbewußten Prozeß, der in der Interaktion mit anderen stattfindet. Dies sind die logischen Sprünge, die wir in unserem Denken vollziehen, ohne es bewußt wahrzunehmen.

Wir klettern die einzelnen Sprossen sehr schnell hinauf. Das menschliche Gehirn besitzt die außerordentliche Fähigkeit, das wahrscheinlich Wichtige auszuwählen und den Rest auszublenden. Nur dank dieses Ausblendmechanismus vermeiden wir alle eine Informationsüberlastung. Und sobald das Gehirn die wichtigen Faktoren auswählt, fügt es Bedeutung hinzu und zieht Schlüsse. Der gesamte Vorgang wird stark beeinflußt von unseren Überzeugungen, Annahmen, persönlichen Werten und mentalen Modellen. Der Denkprozeß läuft mühelos, schnell und routinemäßig ab. Aber dabei besteht eine Gefahr, wie wir gesehen haben: Unsere Schlußfolgerungen erscheinen uns so selbstverständlich, daß wir nur selten über die logischen Sprünge nachdenken, mit deren Hilfe wir zu unserer Hypothese gelangt sind. Und das kann eben auch bedeuten, daß wir völlig falsche Schlüsse ziehen.

Aber nicht nur Sie können ohne große Überlegung eine Hypothesenleiter hinaufklettern, sondern auch Ihre Kollegen. Und wenn sie von anderen mentalen Modellen ausgehen, kommen sie vielleicht auch zu anderen Schlüssen. Und weil sie ihre Folgerungen für selbstverständlich halten, sehen auch sie keinen Grund, ihrer Logik nachzuspüren.

Mit welchem Ergebnis? Bei Meinungsverschiedenheiten werfen sich die Leute von der Spitze ihrer jeweiligen Leitern Schlußfolgerungen an den Kopf. Und wenn es dann in einer Konferenz zu brodeln anfängt, sollten die Beteiligten vielleicht daran denken, daß alle Hypothesen anfällig für Irrtümer sind.

Am besten fährt man nach unseren Erfahrungen, wenn man die Hypothesenleiter auf folgende Weise benutzt:

- Erstens sollte man die logischen Sprünge beim Ersteigen der Leiter bewußter wahrnehmen.
- Zweitens sollte man diese Logik in einer Konferenz offener ansprechen und die Schlußfolgerungen mitteilen, die zu einer bestimmten Hypothese geführt haben.
- Drittens sollte man die anderen fragen, was sie zu einer bestimmten Hypothese geführt hat.

Wenn alle Anwesenden das Konzept der Hypothesenleiter kennen, kann man durch die Frage nach den logischen Hintergründen eines Arguments eine nützliche Denkpause herbeiführen. Mit der Leiter läßt sich nun der Weg zu den ursprünglichen Daten zurückverfolgen, aus denen die Hypothese hervorgegangen ist.

Dabei muß man nicht ausdrücklich erwähnen, daß man die Hypothesenleiter anwendet. Es reicht, wenn man sie als Modell zur Überprüfung von Annahmen verwendet. (Wir haben aber auch schon an einer Konferenz teilgenommen, in der jemand mit einer sehr direkten Frage für kurze Zeit die gesamte Diskussion verstummen ließ, nämlich: »Welche Hypothesenleiter sind Sie gerade hinaufgerast?«)

Die linke Spalte

Mit dieser Übung kommt man den eigenen impliziten Annahmen näher, von denen man zum Beispiel bei einem frustrierenden Gespräch ausgegangen ist. Auf diese Weise kann man diese impliziten Annahmen bei Folgegesprächen besser mitteilen. Die Übung kann jedoch auch zur Vorbereitung auf eine voraussichtlich frustrierende Konferenz dienen.

Es handelt sich um eine ganz einfache Technik.

Man unterteilt ein Blatt Papier oder den Bildschirm in zwei Spalten. Über die linke Spalte schreibt man: »Was ich gedacht habe« und über die rechte: »Was tatsächlich gesprochen wurde«. Dann schreibt man in der rechten Spalte das Gespräch nieder, so wie man sich daran erinnert (oder wie man es sich vorstellt) – wie eine Art Drehbuch.

Nun kehrt man wieder zum Anfang der linken Spalte zurück und notiert, was man gedacht, aber nicht gesagt hat. Das ist alles.

Diese Übung ist erstaunlich wirkungsvoll. Die bloße Niederschrift des Ungesagten in der linken Spalte kann Aspekte des eigenen Denkens erhellen, derer man sich überhaupt nicht bewußt war. Das eingehende Studium des Gesprächs samt gedanklichen Ergänzungen kann für die Vorbereitung auf Folgetreffen von großem Nutzen sein.

Aber Vorsicht: Manche Dinge sind vermutlich aus gutem Grund nicht ausgesprochen worden, und es wäre unter Umständen grundverkehrt, sie im Folgegespräch zu erwähnen. Wenn wir mühsam die eigene Gemütsverfassung erkundet haben, kann es sehr verlockend wirken, anderen mitzuteilen, was uns an ihnen ganz besonders stört. Dann dürfen wir uns aber auch nicht wundern, wenn die Betreffenden ungehalten reagieren und jegliche Lernchance damit vertan ist.

Dies trifft um so mehr für eine Gruppe zu, die die Übung mit der linken Spalte durchführt und dann öffentlich über eines ihrer Mitglieder herfällt. Es ist also ganz offensichtlich eine Frage des Stils und der Sensibilität. Ein Austausch über den Inhalt einer linken Spalte kann zu einer ungeheuer konstruktiven Lernerfahrung führen. Aber man kann damit auch sehr viel Porzellan zerschlagen.

Es spricht mit Sicherheit für eine fortschrittliche Kultur des unternehmensweiten Lernens, wenn ein Austausch über eine solche Übung möglich ist. Aber auch als persönliche Lernmethode, deren Ergebnis niemandem mitgeteilt wird, lohnt es sich, die linke Spalte auszufüllen.

Abwägen zwischen Verfechten und Nachfragen

Die Darlegung der eigenen Argumentation und den anschließenden Aufruf zur Kritik bezeichnen wir als *Abwägen zwischen Verfechten und Nachfragen*. Im Kontext unserer Ausführungen zur strategischen Flexibilität haben wir bereits darauf hingewiesen, daß westliche Manager dazu erzogen werden, ihre Meinung zu äußern, die für sie interessanten Daten und Fakten zu diskutieren und ihre Bedürfnisse kundzutun. Das heißt, sie *verfechten* ihre Belange. Demgegenüber ist es viel ungewöhnlicher *nachzufragen*: die mentalen Modelle anderer wirklich zu ergründen, um ihre Argumentationsweise zu verstehen, Fragen zu stellen, auf Klärung zu dringen, nach Informationen zu suchen, Verallgemeinerungen oder Schlußfolgerungen zu prüfen, auch wenn sie von anderen geäußert werden.

Weder hartgesottenes Verfechten noch weichherziges Nachfragen sind der ideale Stil für Gespräche mit Kollegen. Wie immer müssen wir einen Mittelweg beschreiten.

Beide Stile haben ihre Berechtigung. Die Fähigkeiten im Verfechten eigener Positionen lassen sich verbessern, wenn man ihr Zustandekommen auf einer Hypothesenleiter deutlich macht und dann das Ergebnis überprüft: *X* erscheint mir höchst relevant. Ich gehe von *Y* aus und komme daher zu der Hypothese *Z*. Ergibt das einen Sinn?

Nachfragen ist im Grunde das Spiegelbild des Verfechtens. Man bittet andere, ihre Hypothesenleitern zu erläutern und mißt ihre Annahmen an den eigenen. Dies allein reicht oft schon zur Lösung von Streitfragen aus. Wenn sich an dem frustrierenden Charakter des Gesprächs nichts ändert, kann man immer noch auf die »linke Spalte« zurückgreifen, um eigene Bedenken zu klären.

Instrumente wie diese verbessern die Lernfähigkeit. Lernen führt zu Wissen, das einzelne und Organisationen im Sinne erwünschter Resultate anwenden können. Im folgenden möchten wir also auf die Frage eingehen, wie das Lernen zur Schaffung und Anwendung von Wissen führt.

Wurzeln des Lernens

Es gibt zwei Grundtypen von Wissen: implizites und explizites Wissen. Ausgehend von dieser Voraussetzung können wir verstehen, wie Wissen zur Verbesserung der Leistungen geschaffen, angepaßt oder reproduziert werden kann – das heißt, die Lernprozesse eines Unternehmens.

Kehren wir noch einmal zur Gartenmetapher zurück. In einem Buch über Gartenarbeit finden wir sehr viel explizites Wissen. Was geschieht nun, wenn es von jemandem gelesen wird?

Das kommt darauf an. Ein Leser, der zum Beispiel etwas über die Funktionsweise des Stickstoffkreislaufes oder den lateinischen Namen einer Blume lernt, reproduziert damit das explizite Wissen des Buches. Es findet also ein Transfer von explizitem Wissen statt, der den ersten Lernprozeß darstellt. Der normale Mechanismus für den expliziten Wissenstransfer ist das Lehren oder Unterrichten.

Wer liest, wie man einen Ableger eintopft, und dann mit echten Töpfen, Kompost und Ablegern übt, kann das explizite Wissen rasch internalisieren und eine implizite Fähigkeit entwickeln. In diesem Fall liegt eine Wissensanpassung oder -umwandlung von explizit zu implizit vor – der zweite Lernprozeß. Unter diesen Voraussetzungen fungiert das Buch als Ausbildungsleitfaden.

Manche Gartenarbeiten wie die Anlage eines Gartens lassen sich schwer explizit machen und bleiben in der Regel implizites Wissen. Diese Art von Wissen läßt sich am besten übertragen, wenn man einen erfahrenen Gärtner als Betreuer gewinnt. Dieser implizite Wissensaustausch ist eine andere Form der Reproduktion, nur diesmal in der impliziten Dimension. Dies ist der dritte Lernprozeß.

Wie werden Bücher über Gartenarbeit geschrieben? Der vierte Lernprozeß ist die Wissensanpassung von implizit zu explizit, die einen wichtigen Schritt darstellt, wenn das implizite Wissen des Gärtners nicht in seinem Kopf eingeschlossen bleiben oder nur einer kleinen Zahl von Freunden und Kollegen vorbehalten sein soll. Die Kodifizierung von implizitem Wissen wird durch seine Systematisierung erreicht.

Diese vier Lernprozesse – explizit zu explizit, explizit zu implizit, implizit zu implizit und implizit zu explizit – stellen die vier Grundformen des reproduzierenden und anpassenden Lernens dar.

Blickpunkt Lernbeschleunigung

Die vier Lernprozesse der Reproduktion und Anpassung

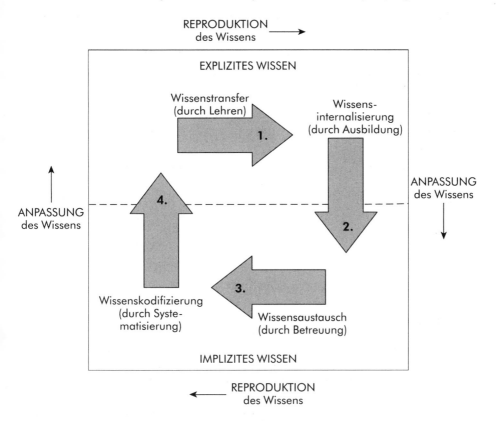

📖 *Buchtip zum impliziten und expliziten Wissen*

Eine Variante dieser Thematik findet sich in *Die Organisation des Wissens* von Ikujiro Nonaka und Hirotaka Takeuchi (Frankfurt/New York 1997).

Zunächst haben wir also den expliziten Wissenstransfer wie im Falle eines Lesers, der ein Buch voller expliziter Kenntnisse verarbeitet. Mit den Prozessen für den Austausch expliziten Wissens beginnen die meisten Firmen ihre Bemühungen, zu lernenden Unternehmen zu werden. Aber viele sind damit auch schon am Ende ihrer Bemühungen.

Der Austausch von explizitem Wissen ist der Zweck von Büchern, Mikrofiches, Datenbanken, CD-ROMs und anderen Informationssystemen, über die Angehörige eines Unternehmens Zugang zu Wissen erhalten. In der Regel ist Wissen die Domäne des Experten für Informationstechnologie und des Bibliothekars.

Die Verfügbarkeit von Informationen auf Abruf für alle, die sie vielleicht benötigen, stellt sicher einen hohen Wert dar. Sie erlaubt eine schnellere und effektivere Lösung von Problemen und verbessert zudem auch die Gesamteffizienz des Unternehmens, weil die Mitarbeiter weniger Zeit für die Neuschaffung von Wissen aufwenden, das bereits im Unternehmen existiert.

Aber der Transfer von explizitem Wissen sollte sich nicht in der Verfügbarkeit von Wissen erschöpfen. Solch ein Transfer bringt überhaupt nichts, wenn er der alten Beschreibung des Dozierens entspricht: »Ein Prozeß, durch den Ideen aus den Notizen des Dozenten in die Notizen der Studenten gelangen, ohne dabei in den Verstand der Beteiligten zu gelangen.«

 *Leerstunde*

Bei einem unserer Klienten stellte ein Ausbilder für Sicherheitsmaßnahmen fest, daß sich der Termin für einen seiner einstündigen Vorträge mit einer Dringlichkeitskonferenz des Managements überschnitt, an der er teilnehmen mußte. Also schilderte er seinem Sicherheitskurs das Problem und seine Lösung: Er hatte seinen Vortrag auf Band aufgezeichnet, so daß ihn sich die Kursbesucher anhören konnten, während er an der Managementsitzung teilnahm. Er versprach, zum Ende des Bandes wiederzukommen, um Fragen zu beantworten. Dann drückte er auf »Play« und eilte zur Tür hinaus.

Fünfundfünfzig Minuten später kam er atemlos zurück in den Kursraum. Der war völlig leer, aber auf den Tischen standen kleine Diktiergeräte, die jedes Wort aufnahmen.

Zweitens kann der Leser eines Buches das darin enthaltene explizite Wissen schnell internalisieren und eine implizite Fähigkeit entwickeln. In diesem Fall findet eine Anpassung oder Umwandlung von explizitem zu implizitem Wissen statt. Die Internalisierung von explizitem Wissen zu implizitem Wissen – der zweite Lernprozeß – ist das wesentliche Element der praxisorientierten Ausbildung von Einzelpersonen, Teams und Organisationen. Wer schon einmal versucht hat, sich durch Lesen eines Handbuchs mit der Bedienung eines Computers vertraut zu machen, ohne diesen vor sich zu haben, der weiß, daß diese abstrakte Wissensaneignung nicht funktioniert. Der Handlungsbedarf löst unter Umständen ein Lerninteresse aus, aber erst im Prozeß der Anwendung kommt es zur Internalisierung des Wissens. Aus diesem Grund kann man mit rechtzeitiger und aufgabenbezogener Ausbildung (wie sie in Kapitel 2 besprochen wurde) so viel erreichen.

Drittens lassen sich einige Fähigkeiten – wie etwa die eines Dichters oder Torhüters – nur schwer explizit machen und bleiben meist im impliziten Bereich. Solches Wissen läßt sich am besten mit Hilfe eines erfahrenen Betreuers weitergeben. Dieser Austausch von Wissen ähnelt in gewisser Weise der Veröffentlichung eines Buches, spielt sich jedoch in der impliziten Dimension ab.

Ein Austausch von implizitem Wissen findet statt, wenn Menschen miteinander arbeiten und denken. Lehrlinge erlernen schon seit jeher auf diese Weise ihr Handwerk von den Meistern ihres Fachs. Dies ist auch der Grund dafür, daß viele Unternehmen soziale Kontakte durch Praxistreffen, Feste und dergleichen für ungemein wichtig halten.

 Ein implizites Verständnis entwickeln

Zwei Fachunternehmen erkannten nach ihrem Zusammenschluß die Notwendigkeit, ihr Wissen zu kombinieren. Dabei stellten sie nach kurzer Zeit fest, daß sie einander viel mehr zu bieten hatten als die in dokumentierter Form verfügbaren Informationen.

Die einzige Möglichkeit zur Vermittlung des impliziten Wissens sahen sie in gemeinsamen Erfahrungen. Daher wählten sie mehrere Projekte aus, an denen Mitarbeiter beider Unternehmen beteiligt wurden. Diese waren gehalten, ihre Lernerfahrungen zu reflektieren. Nahezu einhellig berichteten sie innerhalb kürzester Zeit über ein beträchtliches Lernpensum. Beide Firmen entdeckten wertvolles explizites Wissen, über das das andere Unternehmen verfügte, ohne zu erkennen, daß es für die neuen Kollegen von Interesse war. Weil keines der beiden Unternehmen den kollektiven Wissensstand des anderen kannte, wußte man auch nicht, welche Lücken die eigene Belegschaft auf der anderen Seite schließen konnte.

Die einzelnen Teammitglieder erhielten auch immer wieder Aufschluß über die mentalen Modelle des anderen Unternehmens. Erst durch die Beobachtung der Konzepte in der Praxis wußten die Mitarbeiter ihren Wert und ihre Funktionsweise zu schätzen. Und über den Prozeß gemeinsamer Reflexion konnten beide Firmen zum erstenmal ihr Wissen und ihre Kompetenzen explizit machen.

Viertens vollzieht sich eine Anpassung von implizitem zu explizitem Wissen über die *Systematisierung* dieses Wissens. Oft geschieht dies durch eine allgemein verständliche schriftliche Fixierung, wie zum Beispiel bei Software, die Rohdaten in graphischer Form darstellt.

Diese vier Lernprozesse sind jedoch nicht die einzigen Lerntypen. Darüber hinaus gibt es auch noch zwei umfassende Lernprozesse, mit deren Hilfe Wissen geschaffen wird: *Verfeinerung* und *Innovation*. Beide spielen sich im impliziten Bereich ab, aber oft unter Einbeziehung von explizitem Wissen.

Verfeinerung ergibt sich aus der häufigen Durchführung einer Aufgabe: Tastaturfertigkeiten, Fertigungseffizienz, produktive Gesprächsführung. Das Ziel steht fest, und der Ansatz wird verbessert. Im Gegensatz dazu stellt eine Innovation einen Durchbruch zu neuem Wissen dar. Hier ist das noch unbekannte Ziel nur in einem allgemeinen Konzeptrahmen vorgegeben.

Wir wollen uns beide Formen näher ansehen.

Neues Wissen erzeugen

Es gibt zwei Formen der Wissensschaffung: *Verfeinerung* und *Innovation*. Die Absicht der Verfeinerung entspricht der Stoßrichtung vieler Qualitätsinitiativen. Man ermittelt die Bedürfnisse der Interessengruppen, mißt sie, analysiert, wie man ihnen am besten gerecht werden kann, und installiert schließlich einen entsprechenden Prozeß. Dies ist im Grunde das Wesen des Deming-Zyklus – planen, tun, überprüfen, handeln –, mit dem im Total Quality Management die Leistungsverbesserung strukturiert wird. Verfeinerung zielt auf interne Effizienz und aufeinanderfolgende Verbesserungen in Form einer Feedbackschleife.

Ein Durchbruch oder eine Innovation richtet sich dagegen auf ein Resultat, das am Anfang nicht bekannt ist: ein Neuproduktkonzept, die

Erschließung von technologischem Neuland, eine innovative Strategie. Man kann die Voraussetzungen für Innovation schaffen, aber die erwarteten Resultate lassen sich eigentlich nicht genauer fassen als in einer Art abstraktem Wunschdenken.

Wenn man dennoch im Vorfeld bereits Festlegungen macht, ignoriert man sehr wahrscheinlich die eine oder andere Idee, die für diese Definition irrelevant erscheint, und vermindert damit die Chancen, auf etwas wirklich Neues zu stoßen.

Zweifellos ist der Innovationsprozeß meistens viel unordentlicher und unstrukturierter als die anderen Lernprozesse. Die Logik in diesem Prozeß, so meinen Innovationsspezialisten, mache die reinsten Bocksprünge.

 60 000 Produkte in einem Unternehmen

3M ist ein außerordentliches Unternehmen mit rund 60 000 Produkten, die in der einen oder anderen Form eine Beschichtungstechnologie erfordern. Die Produktpalette reicht von Videobändern über Dachpappe, Klebebänder und Sandpapier bis hin zu den berühmten Post-it-Notes. 3M ist das wohl innovativste Großunternehmen der Welt: 30 Prozent seines Umsatzes werden durch Produkte erzielt, die weniger als vier Jahre alt sind. Und schon bald werden 10 Prozent auf Produkte zurückgehen, die noch kein Jahr alt sind.

Die meisten F&E-Mitarbeiter von 3M verbringen 15 Prozent ihrer Zeit mit Forschungs- oder Entwicklungsarbeiten ihrer Wahl. Das Unternehmen steht im Zeichen einer starken gemeinsamen Vision der Innovation; so gut wie jeder möchte die nächsten Post-it-Notes erfinden.

Unter solchen Voraussetzungen kann eine F&E-Strategie von eher mäßigem Nutzen sein. Einerseits gibt sie der Forschung und Entwicklung eine klare Linie vor. Andererseits ermuntert sie die Mitarbeiter, nur in Bereichen zu forschen – und Finanzierungsmittel zu erwarten –, die als attraktiv erkannt und ausgewählt worden sind. Aber was passiert, wenn der nächste große Durchbruch in einem völlig unvermuteten Bereich wartet?

Ein Beispiel für den Innovationsprozeß in der Praxis

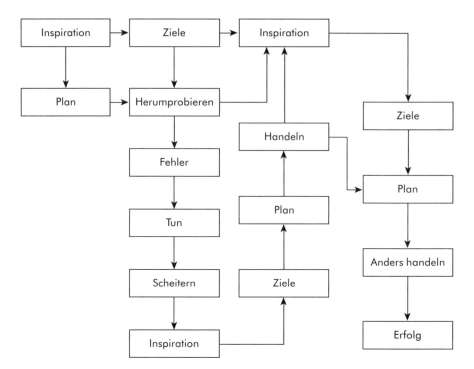

Obwohl sich Verfeinerung und Innovation in verschiedenen Zusammenhängen der Wissensschaffung bewegen, treten beide doch oft zusammen auf.

Wir sollten uns also nicht zu der Schlußfolgerung verleiten lassen, daß ein Problem mit feststehenden Zielen nur durch Verfeinerung gelöst werden kann oder daß ein kreatives Problem wie die Revolutionierung einer Produktgestaltung nur mittels Innovation zu bewältigen ist.

In der Praxis folgen auf innovative Geistesblitze häufig lange Phasen der schrittweisen Verbesserung. Die Mitarbeiter von Forschungslabors wissen, daß die Tage, an denen sie »Heureka!« rufen, viel seltener sind als die Tage, an denen sie an einer Verbesserung ihrer Forschungsmethoden arbeiten.

Blickpunkt Lernbeschleunigung **203**

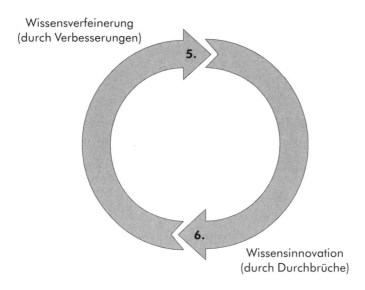

Am Rande des Chaos

In den sechziger Jahren stellte der Anthropologe Desmond Morris fest, daß Menschen ein immerwährendes Bedürfnis nach Experimenten und Ordnung haben. Dies gilt auch für Organisationen und Unternehmen.

Sie können nicht überleben, ohne sich einerseits durch Veränderungen an wechselnde Umweltbedingungen anzupassen und andererseits die Stabilität zu erreichen, die sie zur Ausschöpfung dieser Veränderungen benötigen. Daher muß in der Stabilität einer Organisation immer der Kern für Veränderungen und in den Veränderungen immer der Kern für Stabilität liegen.

Das Wort *Management* wird häufig mit Sicherheit und Kontrolle in Verbindung gebracht. Viele Menschen glauben, daß wirklich gute Manager ihre Ziele zuverlässig einhalten: Sie haben die Dinge »im Griff«, wissen, was auf sie zukommt, und lassen sich nur selten überraschen. Um diese Erwartungen (die sie selbst nicht selten teilen) zu erfüllen, führen Manager verschiedene Strukturen wie Standardverfahren oder organisatorische Einschränkungen ein, damit Abweichungen und Überraschungen in überschaubaren Grenzen bleiben. Die Starre dieser Strukturen kann allerdings dazu führen, daß das Unternehmen unbeweglich wird und den Anschluß an die Veränderungen im Umfeld nicht halten kann. Das ist dann natürlich ein wenig peinlich für die Kontrollfanatiker.

Wenn es jedoch überhaupt keine organisatorische Kontrolle gäbe, könnte man im eigentlichen Sinne auch nicht von einer Organisation sprechen. Dem Unternehmen würde die Identität fehlen.

Die meisten geläufigen mentalen Modelle begreifen nicht, wie diese scheinbar so gegensätzlichen Eigenschaften in ein und demselben System existieren können: mechanistische Effizienz und organische Fülle, logische Ableitung und induktive Entdeckung, Standardisierung und Vielfalt. Und entsprechend schwer tun sich auch die Manager mit der Vorstellung, ihr Unternehmen auf dem schmalen Grat zwischen restriktiver Ordnung und dysfunktionalem Chaos zu lenken.

Die Ursachen dafür liegen in der Vergangenheit. Seit Isaac Newton hat die Naturwissenschaft ein Weltbild der Regelmäßigkeit und Ordnung gezeichnet: Alle Dinge sind die Summe ihrer Teile; Ursachen und Wirkungen sind linear miteinander verknüpft; Systeme bewegen sich auf deterministische und berechenbare Weise. Die gleichen Prinzipien liegen den vorherrschenden Managementansätzen zugrunde. Das Unternehmen wird in Teile aufgegliedert, und diese werden jeweils verbessert; Probleme werden analysiert und logische Lösungen entwickelt; es wird präzise geplant und möglichst viel kontrolliert. Und diese Prinzipien funktionieren auch bestens, wenn ein System weitestgehend unabhängig ist, wenn die Resultate festgelegt werden können und wenn das Hauptziel in der Bewahrung von Stabilität liegt.

Aber genausowenig wie diese Prinzipien auf den Prozeß der Innovation anwendbar sind, genausowenig eignen sie sich für das Management von Unternehmen in einer sich rasch verändernden Welt, in der die Unternehmen immer stärker mit ihrem Umfeld vernetzt sind und einen unaufhörlichen Wandel bis hin zur völligen Neugestaltung durchlaufen.

Inzwischen richtet die Naturwissenschaft ihre Aufmerksamkeit verstärkt auf Systeme, die in einem konkurrenzbetonten Umfeld lernen, sich verändern und überleben. Dabei stellt sie fest, daß diese biologischen, ökologischen und immunologischen Systeme nicht nach den für mechanistische Systeme gültigen Newtonschen Gesetzmäßigkeiten funktionieren.

Wie Organismen, die aus sich selbst heraus lernen und sich verändern, müssen Unternehmen einen Mittelweg zwischen Chaos und Stagnation finden, um kreativ und innovationsfähig zu bleiben. Sie müssen am Rande des Chaos tätig sein, wo sich die größten Innovationschancen ergeben, ohne dabei jedoch die für die Erledigung alltäglicher Aufgaben erforderliche Ordnung preiszugeben.

Aber wie kann man geeignete Voraussetzungen zur Förderung eines Gleichgewichts zwischen organischem Chaos und mechanistischer Stagnation schaffen? Dieser Frage wenden wir uns als nächstes zu.

 Den neuralgischen Punkt finden

> MCI kultiviert den Flirt mit dem Chaos. Der Gründer des Unternehmens hat den kontinuierlichen Wandel institutionalisiert und jedem, der Betriebsstandards festlegen möchte, Konsequenzen angedroht. Jetzt entwickelt sich MCI zurück, um eine Struktur zur Erfassung des Gelernten zu schaffen.
>
> Eine kleine Gruppe von fünfzig bis sechzig der insgesamt 37 000 Mitarbeiter trifft sich vierteljährlich zu Gesprächen über Lernen und Veränderungen. Dabei bauen sie auf ein Modell des Prozeßmanagements, das so unscharf ist, daß man es schon fast als Nicht-Modell bezeichnen könnte. »Den neuralgischen Punkt finden und beheben«, so lautet der einfache Arbeitsgrundsatz von MCI – absolut angemessen für das schwindelerregende Veränderungstempo der Branche.

Einen Mittelweg kultivieren

Die Manager stehen nicht allein vor dem anscheinend fundamentalen Problem, zwei gegensätzliche Perspektiven zum Lauf der Dinge miteinander zu versöhnen.

Auch die Naturwissenschaftler ringen mit dieser Frage. Oft beschäftigen sie sich in ihrer Arbeit mit den Grundlagen, und es ist die Aufgabe der Geschäftsleute und Manager, die Ergebnisse der Wissenschaft in praktische Anwendungsformen umzusetzen.

Die Wissenschaftler am Santa Fe Institute in New Mexico haben einige interessante Entdeckungen gemacht. Chris Langton zum Beispiel hat herausgefunden, daß man durch Experimente geeignete Parameter ermitteln muß, um Systeme auf dem Grat zwischen Chaos und Stagnation zu halten, wo sie kontinuierlich lernen und sich erneuern. Wenn die Parameter zu sehr in eine Richtung abgleiten, erstarrt das System. Wenn sie sich zu sehr in die andere bewegen, zerfällt es.

 Buchtip zur Komplexitätstheorie

Eine faszinierende Beschreibung von Langtons Entdeckung befindet sich in M. Mitchell Waldrops *Inseln im Chaos: die Erforschung komplexer Systeme* (Reinbek 1993).

Für Unternehmen liegt der Mittelweg auf dem Grat zwischen Stagnation und Chaos – und genau dort können Unternehmen schnell lernen.

Nehmen wir ein Margaritaglas – ein Glas, dessen Kelch unten eine enge und oben eine weite Bauchung hat. Wir legen einige Murmeln hinein und lassen sie im Glas kreisen. Wenn die Murmeln in die enge Bauchung geraten, sind sie nur schwer zu bewegen. Doch wenn sie sich in der weiten Bauchung befinden, können sie sich frei bewegen. Gelangen sie aber über den Rand des Glases hinaus, dann sind sie nicht mehr zu kontrollieren und fliegen davon.

Ein Unternehmen mit zu strengen Kontrollen ähnelt der unteren Bauchung. Ein Unternehmen, das genügend Experimente zuläßt und eine ausreichende Kontrolle ausübt, ist wie die obere Bauchung des Margaritaglases – offen und zugleich begrenzt. Es steht in der Mitte, auf dem Grat zwischen Stagnation und Chaos.

Vier Voraussetzungen für beschleunigtes Lernen im Unternehmen

Was hält die Mitarbeiter in der Mitte des Glases auf dem Grat zwischen Stagnation und Chaos zusammen? Aus den Erfahrungen von Unterneh-

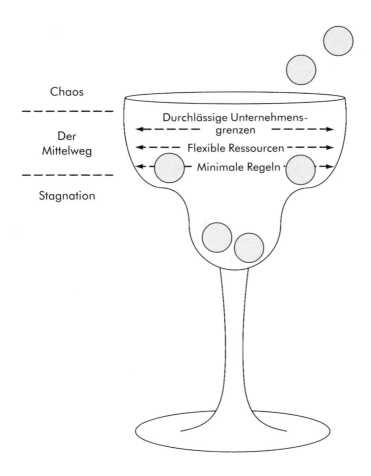

men, die durch Lernen und Weiterentwicklung anhaltende Erfolge verbucht haben, und aus Beobachtungen bei Unternehmen, die neue Managementformen eingeführt haben, lassen sich nach unseren Erkenntnissen vier vorrangige Bedingungen ableiten, die zu erfüllen sind:

- kreative Spannung zwischen gemeinsamer Vision und anerkannter Realität,
- durchlässige Unternehmensgrenzen,
- flexible Ressourcenarchitektur,
- minimale Regeln.

Mit Ausnahme der ersten lassen sich diese Bedingungen für beschleunigtes Lernen allesamt als Konzept auf verschiedenartigste Organisationen anwenden: andere biologische Gattungen, sogar Computerprogramme. Aber die erste Voraussetzung – die bewußte Vision eines besseren Zustands – gilt unseres Wissens nur für Menschen.

Manager stehen vor der strategischen und operativen Aufgabe, die richtige Architektur für ihr Unternehmen zu finden. Im strategischen Bereich müssen sie ermitteln, wie viele »Experimente« und Innovationen sie für den Erfolg in ihrem Geschäft benötigen und wie sie dennoch eine effiziente Ausnutzung der Ressourcen erreichen. Dies hängt natürlich von der jeweiligen Branche ab. Im operativen Bereich müssen sie dafür Sorge tragen, daß die drei Dimensionen aufeinander und im Hinblick auf die erwünschte Wirkung abgestimmt sind. Beispielsweise bringen minimale Regeln und Experimentierfreiheit herzlich wenig, wenn aufgrund starrer Ressourcen kein Experimentieren und keine Veränderungen möglich sind.

Die Bedeutung der Schaffung einer starken gemeinsamen Vision und der magnetischen Anziehungskraft kreativer Spannung haben wir in den ersten beiden Kapiteln bereits ausführlich dargelegt. In den folgenden Abschnitten möchten wir daher die anderen drei strukturellen Grundpfeiler vorstellen, die alle Formen von Lernprozessen in Unternehmen fördern und ermöglichen.

Niedrige Zäune

Die Förderung durchlässiger Grenzen in einem Unternehmen und selbst die Förderung der Zusammenarbeit zwischen Angehörigen verschiedener Unternehmen führt zu zwei hauptsächlichen Vorteilen.

Zum einen kann Wissen, und vor allem implizites Wissen, auf diese Weise durch das gesamte Unternehmen wandern. Zum anderen kommen Mitarbeiter mit verschiedenen Perspektiven zusammen und haben im Rahmen dieser Zusammenarbeit viel bessere Möglichkeiten, neue Kenntnisse zu erwerben und auszutauschen sowie Wissen zu schaffen. Diese Art der »Grenzenlosigkeit« war das Rezept von General Electric für die Umsetzung der Strategie, in allen Bereichen seiner Geschäftstätigkeit zur Nummer eins oder zwei zu werden.

 *Durchlässige Grenzen*

General Mills betreibt Fabriken, die auf die Anwesenheit von Managern und Linienvorgesetzten verzichten und in denen die Mitarbeiter in selbstgeleiteten Teams tätig sind. In einer solchen Fabrik wechseln die Mitarbeiter regelmäßig zwischen fünf Aufgaben und treffen Entscheidungen im Hinblick auf die Produktion gemeinsam.

Bei J.P. Morgan werden die Angestellten unmittelbar nach ihrer Ausbildung in Arbeitsgruppen eingeteilt. Sie sind ab sofort für ihren Bereich verantwortlich und haben die Freiheit, jeden im Unternehmen bei Problemen um Hilfe zu bitten.

Grenzen müssen flexibler sein als die normalen Mauern zwischen Fachabteilungen, Geschäftsbereichen und anderen Divisionen des Unternehmens. Sie sollten jedoch auch nicht so nebulös sein, daß die Mitarbeiter kein richtiges Gefühl mehr dafür haben, im Rahmen welcher Gruppe vor allem sie einen Beitrag zu den Unternehmenszielen leisten können.

In vielen Unternehmen ist die Jobrotation zwischen Funktionen, Regionen und Teams institutionalisiert worden, um einen Wissensaustausch trotz relativ fester Grenzen zu ermöglichen. Dies ist sicherlich nützlich, aber aus zwei Gründen nicht ausreichend.

Erstens findet das Wissen nur sehr langsam Verbreitung und kann deshalb schon veraltet sein, wenn es in andere Teile des Unternehmens gelangt. Und zweitens kann eine häufige Jobrotation selbst zu systemischen Problemen für das Unternehmen führen, insbesondere zu einer chronisch kurzfristigen Orientierung.

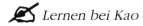 *Lernen bei Kao*

Kao, der führende japanische Hersteller von Kosmetik und Toilettenartikeln, öffnet viele Kanäle zur Verbesserung der Kommunikation und Kooperation zwischen F&E-Mitarbeitern verschiedener Divisionen. Das bereits erwähnte Buch *Die Organisation des Wissens* von Nonaka und Takeuchi beschreibt diesen vielfältigen Ansatz der Kommunikationsförderung bei Kao.

Erstens hat Kao im gesamten Unternehmen Computersysteme eingerichtet, über die jeder Mitarbeiter des Unternehmens unabhängig von seiner Position oder seiner Abteilungszugehörigkeit »freien Zugang zu Informationen« aller Datenbanken hat.

Zweitens sind alle Divisionen und Funktionsgruppen in großen offenen Räumen untergebracht. In Labors zum Beispiel haben die Forscher keine eigenen Schreibtische, sondern teilen sich große Tische mit anderen. Dies fördert den Austausch von implizitem Wissen, der den Transfer expliziter Informationen über das Computersystem ergänzt.

Drittens wird der Informationsaustausch durch offene Besprechungen verstärkt. Alle Besprechungen einschließlich der Konferenzen des oberen Managements sind für alle Mitarbeiter offen.

Viertens werden Mitarbeiter im Rahmen eines »fließenden Personalwechsels« zwischen Divisionen und Funktionsbereichen versetzt.

Und fünftens werden alle Veränderungs- und Verbesserungsprojekte, ob Produktentwicklung oder operative Vereinfachung der Stabszentrale, von funktions- und divisionsübergreifenden Teams geleitet.

Unternehmensberatungen müssen ständig Wissen erzeugen, das für ihre Klienten von Nutzen ist. Dieses neue Wissen wird von Mitarbeitern geschaffen, die über Unternehmensgrenzen hinweg nahtlos an einem gemeinsamen Ziel zusammenarbeiten. Den Projektteams gehören Mitarbeiter an, die aus verschiedenen Fachrichtungen und Weltgegenden kommen und unterschiedliche Perspektiven einbringen. Die Teams werden nach Beendigung der Projekte aufgelöst, und ihre Mitglieder werden neuen Projekten zugeteilt.

Darüber hinaus schließen sich die Mitarbeiter in »Praxisbereichen« oder »Hochleistungszentren« zusammen, um sich über Lernerfahrungen in den für sie interessanten Sachgebieten auszutauschen. Dabei kommt natürlich stets die Frage nach der Effizienz auf. Es gibt den Druck, die Mitarbeiter innerhalb ihrer Divisionsbereiche oder ihrer Regionen zu halten und im Extremfall auch die Reisen und die Kommunikation im Zusammenhang mit den Praxisbereichen einzudämmen, um sie verstärkt umsatzorientiert einsetzen zu können.

Aber die Unternehmen wissen, daß die Grenzen nicht zu starr werden dürfen, weil ihre Wettbewerbsposition von der Fähigkeit zur Erzeugung von Wissen abhängt, das für die Klienten von Nutzen ist.

Ob in Unternehmensberatungen oder anderswo, die Mitarbeiter werden dazu ermuntert, über die Grenzen ihrer Unternehmen hinweg zusammenzukommen. Der Zweck dieser Treffen ist nicht nur geschäftlicher Natur – oft stehen überhaupt keine geschäftlichen Dinge auf der Tagesordnung –, sondern sie dienen auch der Vernetzung. Die Mitarbeiter werden zusammengeführt, um kollegiale Beziehungen und Vertrauen jenseits von Unternehmensgrenzen aufzubauen und implizites Wissen auszutauschen.

Treibhaussysteme

Informationsmanager werden in Anbetracht der Verbesserung des Austauschs und der Umwandlung von Wissen recht schnell einsehen, daß viele Probleme außerhalb der Domäne konventioneller Informationssysteme liegen.

Das Wissen eines Unternehmens läßt sich häufig nur schwer in eine Form umwandeln, die klar dokumentiert, gespeichert und weitergegeben werden kann. Ein großer Anteil entfällt auf implizites Wissen, das sich in den Köpfen der Mitarbeiter befindet. Gute Wissensdatenbanken enthalten daher stets die Namen von Leuten, von denen man mehr zu einem bestimmten Thema erfahren kann, und verweisen ihre Benutzer somit auf die Möglichkeit eines impliziten Wissensaustauschs.

Leider ist es jedoch so, daß sich die Expertenkenntnisse der Informationsspezialisten nicht auf den Transfer von implizitem Wissen erstrecken. Und nur wenn das implizite Wissen in explizites Wissen umgewandelt wird, können es die Informationsexperten in ihre Datenbanken einbauen und es anhand ihrer Technologie allen zugänglich machen.

Ein zweites Problem liegt darin, daß oft nicht klar ist, wie die Mitarbeiter das explizite Wissen eines Informationssystems in der Praxis verwenden werden. Daher haben die Informationsmanager auch keine deutliche Vorstellung davon, wie sie das Wissen auf möglichst nützliche Weise aufbereiten sollen.

Auch wenn Wissen in expliziter Form für einzelne und Teams zugänglich ist, ergibt sich für Informationsmanager das zusätzliche Problem, daß es oft nur zögerlich weitergegeben wird. Dies ist auch nicht weiter verwunderlich, denn einzelne und Teams sind sich natürlich genauso wie Unternehmen darüber im klaren, daß Wissen Macht bedeutet.

Trotz dieser Schwierigkeiten können Informationssysteme wichtige Hilfestellungen für das Lernen im Unternehmen leisten. Und wie bereits erwähnt erwarten wir für das 21. Jahrhundert eine zunehmende Verschmelzung der Abteilungen Informationstechnologie, Personal und Ausbildung, falls letzteres überhaupt noch eine eigene Abteilung bildet. Besonders augenfällig wird diese Konsolidierung, wenn man die Informationssysteme als Technologie betrachtet, die das Lernen im Unternehmen ermöglicht.

Tag für Tag entstehen neue aufregende Technologien oder werden erschwinglich, die sich nachhaltig darauf auswirken können, wie die Mitarbeiter Wissen erfassen und einander mitteilen. All diese Aktivitäten sind Grundsteine für das Lernen im Unternehmen. Deshalb wollen wir nun der Frage nachgehen, wie Informationssysteme die sechs Lernprozesse unterstützen können.

Systeme zur Reproduktion und Anpassung von Wissen

Zweifellos betrifft der umfassendste Anwendungsbereich von Informationssystemen den ersten Lernprozeß – den Transfer von explizitem Wissen. Technologien, die auf effiziente und effektive Weise große Datenmengen verwalten, bilden eine wichtige Grundlage für Lernanwendungen. Heutige Informationssysteme gehen über die traditionelle Darstellung in Text und Graphik hinaus und beziehen auch Videos, Fotos, Geräusche und gesprochene Sprache mit ein.

Schon seit den achtziger Jahren jedoch gibt es auch Informationssysteme, die den zweiten Lernprozeß unterstützen – die Internalisierung von explizitem zu implizitem Wissen. Die computergestützte Ausbildung blieb jedoch längere Zeit ohne größere Auswirkung und konnte erst nach der Entwicklung von leistungsfähigeren PCs, Laserdisk-Speicherung, hochauflösender Graphik und ähnlichem stärker zur Geltung kommen.

Interaktive Multimediasysteme ermöglichen Studierenden eine Lernerfahrung, in deren Rahmen sie mit Optionen experimentieren, Fehler machen und Feedback erhalten können. Das Unternehmen Interactive

Video Concepts zum Beispiel hat Videodisk-gestützte Systeme zur Ausbildung von Krankenpflegern entwickelt, mit deren Hilfe sie Familien bei schweren Krankheits- oder Todesfällen Beistand leisten können.

Das System beginnt in konventionellem Videoformat und zeigt den Lernenden eine für ihre spätere Arbeit typische Situation. Dann unterbricht es den Fortgang der Geschichte an mehreren Stellen, und die Studierenden müssen aus einem Menü von Optionen die ihrer Meinung nach richtige Entscheidung auswählen. Daraufhin erhalten sie eine direkte Rückmeldung zu den Konsequenzen bestimmter Handlungsweisen, und ein Lehrer äußert sich zur Angemessenheit der einzelnen Entscheidungen.

 Virtuelle Ausbildung

Das hochautomatisierte Rufanlagen-Montagewerk von Motorola in Florida beschäftigt nur sehr wenige Stabsmitarbeiter, die alle hervorragend ausgebildet sein müssen. Da eine Nutzung des aufwendigen Dreischichtenbetriebs für Ausbildungszwecke zu horrenden Kosten führen würde, hat das Unternehmen ein multimedia-gestütztes Ausbildungssystem entwickelt. Dieses interaktive System hat sich voll bewährt: Es hat sowohl zu einer Verkürzung der Ausbildungszeit als auch zu einer Verringerung der Fehlerquote neu ausgebildeter Montagearbeiter geführt.

In einem Test verglich Motorola die Fehlerquote der nach der Standardmethode ausgebildeten Arbeiter mit der Quote derer, die eine Simulatorausbildung erhalten hatten. Dabei stellte sich heraus, daß die traditionell ausgebildeten Arbeiter sechsmal so viele Fehler machten wie die am Computer geschulten Monteure.

Bis vor kurzem ließ sich der dritte Lernprozeß – der Austausch von implizitem Wissen – mit Hilfe von Informationssystemen nicht realisieren. Seit Beginn der neunziger Jahre jedoch gibt es zwei Neuentwicklungen, die auf einen Umschwung hindeuten. Die erste, »Groupware«, zielt zwar in erster Linie auf einen Austausch von explizitem Wissen, aber die leistungsfähigeren Systeme gestatten es den Anwendern, eigene Kommentare, intuitive Reaktionen sowie Gespräche mit Kunden einzugeben, so daß spätere Benutzer mehr als das eigentlich im System verfügbare explizite Wissen erschließen können.

Die zweite Neuentwicklung ist »Virtual Reality«. Diese Systeme ermöglichen eine viel implizitere Interaktion mit Daten als konventionelle Systeme. Die Portfolioanalyse beispielsweise erfordert häufig ein Abwägen zwischen zahlreichen Variablen. Bei Geschäftsinvestitionen muß man vermutlich Faktoren beachten wie: Risiko vs. Ertrag, Investorenziele und Wachstumsziele vs. Kapitalerhaltung, Ertrag und erwarteter Trend, Verbindlichkeiten und Liquiditätsbedarf, Kosten für Transaktionen, erwartete Investitionsrentabilität und Sparzwänge.

So viele Variablen können Menschen nicht im Kopf behalten. Anwender der Virtual-Reality-Technologie können all diese Daten als dreidimensionale Figuren wahrnehmen und sie mit einem »Datenhandschuh« hin und her bewegen. Dadurch gewinnen sie ein implizites Verständnis der Beziehungen zwischen den Variablen.

Auch bei einigen Aspekten der Wissenskodifizierung von implizit zu explizit – des vierten Lernprozesses – hat die Automatisierung inzwischen Einzug gehalten. Expertensysteme setzen auf Technologie aus dem Bereich künstlicher Intelligenz, um Wissen zu erfassen und für andere zugänglich zu machen. Ursprünglich nahm man dabei an, daß dieses Wissen ausschließlich expliziter Natur sein würde.

Es hat sich jedoch erwiesen, daß man zum Beispiel einer Runde von Experten häufig Wissen entlocken kann, das vorher niemand übermitteln konnte. Daher stellt ein Teil des von erfolgreichen Expertensystemen übertragenen Wissens eine Kodifizierung von ehedem implizitem Wissen dar.

Eine weitere Technologie zur Umwandlung von implizitem in explizites Wissen sind Visualisierungssysteme. Die moderne Datenverarbeitung produziert oft riesige Mengen von Daten, und deshalb wurde eine Reihe von Systemen entwickelt, die die Anwender beim Verständnis der Daten unterstützen – ihnen also einen expliziteren Zugang zur impliziten Bedeutung der Zahlen ermöglichen. Ein einfaches Beispiel wäre die anschauliche graphische Darstellung in modernen Tabellenkalkulationsprogrammen. Ein weiteres Beispiel finden wir in der Verwendung geographischer Overlays (Auflegemasken), um Daten mit räumlichen Dimensionen zu beurteilen.

 *Wichtige Statistiken*

Levi Strauss, Banc One, Arby's und Kaiser Permanente gehören zu den Unternehmen, die mit geographischen Daten-Overlays arbeiten, um ihre Marktdynamik besser zu verstehen. Der Vorgang funktioniert bei allen Firmen ziemlich ähnlich. Wichtige Umsatzstatistiken in einzelnen Produktkategorien werden nach geographischen Regionen, manchmal bis hinunter zur Ebene der Postleitzahlen, aufgeschlüsselt. Durch farbliche Darstellung zeigt sich eine Korrelation zwischen Einkommens- oder Bildungsniveau sowie Umsatz und Wachstum. Anhand dieser Analyse kann man den Produkt-Mix im Sinne eines maximalen Ertrags für das Gesamtunternehmen anpassen.

Systeme zur Wissensschaffung

Es gibt auch Techniken, die mehr ermöglichen als eine Anpassung von implizitem zu explizitem Wissen. Sie helfen bei der Verfeinerung und Schaffung von Wissen darüber, wie man etwas verbessern kann – der fünfte Lernprozeß. Sogenannte »Datamining«-Systeme nutzen die fortschreitende Fähigkeit der Informationstechnologie, aus großen Massen transaktionsorientierter Daten Bedeutung und einen praktischen Sinn herauszufiltern.

 Supermärkte unter der Lupe

Information Researches Inc. (IRI) aus Chicago hat die Erfassung und Analyse von Informationen, die durch Scanner in Supermärkten gewonnen werden, zum Zentrum seiner Geschäftstätigkeit gemacht. In Märkten mittlerer Größe hat IRI einen nahezu 100prozentigen Zugriff auf die von Supermärkten einzelner Gemeinden erfaßten Daten. Das Unternehmen sammelt und analysiert diese Daten für den Gesamtmarkt und ermittelt bestimmte Haushalte, deren Mitglieder beim Bezahlen Personalausweise mit Strichkodierung vorweisen.

Wenn Produkthersteller mit verschiedenen Werbe- und Verkaufsförderungsmaßnahmen im Markt experimentieren, erhalten sie durch diese Überwachung praktisch unmittelbar Aufschlüsse über die Effektivität dieser Maßnahmen. In einigen Märkten haben die Hersteller sogar mit Hilfe von Technologie ihre Werbung direkt auf einzelne Haushalte zugeschnitten und ihre Wirkung zurückverfolgt.

Ganz ähnlich analysieren Unternehmen wie Citibank das Kaufverhalten jedes Kunden von Mastercard, Visa und Diner's Club, um ein eigenes Gutscheinpaket für die Haushalte der einzelnen Kunden zu entwickeln. Dank der Auswertung riesiger Datenmengen können Unternehmen etwas über die Gewohnheiten und Neigungen ihrer Kunden erfahren und dadurch wiederum ihre Werbekampagnen verbessern.

Selbst die Wissensinnovation – der sechste Lernprozeß – kann vielleicht schon bald mit kräftiger Unterstützung durch Informationstechnologien rechnen. In der Vergangenheit hielt sich der Nutzen von Informationssystemen für die Innovation in sehr bescheidenem Rahmen, weil sie in die Modelle eingeschlossen waren, mit deren Hilfe man sie programmiert hatte.

Aber diese Einschränkungen verlieren vielleicht schon bald ihre Gültigkeit. »Neurale Netze« zum Beispiel beruhen auf einer grundlegend anderen Architektur als andere Computer. Dem Konzept nach ähneln sie den flexiblen Neuronenverbindungen im Gehirn und zeigen ein verheißungsvolles Potential in der Mustererkennung. Konventionelle Computer eignen sich mehr für arithmetische Berechnungen als für die Ermittlung von Mustern. Neurale Netze sind anders programmiert als gewöhnliche Computer und können dadurch lernen, eigenständig signifikante Merkmale eines Musters zu entdecken. In diesem Sinne könnte man sogar sagen, daß sie sich selbst programmieren.

Gefahren

Aber wir sollten auf dem Teppich bleiben. Informationssysteme werden für die Unternehmen sicherlich auch weiterhin von großem Nutzen sein, aber sie bergen auch eine latente Gefahr in sich. Die hochkomplexen Computersysteme von heute basieren nämlich unweigerlich auf den mentalen Modellen von gestern. Daher klassifizieren sie alle neuen Daten auf eine Weise, die die bestehenden Denkmodelle und Theorien bestätigt. Und dies kann die Schaffung von neuem Wissen blockieren.

Es handelt sich um eine ähnliche Gefahr wie die bei Unternehmen, die Kundenrückmeldungen nur in vorgefertigten Formularen zulassen, statt mit den Kunden direkt zu sprechen.

Wie groß ist diese Gefahr?

Die Geschichte der Entdeckung des Ozonlochs stellt einen aufschlußreichen Beleg dar. Aufgrund einiger Hinweise am Boden stellten Wissenschaftler die Hypothese auf, daß es ein Loch in der Ozonschicht gab. Also suchten sie in den computeranalysierten Daten des Satelliten Nimbus nach weiteren Hinweisen. Sie gingen Daten aus einem Zeitraum von fünf Jahren durch, fanden aber keine Beweise zur Untermauerung ihrer Theorie.

Glücklicherweise ließen sie sich nicht beirren und sahen sich auch die Rohdaten des Satelliten an. Und dort fanden sie ihre Beweise. Es stellte sich heraus, daß der Computer die ungewöhnlichen Daten als falsch bewertet und aussortiert hatte, weil seine Software nach einem mentalen Modell programmiert worden war, das eine solche Möglichkeit nicht zuließ. Beweise nützen also herzlich wenig, wenn sie durch falsche Annahmen gefiltert werden.

 Die Kekse von Mrs. Fields

1977 begann die damals zwanzigjährige Debbie Fields mit dem Verkauf ihrer selbstgebackenen Kekse in einem Laden in Palo Alto, Kalifornien. 1981 war ihr Unternehmen auf vierzehn Läden angewachsen. Eine entscheidende Rolle für dieses Wachstum spielten Informationssysteme. Ihr Mann Randy war ein Computerenthusiast, der jeden Laden direkt aus der Zentrale mit dem nötigen Expertenwissen versorgte, um sicherzustellen, daß alle Läden genauso geführt wurden wie Debbies erster.

Es wurde so viel wie möglich automatisiert, und den Mitarbeitern blieb eigentlich nur die Interaktion mit den Kunden. 1987 erzielten mehr als 300 Läden einen Gewinn von 17,7 Millionen Dollar bei einem Umsatz von 113 Millionen Dollar.

Dann veränderte sich der Markt. Der Erfolg von Mrs. Fields rief zahlreiche andere Keksbäcker auf den Plan. Dazu kam das wachsende Ernährungs- und Fitneßbewußtsein, mit dem alle Konkurrenten zu kämpfen hatten. 1988 erlitt das Unternehmen Verluste in Höhe von 18,5 Millionen Dollar, von denen es sich nicht mehr erholen sollte. 1993 übernahmen Kreditgeber im Austausch gegen die Abschreibung von 94 Millionen Dollar Schulden 79 Prozent des Unternehmens, und Debbie Fields mußte ihre Ämter als Präsidentin und Vorstandsvorsitzende niederlegen.

Was war schiefgelaufen? Brandon Gill von der Florida State University hat Aufstieg und Fall von Mrs. Fields untersucht und kam zu dem Ergebnis, daß die

Hauptursache für den Niedergang des Unternehmens in seiner Lernunfähigkeit in einem komplexen Umfeld zu suchen war. Verantwortlich dafür war in erster Linie das articheffiziente computerisierte Managementsystem, das nur Informationen wahrnehmen konnte, die das Programm zuließ. Die Mitarbeiter in den Läden mußten zur Weiterleitung von Informationen vorgegebene Formate benutzen. Andere Dinge konnten sie nur unter größten Mühen rückmelden.

Dadurch unterdrückten die Informationssysteme die Ansätze unstrukturierter Problembewältigung, die erforderlich gewesen wären, um das Steuer herumzureißen.

Was lernen wir daraus? Man sollte tunlichst vermeiden, ein Unternehmen im Hinblick auf Produktivitätssteigerungen so stark zu automatisieren, daß die Systeme die für schnelles Lernen im Unternehmen notwendigen Kommunikationskanäle blockieren. Dies gilt insbesondere für die Durchleuchtung des Umfelds. Selbst wenn die Aufgaben des mittleren Managements zusehends automatisiert werden, sollten die Durchleuchtungsaktivitäten in vollem Umfang aufrechterhalten werden. Und es sollten sich ständig neue Kommunikationskanäle öffnen.

 Microsoft: Kommunikation in beide Richtungen

Das Developers Network von Microsoft bietet technische Unterstützung für Softwareentwickler, die Compiler und Sprachen von Microsoft verwenden. Das Netz arbeitet sehr stark mit Informationssystemen, sorgt aber gleichzeitig mit schnellen Rückrufanschlüssen, Fax, E-Mail, Bulletinboards und anderen Medien für einen reichhaltigen Informationsfluß in beide Richtungen.

Informationsmanager müssen die mentalen Modelle der Vergangenheit ständig in Frage stellen, um zu erkennen, ob sie vielleicht schon überholt sind. Der einfachste Weg zur Vermeidung einer »Silikonstagnation« besteht wohl darin, Informationstechnologien nur auf Aufgaben anzuwenden, die nicht manuell erledigt werden können, statt die selbständige Entscheidungsfindung von Mitarbeitern durch Automation zu unterbinden.

Die Vermeidung von Erstarrung gilt als Grundsatz für alle anderen wichtigen Ressourcen des Unternehmens. Dazu zählen Maschinen und Ausrüstung und sogar die Gestaltung der Büros. Massenproduktionssysteme mit eigenen Maschinen und Werkzeugen sind   hocheffizient – aber nur für die relativ begrenzten Zwecke, für die sie entwickelt worden sind.

Sie stellen also ein »gefrorenes Lernen« dar. Verfahren, deren Effizienz sich für bestimmte Zwecke erwiesen hat, werden auf rigide Maschinen und Werkzeuge übertragen. Und die Maschinen werden die Verfahren präzise wiederholen. Aber wehe, wenn man es mit einem anderen Verfahren probieren will.

Entwicklungsfreiheit

John Holland vom Santa Fe Institute hat untersucht, wie Systeme neue Regeln zur Verbesserung ihrer Leistungen erlernen. Komplexe Systeme, so stellte er fest, benötigen nur wenige Regeln, um sich zu verwalten und ihre Ziele zu erreichen. Im Gegenteil, je mehr Regeln ein System befolgen will, desto langsamer verbessert es seine Leistungen. Das System scheint sich in den Querverbindungen der verschiedenen Regeln zu verheddern.

Alle erfolgreichen Systeme einschließlich Unternehmen durchlaufen offenbar einen Prozeß, in dem sie bessere Regeln erlernen. Ein System beginnt mit einer kleinen Gruppe von Verbotsregeln, um sich zu schützen, und einigen plausiblen »starken« Regeln, von denen es sich eine Verbesserung seiner Leistungen erhofft. Dann vergleicht es diese starken Regeln mit anderen potentiellen starken Regeln, die ihm begegnen, und entscheidet sich dafür, einige zu übernehmen oder sie mit bestehenden zu kombinieren und so neue starke Regeln zu formen.

Holland bezeichnet dies als »Übergangsprozeß«: Ein System nimmt neue starke Regeln an und trennt sich dabei von einigen alten Regeln. Danach vergleicht es seine neuen starken Regeln wieder mit anderen Regeln, um weiter zu lernen und sich zu verbessern. Dabei ergeben sich zwei wichtige Prinzipien für die Lernbeschleunigung eines Systems:

- *Die Freiheit zu experimentieren:* Ein System benötigt einen Übergangsprozeß, durch den es neue Regeln erlernen kann.

- *Die Fähigkeit zu verlernen:* Ein System muß sich von schwachen Regeln lösen, um nicht durch zu viele Regeln zu erstarren.

Irgendwann hat wohl schon jeder die deprimierenden Auswirkungen übertriebener Regeln und Festlegungen erlebt. Aber wenn Manager auf eine neue Regel oder eine neue Verfahrensweise stoßen, möchten sie oft instinktiv zugreifen. Sie gehen von der Annahme aus, daß es doch nicht schaden kann, eine Regel oder ein Verfahren einzuführen, die einem guten Zweck dienen. Auf diese Weise türmen viele Unternehmen Berge von Handbüchern auf, unter denen sie ihre Fähigkeit zu Veränderungen und zum Lernen begraben.

 Neue Regeln für die alten

Ein Konsumgüterunternehmen der Fortune-50-Liste setzte in einer seiner Divisionen eine Gruppe ein, um Möglichkeiten zur Verbesserung der Lieferpünktlichkeit von Produkten zu finden. Das Team untersuchte das ganze System, entdeckte die Problemursachen und ermittelte die erforderlichen Verfahrensänderungen. Diese Veränderungen empfahl man dem Management.

Das Management zögerte jedoch und bat die Gruppe, ihre Vorstellungen über das System mit den Abteilungsleitern zu besprechen. Das Team folgte dieser Bitte und gelangte in diesem Prozeß zu verfeinerten Verfahrensformen, um die gewünschten Verbesserungen zu realisieren. Auch diese legte man dem Management als Empfehlung vor.

Doch wieder wartete das Management ab und bat die Gruppe diesmal, ihre Vorstellungen mit allen Arbeitern zu erörtern. Das Team entsprach diesem Wunsch und machte nach Abschluß der Gespräche eine überraschende Entdeckung: Ohne daß das Management offiziell neue Verfahrensweisen angekündigt hatte, war die Zahl der pünktlichen Lieferungen von 40 Prozent auf 90 Prozent gestiegen.

Eine Schwesterdivision im Unternehmen hatte ebenfalls eine Verbesserung der Lieferpünktlichkeit nötig. Ein Verbesserungsteam untersuchte das System, fand sehr ähnliche Problemursachen wie die erste Division und schlug voller Selbstbewußtsein die Einführung neuer Verfahren vor.

Diesmal stimmte das Management zu. Aber leider verbesserte sich die Lieferpünktlichkeit viel langsamer.

Und das sollte eigentlich auch niemanden wundern. In der zweiten Division legten die Endausführenden die Veränderungen an Betriebsregeln und Verfahren nicht selbst fest. Sie wurden von den neuen Regeln nur in Kenntnis gesetzt.

In der ersten Division hatten die Endausführenden die Problematik verstanden und modifizierten ihre Regeln selbst. Dabei lösten sie sich auf ganz natürliche Weise von den alten Regeln. In der zweiten Division wurden den Arbeitern neue Regeln auferlegt, denen sie nicht voll vertrauten. Daher wollten sie sich nicht von den alten Regeln trennen, und dies führte zu einer Überlastung des Systems.

Nach unserer festen Überzeugung zeichnen sich einige Grundsätze für das Management der offiziellen Regeln – der »geschriebenen Gesetze« – in einem Unternehmen ab, mit denen sich die Chancen auf unternehmensweites Lernen maximieren lassen:

- Unternehmen sollten nur minimale offizielle Regeln verwenden.
- Das Management sollte nur die für die Steuerung des Unternehmens absolut notwendigen Regeln festlegen.
- Die Anwender neuer Regeln sollten diese auch entwickeln.
- Alle sollten ständig die Regeln überprüfen und nach besseren Ausschau halten.

Dieses »Minimum an notwendigen Festlegungen« ist alles andere als Anarchie. Die wenigen besten Regeln können ihre Wirkung voll entfalten, ohne von den häufig widersprüchlichen Details in Handbüchern zu Betriebsverfahren belastet zu sein. Und dieser Regelminimalismus bedeutet auch keinen Rückzug aus der Führungsverantwortung, sondern im Gegenteil eine Orientierung des Managements an der Fähigkeit des Unternehmens, immer bessere Regeln zu entdecken.

 Das Mitarbeiterhandbuch von Nordstrom

Das Mitarbeiterhandbuch des Einzelhändlers Nordstrom enthält nur einen Absatz: »Setzen Sie sich hohe persönliche und berufliche Ziele. Wir haben großes Vertrauen in Ihre Fähigkeit, sie zu erreichen. Nordstrom-Regeln:
Regel Nummer 1: Benutzen Sie in allen Situationen Ihren gesunden Menschenverstand. Weitere Regeln gibt es nicht.«

Unsere Kollegen bei Arthur D. Little haben diese Philosophie auf einige ziemlich wirklichkeitsnahe Probleme angewandt, wie zum Beispiel die

Leistungsverbesserung von Herstellern aus einer ganzen Reihe von Branchen – Metallunternehmen, Chemieunternehmen, Elektronikunternehmen.

Die für die Leistungen Verantwortlichen, also auch die Arbeiter, lernen gemeinsam etwas über ihr System und benutzen sozusagen ihre Fabrik als Labor. Dann lösen sie sich sachte von Regeln und zugehörigen Kontrollen, die entbehrlich sind.

In allen Fällen führte dieser Prozeß zu beeindruckenden Resultaten: geringere Fehlerquoten, Ertragssteigerung, kürzere Verarbeitungszeiten und bessere Nutzung der Anlagen. In einem Fall entwickelte sich ein europäischer Hersteller von Metallerzeugnissen von einem, im Vergleich zu japanischen Konkurrenten, 30prozentigen Kostennachteil hin zu einem 15prozentigen Kostenvorteil.

Ein interessanter Nebeneffekt dieses Minimalismus liegt darin, daß weniger Kontrollen und Computer benötigt werden, um die für das Systemmanagement erforderlichen Daten zu sammeln, zu analysieren und zu sichten. Bei dem erwähnten Hersteller von Metallerzeugnissen zum Beispiel wurden alle großen Computer, die für den betrieblichen Bereich als unverzichtbar galten, mit einem Schlag überflüssig. Für die wenigen entscheidenden Regeln zur Steuerung des Betriebs brauchte man nur einen PC.

Keimzellen der Erneuerung

Wir haben die wesentlichen architektonischen Merkmale von Unternehmen beschrieben, die Experimente zulassen, doch auch über genügend strukturelle Festigkeit verfügen, um einen Nutzen aus erfolgreichen Experimenten ziehen zu können. Kommen wir aber noch einmal auf die Notwendigkeit der Förderung von Experimenten zurück, um Lernen und Verbesserungen im Unternehmen zu beschleunigen.

Wenn man eine preiswürdige Rose züchten will, schneidet man den Rosenstrauch zurück. Dadurch vermindert man die Zahl der Triebe und zwingt die Pflanze, all ihre Kraft auf ein oder zwei Blüten zu konzentrieren.

Ähnlich ist es auch, wenn man den größten Kürbis auf dem Markt präsentieren möchte. Man hofft auf die Mithilfe des Wetters und daß der Kandidat unerwartete Witterungsumschwünge unbeschadet überlebt. Aber diese Strategie ist nur dann anzuraten, wenn die Wetterverhältnisse berechenbar sind. Riskant wird es, wenn das Wetter eher wechselhaft ist. In diesem Fall wird man sich vielleicht dafür entscheiden, mehr Rosentriebe am Strauch oder mehr Kürbisse an der Pflanze zu lassen, um die Erfolgschancen zu erhöhen.

Aus diesem gärtnerischen Beispiel können Unternehmen eine Lehre ziehen. Erfolgreiche Durchbrüche sind wahrscheinlicher, wenn die Strategien den externen Bedingungen entsprechen. Aber was bedeutet dies für Unternehmen, da wir doch alle wissen, daß sich die äußeren Bedingungen rasch verändern?

 Das Ungeordnete an der Innovation

»Der normale Manager sehnt sich nach Ordnung. Die Führungspersönlichkeit weiß, daß sich Innovation fast immer in einem ungeordneten Prozeß vollzieht.«
L.W. Lehr, früherer Vorstandsvorsitzender von 3M.

Sie müssen mehr Experimente fördern, so daß zumindest einige von ihnen die Chance haben, mit externen Gegebenheiten übereinzustimmen.

Anhand seiner Computermodelle von Systemen, die aus sich selbst heraus entstehen, hat John Holland beobachtet, daß nur ein Experiment von fünf zu einem Durchbruch führt. Diese Quote reicht jedoch für den Gesamterfolg des Systems aus. Dies scheint einmal mehr das Prinzip des Ökonomen Vilfredo Pareto vom Anfang des 20. Jahrhunderts zu bestätigen, daß 80 Prozent des Nutzens aus 20 Prozent des Einsatzes zustande kommen.

Wendet man Paretos 80/20-Regel auf Verbesserungsprozesse an, legt dies den Schluß nahe, daß man seine Kräfte auf die 20 Prozent der Chancen konzentrieren sollte, die 80 Prozent des Nutzens erbringen. Und das funktioniert auch. Paretos Prinzip ist eines von sieben Instrumenten des Qualitätsmanagements, die allen Mitarbeitern japanischer

Unternehmen in den siebziger und achtziger Jahren beigebracht wurden. Und auch Unternehmen in anderen Ländern haben damit ihre Qualität und Produktivität verbessert.

Holland hat die Innovationsstrategien mehrerer Unternehmen untersucht und dabei bestätigt gefunden, daß die Unternehmen nur mit rund 20 Prozent ihrer Projekte Gewinne erzielen. Also gilt Paretos Prinzip auch für den Innovationsprozeß. Und auch hier liegt es natürlich auf der Hand, sich nur auf 20 Prozent der Innovationsprojekte zu konzentrieren. Die Frage ist nur, welche?

Die Schwierigkeit beim Innovationsprozeß liegt natürlich darin, daß man den Ausgang der einzelnen Projekte nicht kennt und deshalb nicht wissen kann, welche man einstellen soll. Nur wenn man mit den gesamten 100 Prozent beginnt, kann man mit den gelungenen 20 Prozent rechnen. Wer mehr Erfolge will, muß auch die Zahl der Experimente erhöhen (und nach Paretos Gesetz braucht man für jeden Volltreffer fünf neue Projekte).

 Keine Innovation ohne inoffizielle Projekte

In den sechziger Jahren liefen in allen Labors von IBM neben den offiziellen Forschungsprogrammen auch inoffizielle Forschungen. Diese wurden in den siebziger Jahren im Zuge der Rationalisierung im F&E-Bereich beendet.

Dann kamen die achtziger Jahre, in denen sich IBM nicht mehr auf die Veränderungen im Markt einstellen konnte. Die Politik der straffen Führung und Kleiderordnung, vor allem in Bereichen, die von kontinuierlicher Innovation und Anpassung leben, hatte sicherlich keinen geringen Anteil daran.

Auf jeden Fall steht sie in krassem Gegensatz zum fortdauernden Experimentiergeist, wie er in den Leitsprüchen »Let's Gamble« (»Wer wagt, gewinnt«) von Honda, »Something New from Everyone« (»Von jedem etwas Neues«) von Tata und »If it ain't broke, break it!« (»Wenn es nicht kaputt ist, macht es kaputt!«) von Chaparral Steel zum Ausdruck kommt.

Die Erlaubnis zum Experimentieren ist ein Indikator für die Förderung des Lernens in einem Unternehmen. Aber es ist oft einfacher, bei inoffiziellen Experimenten ein Auge zuzudrücken und sie sogar zu finanzieren, wenn sie in einem F&E-Labor stattfinden. Denn von einem Labor erwartet man ohnehin, daß es einen Schutzraum für Versuche und Irrtümer darstellt.

Aber was geschieht, wenn die Experimente im Arbeitsbetrieb des Unternehmens benötigt werden – wenn das Unternehmen mit sich selbst experimentieren muß, um sich über seine Funktionsweise klarzuwerden und neue Ideen für höhere Effektivität zu erproben? In diesem Fall bieten sich Simulationsmodelle als Lernmöglichkeiten an, mit deren Hilfe Manager »Was-Wenn«-Versuche durchspielen können.

Doch Vorsicht: Computersimulationen sollten in erster Linie als Lerninstrumente verstanden werden, als Möglichkeit zur Erkundung möglicher systemischer Zusammenhänge und Ansatzpunkte. Aber in der Regel sind sie keine Instrumente zur Vorhersage quantitativer Resultate – und in vielen Fällen treffen auch ihre qualitativen Prognosen nicht genau zu.

Wenn in einer Simulation nicht das implizite Wissen von sehr vielen Leuten kodifiziert worden ist, gibt es immer noch keinen Ersatz für eine breit ausgewählte Gruppe von Leuten, die ihr Wissen zusammenlegen, Vorhersagen zu Resultaten wagen und dann zur Überprüfung ihrer Hypothesen ein sicheres Experiment planen.

Man kann kein brauchbares Simulationsmodell eines operativen Bereichs erstellen, solange man keine systemische Beschreibung dieses Bereichs in seiner tatsächlichen Form besitzt. Oft existiert kein taugliches Modell, und man muß mit dem bestehenden operativen Bereich experimentieren und darin herumstochern, bis man die systemischen Zusammenhänge begriffen hat. Dazu benötigt man einen Schutzraum für Fehler, damit der operative Bereich von einem eventuellen Scheitern des Experiments unberührt bleibt. Aber selbst dann wird die Simulation nicht mehr sein als eine vielleicht nur grobe Annäherung an eine hochkomplexe Situation.

Daher gilt es, das Unternehmen und seine Prozeß- und Ressourcenstruktur so zu gestalten, daß Experimente frei fließen können, aber gleichzeitig die Effizienz gewahrt bleibt.

Den Ertrag steigern

Die sechs maßgeblichen Lernprozesse

Prozess	Technik	Typ
1. Transfer	Lehren	Reproduktion
2. Internalisierung	Ausbilden	Anpassung
3. Austausch	Betreuen	Reproduktion
4. Kodifizierung	Systematisierung	Anpassung
5. Verfeinerung	Verbesserung	Schaffung
6. Innovation	Durchbruch	Schaffung

Alle sechs hier besprochenen Lernprozesse werden gefördert durch eine kreative Spannung zwischen gemeinsamer Vision und aktueller Realität des Unternehmens. Gestützt werden sie von drei starken Wurzeln: durchlässige Unternehmensgrenzen, flexible Informations- und Ressourcenarchitektur und minimale Regeln, die Spielraum für Experimente lassen.

Diese drei Wurzeln sind Merkmale der Unternehmensstrukturen, aber das Unternehmen muß lernen, seine Strukturen selbst einzustellen (so wie man an einem hochgezüchteten Rennauto die Aufhängung einstellen kann). Und wenn das Unternehmen die Strukturen einstellt, kann es die Prozesse des unternehmensweiten Lernens verbessern und dadurch mehr Geschick in der Feineinstellung seiner Strukturen erlangen. Dies wiederum fördert das Lernen ... und so kann das Unternehmen das Lernen in seine DNS einschreiben. Es kann sich durch Lernen wandeln und durch Wandel lernen.

In den erfolgreichen Unternehmen des 21. Jahrhunderts werden Lernprozesse in einen positiven Kreislauf einfließen: Wenn sie die Wurzeln des Lernens nähren, verbessern sie damit das Lernen, mehren die Substanz der Wurzeln und steigern ihren Ertrag. Auf diese Weise beschleunigt sich das Lernen im Unternehmen.

Visionen und Strategien sind ebenfalls mit dem Lernkreislauf verbunden und hängen vor allem von den Lernprozessen *Innovation* und *Verfeinerung* ab. Durch die Verbesserung der Lernprozesse kann das Unternehmen auch wirkungsvollere Visionen und Strategien entwickeln, die ihrerseits wieder stärkere Lernprozesse in Gang setzen und so weiter.

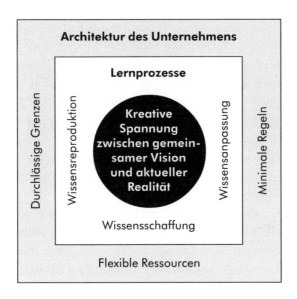

Der entscheidende Punkt liegt jedoch darin, daß das Lernen im Unternehmen nicht nur deshalb attraktiv ist, weil es dessen Gesamtleistungen verbessert, sondern auch, weil es das Lernen selbst verbessert. Davon wiederum geht eine Steigerung der Leistungen und des Lernvermögens aus, und das führt abermals zu einer Verbesserung der Leistungen. Dieser Lernkreislauf wird den Kern des unaufhörlichen Wandels im Unternehmen von morgen ausmachen.

Für ein ungestörtes Fortschreiten dieses Kreislaufs ist es wichtig, daß keines der einzelnen Verbesserungsprogramme dem Ziel der Lernbeschleunigung entgegenarbeitet. Bei Cemex zum Beispiel haben alle Fabriken das Fernziel, auf das sie zusteuern wollten, im Hinblick auf die dafür gültigen Organisations- und Prozeßprinzipien beschrieben. Und das Unternehmen steht dafür ein, daß jede vorgeschlagene Veränderung, sei es ein Reengineering-Programm, ein neues Computersystem oder eine neue Lohnvereinbarung mit den Gewerkschaften, mit diesen Parametern in Einklang steht.

Betrachten wir den Fall eines Unternehmens, das durch die kontinuierliche Beschleunigung seiner Entwicklung große Erfolge erreicht hat.

1945 wartete am ausgebombten Münchener Hauptbahnhof eine Gruppe von leitenden Angestellten des deutschen Maschinenbauunternehmens Krauss Maffei auf zwei Besucher aus Indien, den Vorsitzenden und den Präsidenten des indischen Unternehmens Tata.

Krauss Maffei war angeschlagen, die Mitarbeiter hatten Hunger, und bei der folgenden Besprechung boten die Deutschen den Indern ihr Wissen über den Bau von Lokomotiven an. Da ihnen offizielle Vereinbarungen mit dem indischen Unternehmen von seiten der Alliierten nicht gestattet waren, sagten sie: »Nehmen Sie unsere Leute mit. Sie sind unser Kapital und die Träger unseres Wissens. Sorgen Sie für sie und lernen Sie von ihnen, soviel Sie können. Sobald wir es uns leisten können, werden wir sie zurückholen.«

Bald darauf gründete Tata die Tata Engineering and Locomotive Company (Telco), die viele Jahre lang in einer Fabrik im ostindischen Jamshedpur Dampflokomotiven herstellte. Die deutschen Ingenieure gaben ihr Wissen an Tata weiter und wurden großzügig versorgt, bis sie schließlich in ihre Heimat zurückkehrten.

Eine weitere Gruppe Deutscher von Daimler Benz kam 1954 nach Indien und schulte Telco in der Herstellung von Lastwagen. Telco lernte so erfolgreich, daß zuletzt fast alle Komponenten nach Daimler Benz-Standards von Indern gefertigt wurden. Daimler Benz exportierte die Fahrzeuge dann zu Kunden in anderen Ländern.

Telco wollte Wissen erwerben und strebte danach, zum bestintegrierten Fahrzeughersteller der Welt zu werden. Das Unternehmen wollte jetzt eigenständig Lastwagenmodelle entwerfen und sogar die für die Fertigung der Lastwagen erforderlichen Maschinen selbst konstruieren, um zum Kern des Fertigungsprozesses vorzudringen. Zu diesem Zweck erwarb man ein riesiges Stück Ödland in Pune in Westindien und schuf dort, was der damalige Vorstandsvorsitzende Suman Moolgaokar die Lernende Fabrik nannte. Die ersten Gebäude beherbergten eine Ausbildungsschule und eine Experimentierwerkstatt, die die Keimzelle eines F&E-Zentrums darstellte.

Telco suchte sich Unternehmen in Europa und Japan aus, von denen man lernen konnte, und machte sich die Verbesserung des Prozesses für das Erlernen von Technologie zum Ziel. Zwei Maßstäbe besaßen absoluten Vorrang für das Unternehmen: wie schnell man eine neue Technologie erlernen konnte – gemessen daran, wie schnell man die Produkte der Partner unabhängig reproduzieren konnte – und wie gründlich man

Blickpunkt Lernbeschleunigung

sich eine Technologie aneignen konnte – gemessen daran, wie schnell man die Technologie für Anwendungen nutzen konnte, für die das Partnerunternehmen kein Know-how geliefert hatte.

Darüber hinaus entwickelte Telco auch Prozesse für den Erwerb des impliziten Wissens von Partnerunternehmen. Schon früh erkannte man, daß die technischen Zeichnungen und Verfahrensbeschreibungen als Medien expliziten Wissens unvollständig blieben ohne das implizite Wissen derer, die dieses Wissen anwandten. Also experimentierte man mit Kombinationen aus Unterricht, Ausbildung und Betreuung.

Nach fünfzehn Jahren tummelten sich auf dem einstigen Ödland zwischen Ausbildungszentrum und F&E-Zentrum Maschinen und Arbeiter, die eine bemerkenswerte Palette von Lastwagen und technischen Produkten herstellten. Aber Telco gab sich immer noch nicht zufrieden und strebte weiterhin nach seiner Vision eines beschleunigenden Unternehmens. Schritt für Schritt ersann und realisierte Telco die organisatorischen Veränderungen, um seine Grenzen durchlässiger zu machen. Man veränderte Gehalts- und Anreizstrukturen, um vielseitig ausgebildeten Mitarbeitern die Möglichkeit zu grenzübergreifenden Tätigkeiten zu geben. Und man verwandelte die Abteilung Fertigungstechnik samt ihren zahllosen Verfahrensanweisungen in einen Dienstleistungsbereich für Teams, die ihre eigenen Verfahren verbessern.

Jede Veränderung der Produktionsanlagen, Computertechnologie und Fabrikanordnung hat das Unternehmen näher an ein Flexibilitätsniveau herangeführt, das schnelle Prototypenentwicklung und Experimente mit Produkten und Prozessen erlaubt. Das Unternehmen hat sich also im Zuge seiner Entwicklung verändert, und im Zuge seiner Veränderungen konnte es sich weiterentwickeln – in seinem Wissen, aber auch in seinem Produktspektrum, seinem Ausstoß, seiner Produktivität und seinen Gewinnen.

Damit hat Telco Geschichte geschrieben – fünfzig Jahre Lernen im Unternehmen.

Wir sollten jedoch nicht vergessen, daß eine ausschließliche Orientierung am Lernen den Gesamtzielen des Unternehmens entgegenwirken kann. Die Vorteile der Lernbeschleunigung lassen sich nicht realisieren, wenn man nicht gleichzeitig strategische Flexibilität, Veränderungsbereitschaft, verborgene Ansatzmöglichkeiten, operative Abstimmung und Mitarbeiterbeteiligung anstrebt.

Das Lernen im Unternehmen steht nicht für sich alleine. Lernen treibt das gesamte Unternehmen voran, aber das gesamte Unternehmen treibt auch das Lernen voran.

Und wo macht man da den Anfang?

Wegweiser zum Management der Lernbeschleunigung

Sie wollen lernen, wie man lernt? Hier einige Tips:

1. Veränderungsprogramme müssen darauf abgestimmt werden, die Fähigkeit eines Unternehmens zu Verbesserungen und Entwicklung zu verbessern.
2. Ein beschleunigendes Unternehmen muß die Voraussetzungen für alle Formen des Lernens schaffen: das Lernen einzelner, das Lernen von Teams, das Lernen von größeren Gruppen, die zusammen das Unternehmen bilden, und das grenzübergreifende Lernen der Gemeinschaft.
3. Wissen ist entweder explizit oder implizit. Beide Formen gilt es zu verfolgen, um das Lernen zu maximieren. Der Austausch von implizitem Wissen ist schwerer – aber wesentlich.
4. Wissensschaffung muß durch Verfeinerungen und Innovation gefördert werden.
5. Unternehmen müssen einen Mittelweg zwischen Stagnation und Chaos finden, auf dem die Kreativität gedeiht und für praktische Zwecke kanalisiert werden kann.
6. Vier Bedingungen sind im Hinblick auf eine Lernbeschleunigung des Unternehmens zu erfüllen:
   - kreative Spannung zwischen gemeinsamer Vision und anerkannter Realität,
   - durchlässige Unternehmensgrenzen,
   - flexible Ressourcenarchitektur,
   - minimale Regeln.
7. Zu viele Regeln können lähmend wirken. Ein beschleunigendes Unternehmen benötigt einen Prozeß, mit dem man neue Regeln erlernen und alte Regeln ablegen kann.
8. Neue Regeln lassen sich am besten auf der Grundlage von Vorschlägen derer entwickeln, die sie auch anwenden müssen. Aber alle sollten die Regeln kontinuierlich überprüfen und nach besseren Ausschau halten.
9. Denken Sie an die sechs maßgeblichen Lernprozesse, von denen jeweils zwei in die Kategorie Wissensreproduktion, Wissensanpassung und Wissensschaffung fallen:

Prozess	Technik	Typ
1. Transfer	Lehren	Reproduktion
2. Internalisierung	Ausbilden	Anpassung
3. Austausch	Betreuen	Reproduktion
4. Kodifizierung	Systematisierung	Anpassung
5. Verfeinerung	Verbesserung	Schaffung
6. Innovation	Durchbruch	Schaffung

7. Wandel durch Lernen und Lernen durch Wandel

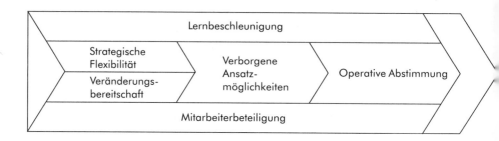

Wo macht man den Anfang?

Frage: »Wie komme ich nach Blarney?«
Antwort: »Mmm, wenn Sie nach Blarney wollen, würde ich nicht von hier losgehen.«

Alter irischer Witz

Wir werden oft gefragt: »Wo macht man den Anfang?« Die pragmatische Antwort lautet: »Man fängt dort an, wo man gerade ist.«

Es mag naheliegend erscheinen, die Entwicklung von Vision und Strategie als erste Schritte im Veränderungsprozeß zu betrachten. Aber wenn man bereits eine klare Strategie hat und vor dem Problem ihrer Umsetzung steht, dann fängt man nicht wieder bei der Strategie an. Statt dessen muß man die Ansatzmöglichkeiten für die Realisierung der Strategie finden. Wenn man die Ansatzpunkte bereits kennt, sollte man sich auf die operative Abstimmung konzentrieren. Man fängt also dort an, wo man sich gerade befindet.

In der Geschäftswelt kann man bei Veränderungen kaum je von einer Tabula rasa ausgehen. Wenn einem Unternehmen Veränderungen ins Haus stehen, kann es nicht einfach eine Geschäftspause einlegen und erst dann weitermachen, wenn der Wandel vollzogen ist. Es muß weiter tätig sein, während es verbessert wird. Das erklärt denn auch die Bestürzung vieler Manager, die mit einer Liquiditätskrise zu kämpfen haben und von Beratern zu hören bekommen, daß sie zur Wiederbelebung des Unternehmens mit einer neuen Vision beginnen müssen. Unserer Meinung nach kann dieser Rat fatale Folgen haben.

Besser fährt man, wenn man sich zunächst auf jene Veränderungsaspekte konzentriert, die den größten kurzfristigen Nutzen bringen, ohne die Aussichten auf langfristige Verbesserungen zu schmälern. Dies erfordert Veränderungen in einem relativistischen Rahmen, wie sie in diesem Buch vorgeschlagen werden. Wenn das Unternehmen im Laufe der Zeit an allen Fronten nach vorne marschiert, spielt es zunächst einmal keine Rolle, wo man den Anfang macht – letztlich wird alles abgedeckt.

Noch größere Bedeutung gewinnt diese Philosophie, wenn man sich darüber klar wird, daß man die Aufmerksamkeit nie ausschließlich auf eine Sache richten kann. Fast immer stehen viele Dinge gleichzeitig zur Verbesserung an: Die Strategie muß neu gestaltet, die operativen Abläufe müssen entwickelt und Mitarbeiterprobleme gelöst werden. Mit einem Veränderungsrahmen kann man all diese Maßnahmen aufeinander abstimmen.

Ziel ist immer, einen Punkt anzusteuern, von dem aus das Unternehmen den unaufhörlichen Veränderungen der voraussehbaren Zukunft gewachsen ist. Zur Entwicklung eines beschleunigenden Unternehmens muß man gleichzeitig und kontinuierlich an allen sechs Aspekten des Wandels arbeiten.

Die meisten Manager sehen ein, daß sie sich kontinuierlich für Lernbeschleunigung und Mitarbeiterbeteiligung einsetzen müssen, aber die anderen vier Komponenten – strategische Flexibilität, Veränderungsbereitschaft, verborgene Ansatzmöglichkeiten und operative Abstimmung – erscheinen ihnen eher als Abfolge von Phasen. In der Vergangenheit war das auch so. Aber heute nicht mehr. Bis vor kurzem hatte eine großangelegte Veränderungsinitiative einen Anfang und ein Ende. Man legte sich Ziele zurecht, machte sich bereit, suchte nach verborgenen Problemen (wenn man klug war), und dann kam die Umsetzung. Das ganze Unternehmen folgte dieser Sequenz.

Aber heute klappt so etwas nicht mehr. Das Unternehmen hat nicht mehr genügend Zeit, alle vier Phasen nacheinander zu durchlaufen, bevor eine andere Initiative gestartet werden kann. Der Wandel muß kontinuierlich sein, und die Lösung dafür heißt nicht, wie viele meinen, daß man die vier Phasen immer schneller abwickelt. Nein, das mentale Modell selbst muß verändert werden. Alle sechs Prozesse laufen – in unterschiedlicher Intensität – ständig ab.

Das Management der Mitarbeiterbeteiligung und der Lernbeschleunigung sind natürlich permanente Ziele. Aber auch die Durchleuchtung des Umfelds stellt einen kontinuierlichen Prozeß dar genauso wie die Überprüfung der Tragfähigkeit von Strategien. Szenarien und Relativitätsstrategien müssen periodisch erneuert werden, aber viel häufiger als dies in den großen Newtonschen Strategiesitzungen der Vergangenheit der Fall war. Die Schaffung und Verstärkung von Magneten erfordert die ständige Aufmerksamkeit ebenso wie die Pflege der Veränderungsbereitschaft. Und das Bemühen um ein Verständnis der heimlichen Spielregeln darf gleichfalls nie abreißen (auch wenn dieses Wissen für eine Reihe verschiedener Zwecke angewendet wird). Und schließlich muß auch die operative Abstimmung ein ununterbrochener Prozeß sein, obschon jede Initiative natürlich nur einmal umgesetzt wird.

Nur die einzelnen Veränderungsinitiativen, die diese Prozesse durchlaufen, treten periodisch auf – nicht jedoch die Prozesse selbst. Unaufhörlichen Wandel erreicht man, *wenn man die Veränderungsprozesse kontinuierlich verbessert und eine Initiative nach der anderen durch sie hindurchschleust.*

Vormarsch an vielen Fronten

Die sechs kontinuierlichen Veränderungsprozesse können nicht voneinander isoliert gesteuert werden. Sie müssen aufeinander abgestimmt sein. Dies erleichtert die Abwicklung von Veränderungsprogrammen und sorgt dafür, daß die Veränderungen miteinander in Einklang stehen und sich gegenseitig verstärken.

Und je mehr sich die Veränderungen selbst und gegenseitig verstärken, desto mehr lernt das Unternehmen, bessere und schnellere Veränderungen zu finden, die wiederum den Lernkreislauf verstärken und so weiter. So entsteht ein beschleunigendes Unternehmen.

In einem solchen Unternehmen muß man viele gleichzeitige Bemühungen zur Verbesserung verschiedener Managementaspekte fördern – von der Strategie über den Betrieb bis hin zur Beteiligung der Mitarbeiter. Und da alle sechs Veränderungsprozesse kontinuierlich ablaufen, muß man nicht alle Maßnahmen betrieblicher Verbesserungen stoppen, bis jemand die beste Möglichkeit zur Beschleunigung des Lernens gefunden hat. Und umgekehrt muß man auch nicht die Projekte zur Verbesserung der Lerninfrastruktur auf Eis legen, bis der operative Bereich perfektioniert ist. Man kann an vielen Fronten zugleich nach vorne marschieren.

Und das *muß* man auch. Alle Veränderungsprozesse sind untrennbar miteinander verwoben, auch wenn man sie im Geiste auseinanderhalten kann und mit jedem Prozeß eine besondere Perspektive auf ein Unternehmen und die komplexen Zusammenhänge zwischen Veränderungen, Verbesserungen und Management erhält.
Aus jeder dieser Perspektiven kann man die gesamte Funktionsweise des Unternehmens betrachten. Das Konzept des lernenden Unterneh-

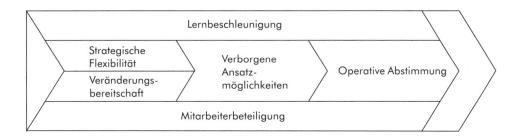

mens beispielsweise beruht darauf, das Unternehmen nur als einen Lernprozeß zu betrachten, der sich in ihm vollzieht. Man kann ein Unternehmen aber auch als System zur Ausführung einer Strategie sehen, eine früher häufig anzutreffende Anschauung. Das gleiche Unternehmen läßt sich auch als Reihe operativer Prozesse erklären, die umgestaltet und abgestimmt werden müssen (die Perspektive des Business Reengineering), oder als komplexes soziales System, das sich durch größere Beteiligung der Mitarbeiter verbessern läßt (die Philosophie der Organisationsentwicklung). Und selbst aus der Perspektive der heimlichen Spielregeln läßt sich ein Unternehmen betrachten.

All diese Perspektiven haben ihre Berechtigung, aber ihre isolierte Anwendung ist nicht besonders nützlich. Man läuft Gefahr, sich von der jeweils herrschenden Modewelle treiben zu lassen, und, schlimmer noch, man unternimmt nichts im Sinne einer übergreifenden Abstimmung. Und ohne diese Abstimmung können die Prozesse völlig auseinanderfallen.

Ein vom gesamten Unternehmen geteiltes mentales Modell zu Wandel und Lernen verhindert diesen Zerfall – und gewährleistet die Abstimmung. Und dies beschreibt den Umfang unseres Ansatzes: ein Modell, das in seiner Breite alle Tätigkeiten beinhaltet, so daß jeder seinen Platz darin kennt, das aber gleichzeitig (nach dem Grundsatz minimaler erforderlicher Festlegungen) von einigen wenigen wesentlichen Prinzipien geleitet wird, die Freiraum für das Beschreiten kreativer neuer Wege in Einzelprojekten lassen.

Wie es sich für gemeinsame mentale Modelle gehört, ist das Modell in diesem Buch darauf ausgelegt, daß man sich leicht daran erinnern kann. Der Wandel läßt sich in viel mehr Prozesse aufschlüsseln, als wir es hier getan haben, aber in der Praxis ist dies wenig hilfreich. Psychologen haben nachgewiesen, daß Menschen in einer bestimmten Situation ungefähr sieben Aspekte eines Konzepts oder einer Tätigkeit im Kopf behalten können. Wir schlagen daher unsere sechs Prozesse und als siebten Aspekt ihre wechselseitige Abstimmung vor. Die Schule des Mittelwegs sollte jedes Unternehmen beherrschen und beherzigen. Sie besteht aus:

- strategischer Flexibilität,
- Veränderungsbereitschaft,
- verborgenen Ansatzmöglichkeiten,
- operativer Abstimmung,
- Mitarbeiterbeteiligung,
- Lernbeschleunigung.

Nur kein großer Knall

Muß man, um einen umfassenden transformativen Wandel zu bewirken, überall im Unternehmen gleichzeitig beginnen? Wir antworten mit einem entschiedenen Nein.

Die wahllose Übernahme neuer Managementideen, die als universelle Wundermittel verpackt und in vorher festgelegten präzisen Schritten angewandt wurden, war einer der Hauptgründe für das Scheitern vieler TQM- und Reengineering-Programme. Und sehr wahrscheinlich wird sie auch zum Scheitern vorgefertigter Programme über das Lernende Unternehmen führen.

Wir sollten diese Veränderungshysterie mit einer Dosis Pragmatismus dämpfen. Wenn man den Wandel als sechs Prozesse versteht, die zu gegebener Zeit gelenkt werden müssen, kann man sich ein Menü von Veränderungsmaßnahmen in der richtigen Größenordnung zusammenstellen. Dabei läuft man nicht Gefahr, sich an der ganzen Speisekarte den Magen zu verderben. Auch wenn alle sechs Prozesse verbessert – und dabei aufeinander abgestimmt – werden müssen, ist es nicht nötig, sie gleichzeitig anzupacken. Man sollte sich im Rahmen seiner Kräfte darauf hinentwickeln.

Jede bedeutende Unternehmensberatung nimmt heute den »ganzheitlichen Standpunkt« ein. Das ist gut und schön und philosophisch nicht zu widerlegen, aber für die meisten Praktiker ist es einfach unmöglich. Wollte man alle angeregten Maßnahmen sofort einleiten, würde dies zu einer massiven Überlastung einer ohnehin bereits stark beanspruchten Belegschaft führen und das Unternehmen letztlich nicht transformieren, sondern sogar schädigen.

Wer sich mit dem Gedanken an Veränderungen trägt, der sollte sich also nicht zuviel auf einmal zumuten. Das wäre weder klug, noch notwendig. Das Unternehmen selbst muß die Verantwortung für seine Veränderungsprozesse und die Entwicklung seiner Fähigkeiten übernehmen. Wer anders verfährt, erreicht damit bestenfalls eine kurzfristige Lösung und schlimmstenfalls eine Invasion nicht enden wollender Anforderungen, die das Unternehmen schwächen und abhängig machen.

Hilfe und Rat von außen sollte man begrüßen, wenn sie benötigt werden – obgleich man oft desto mehr Rat braucht, je mehr man ihn in Anspruch nimmt. Aber man darf nie zulassen, daß diese Unterstützung von außen dem Unternehmen Lern- und Veränderungsfähigkeit raubt.

Einen Teil der Kontrolle aufgeben

Um die Fähigkeit des Unternehmens zu einem schnellen Vormarsch auf möglichst breiter Front zu steigern, benötigt man alle Kraft der Mitarbeiter, die die Effektivität des Unternehmens vergrößern wollen. Man würde dem Unternehmen daher keinen Gefallen tun, wenn man ihre Begeisterung durch die Einführung einer zentralen, mechanischen Kontrolle für den Wandel dämpfen würde.

Im ersten Kapitel haben wir Unternehmen erwähnt, die ein biblisches Alter erreicht haben, weil sie es unter anderem zugelassen haben, daß ihre Randbereiche auf Neuland vorstoßen und neue Strategien und Ideen erproben, während das Zentrum einen stabilen Kern bewahrte, bis sich die Experimente schließlich als erfolgreich erwiesen hatten und auf den Rest des Unternehmens übertragen werden konnten.

Diese Strategie bietet die Schutzräume für Fehler, die einzelne und Teams für ihre lokalen Experimente brauchen. Diese Räume für erste Unternehmensexperimente sollten drei Merkmale aufweisen:

Erstens müssen sie so deutlich vom Rest des Unternehmens abgetrennt sein, daß in ihnen alles verändert werden kann, was das Experiment erfordert, ohne daß sich der Rest des Unternehmens merklich verändern muß.

Zweitens müssen sie genügend Ähnlichkeit mit dem Rest des Unternehmens haben, damit das Experiment bei allen einen Lerneffekt erzielt.

Drittens müssen die Führungskräfte in den Experimentierstätten Experimente und Veränderungen ihrer Mitarbeiter erlauben und fördern. Sie müssen *veränderungsbereit* sein. Experimentierfreudige Mitarbeiter mit neuen Ideen folgen oft einem inneren Bedürfnis, anders zu sein und an vorderster Front zu stehen. Diese »Selbststarter« müssen nicht eigens angestachelt werden. Wenn jedoch ein Bereich des Unternehmens ohne eine Führung mit solchen Selbststarter-Qualitäten Veränderungen dringend nötig hat und dem Rest des Unternehmens eine wertvolle Lernerfahrung vermitteln könnte, dann sollte eine neue Führung eingesetzt werden, um den Lernprozeß in Gang zu setzen.

🖉 Experimente fördern

Pepsico fördert ein mentales Modell des Experimentierens. Der stellvertretende Vorsitzende Roger Enrico meint, daß die Mitarbeiter die Fähigkeit zum Durchbrechen der Regeln brauchen: »Sie müssen über ihren eigenen Horizont hinaussehen können und dürfen sich nicht von den Grenzen üblicher Verfahrensweisen hypnotisieren lassen.«

AT&T hat ein Jahresbudget für Managerausbildung von 3,5 Millionen Dollar und wendet ein Fünftel davon für Kurse auf, die die Selbstbeobachtung fördern.

Die Verantwortlichen des Wandels haben darauf zu achten, daß diese drei Voraussetzungen erfüllt sind. Sie müssen Experimente mit neuen Strategien und Ideen in solchen abgeschiedenen Bereichen fördern. Wenn das gesamte Unternehmen Veränderungen benötigt, aber nicht über einen genügend abgeschiedenen Bereich verfügt, dann muß es unter Umständen sogar eine geeignete Firma kaufen, die dem Unternehmen die Chance eröffnet, andere Ideen genau zu beobachten und mitzuerleben. Nach der Übernahme muß der Vorstandsvorsitzende dafür sorgen, daß die Unterschiede nicht im Namen der Standardisierung ausradiert werden. Das Unternehmen muß die Übernahme als Chance begreifen, mit neuen Ideen zu experimentieren und so sein Lernen zu beschleunigen.

Vorreiter des Wandels und Lernens

Effektive Führungspersönlichkeiten müssen genauso lernen wie ihre Unternehmen. Sie können nicht in vornehmer Zurückhaltung ihr Wissen vermitteln und sich dabei der Hoffnung hingeben, ein lernendes Unternehmen zu schaffen. Diese Einstellung hängt mit einem grundsätzlichen Problem zusammen. Viele Führungskräfte haben zwar sehr viel vom lernenden Unternehmen gehört, können sich aber immer noch nicht so recht vorstellen, worum es sich dabei handelt.

Jüngst traf eine Reihe von Unternehmensführern zusammen, um über dieses Thema zu diskutieren. Es wurde fast einhellig als wichtig eingestuft, und alle Anwesenden waren sich sicher, daß sie das Lernen in ihren Unternehmen bereits förderten. Und damit waren sie bereits beim Thema Ausbildung angelangt.

Um es deutlich zu sagen: Viele Diskussionen über das Lernen haben herzlich wenig mit lernenden Unternehmen zu tun. Um den Führungsanforderungen des Wandels und Lernens gerecht zu werden, müssen also zuerst einmal die Führungskräfte ihre Hausaufgaben machen.

Das zweite Führungsproblem betrifft die Frage des Risikos. Veränderungen sind ein Risiko für alle und natürlich auch für die Führungskräfte eines Unternehmens. Die meisten Topmanager tauschen nur sehr ungern Bewährtes gegen Unerprobtes ein, auch wenn gute Argumente dafür sprechen. Wie alle Angehörigen des Unternehmens müssen sie zufrieden sein mit den Antworten auf die fünf Kriterien der Veränderungsbereitschaft, wie wir sie im zweiten Kapitel angesprochen haben.

Alle Mitarbeiter des Unternehmens müssen davon überzeugt sein, daß:

- Veränderungen notwendig sind,
- der vorgeschlagene Wandel angemessen ist,
- sie als Einzelpersonen berücksichtigt werden,
- sie die Fähigkeiten zum Erreichen der Ziele besitzen,
- das »System« das erforderliche Verhalten unterstützt.

 Toyotas Vertrauen in die Mitarbeiter

Toyota, das Vorzeigeunternehmen der Automobilbranche im Hinblick auf Qualität und Produktivität, hat sich diese Vormachtstellung durch die Orientierung am Prozeß des Lernens und der Verbesserung erarbeitet. Und kürzlich hat das Unternehmen in einer alten Fabrik in Japan eine Fertigungsstraße eingerichtet, die ein noch höheres Qualitätsniveau erreicht – 12 Prozent weniger Defekte und 20 Prozent höhere Produktivität –, als die bislang beste Fertigungsstraße des Unternehmens. Wie hat Toyota das geschafft?

Man verringerte die Automation um zwei Drittel und setzte wieder mehr menschliche Arbeitskräfte ein. Toyota hat begriffen, daß Maschinen und Roboter nicht lernen und keine Verbesserungen durchführen können. Das konnten nur Menschen, wenn die Voraussetzungen und Instrumente zum Lernen vorhanden waren. Toyota erklärt, daß schnelles Lernen im Unternehmen den höchsten Wettbewerbsvorteil darstellt – und daß Mitarbeiter den kritischen Kern dieses Lernens ausmachen.

Das dritte Problem ist eines der Einstellung. Der Wunsch einer Führungspersönlichkeit, ein wandlungsfähiges Unternehmen zu schaffen, muß viel tiefer reichen als der bloße Wunsch nach anhaltend hohen Leistungen. Wenn wir mit Führungspersönlichkeiten sprechen, die mit Leidenschaft für ein beschleunigtes Lernen eintreten, spüren wir bei ihnen allen die gemeinsame Auffassung, daß sich das Potential eines Unternehmens nur über eine Quelle erschließt: die Mitarbeiter. Wir möchten dies mit zwei Beispielen veranschaulichen.

Der frühere Vorsitzende des indischen Lastwagenherstellers Tata, Sumant Moolgaokar, orientierte sich stark an den Mitarbeitern. Er zeigte großen Respekt für die Lernfähigkeit und die fachlichen Qualitäten jedes einzelnen. Dies äußerte sich in jeder Begegnung mit einem der 40000 Mitarbeiter des Unternehmens. Er war ein Meister in der Kunst des Management by Walking Around.

Er sprach mit Maschinenarbeitern in der Fabrik, mit Mechanikern in der Werkstatt, mit Gärtnern auf dem Unternehmensgelände. Er bekundete sein Interesse an ihrem Leben und ihrer Familie und war immer besonders neugierig, wenn es um ihre Lernerfahrungen bei der Arbeit ging. Er wollte wissen, was neu und besser war. Er gab den Mitarbeitern das Gefühl, daß ihre Arbeit etwas wert war und daß er sich für ihre Entwicklung und ihr Wachstum interessierte.

 Die Stimme Moolgaokars

»Menschen glauben an lohnende Ziele. Immer wieder habe ich es erlebt, daß junge Menschen, angefeuert von einem Ideal, weit über ihre Pflicht hinausgegangen sind, um etwas zu verwirklichen. Wenn das, wofür das Unternehmen steht, diesen Funken in seinen Mitarbeitern auslösen kann, dann ist es auf dem Weg zum Erfolg. Wenn die Menschen stolz auf ihr Können sind und nach Perfektionierung streben, geben sie ihren ›kreativen‹ Impulsen Raum, ohne sich gegenseitig den Rang streitig zu machen. Es ist eine seit langem gesicherte Tatsache, daß sich die Menschen an der Ausübung ihrer Fähigkeiten erfreuen und daß diese Freude mit wachsender Komplexität der Fähigkeiten noch größer wird. Wir können diesem Prinzip nichts hinzufügen, aber wir können ihm Gestalt verleihen und ihm auch im industriellen Umfeld Leben einhauchen.«

Sumant Moolgaokar, früherer Vorsitzender der Tata Engineering and Locomotive Company.

Aber Moolgaokar und seine Manager und Berater hatten gelernt, Grenzen zu ziehen und die Anreize innerhalb dieser Grenzen anzusiedeln. Der Erfolg des Unternehmens bestätigte die Richtigkeit dieses Ansatzes. Doch Moolgaokar fühlte einen Widerspruch. Bei jedem Einzelgespräch ermunterte er die Mitarbeiter zu freiem Lernen und Forschen. Dies paßte jedoch nicht zu den mechanistischen Managementsystemen, die ihn hart und unpersönlich erscheinen ließen. Er suchte nach Managementmethoden, die mit seinen persönlichen Werten übereinstimmten.

Die Lösung dieses Problems bahnte sich an, als ein Generaldirektor neue Formen des Mitarbeitermanagements erprobte. Er bildete funktionsübergreifende Teams, schaffte Einzelanreize ab und ermunterte die Teams im Einklang mit den Gesamtzielen des Unternehmens eigene Ziele festzulegen. Moolgaokar schützte diesen Generaldirektor vor dem zentralen Führungsstab, der sich durch die Innovationen bedroht fühlte. Er erkannte das Entstehen eines Lernbereichs für das Unternehmen und auch für sich selbst.

Schon nach einigen Jahren zeigte das Experiment deutlich bessere Resultate als andere Teile des bereits erfolgreichen Unternehmens. Und so erwachte das Interesse anderer an einem eigenen Prozeß des Wandels. Moolgaokar verstärkte diesen Trend, als er ausdrücklich anerkannte, aus diesem Experiment selbst nützliche Erkenntnisse für die Führung eines Großunternehmens gewonnen zu haben.

Lernende Führung bei Cemex

Lorenzo Amaya, der frühere Geschäftsführer der Pazifikgruppe von Cemex, kann eine ähnliche Geschichte erzählen. Er und sein Stab beschäftigten sich bei den Planungen zu einer neuen Fabrik voller Begeisterung mit den Konzepten der soziotechnischen Schule, weil sie sich davon einen Nutzen erhofften, den das bestehende effiziente, aber mechanistische System nicht realisieren konnte.

Der Führungsstab der Zentrale sprach sich gegenüber dem Vorstandsvorsitzenden Lorenzo Zambrano vehement dagegen aus, eine große Kapitalinvestition durch ein unerprobtes Managementsystem aufs Spiel zu setzen. Zambrano sah sowohl die Risiken als auch die Möglichkeiten, da er es in seiner Zeit als Fabrikleiter in kleinerem Rahmen mit ähnlichen Ideen versucht hatte.

Schließlich gab er Amaya Rückendeckung und beschrieb das Projekt gegenüber dem Führungsstab in kluger Voraussicht als »Experiment«. Dank dieser Einstufung konnte Amaya auf die Unterstützung vieler Stabsmitglieder rechnen, die alle nach einer Lernerfahrung strebten.

Viele Teile des neuen Ansatzes funktionierten; manche funktionierten nicht. Aber im Endeffekt hatten Zambrano und das gesamte Unternehmen größeres Vertrauen in die Aussichten ähnlicher Veränderungen an anderer Stelle gewonnen.

Der Einstellung der Führungspersönlichkeiten kommt hier eine entscheidende Bedeutung zu. Nur wenn sie daran glauben, daß Risiken akzeptabel sind, und mit ihrer Haltung die Wichtigkeit der Mitarbeiter unterstreichen, kann das Unternehmen etwas Neues lernen.

Beschleunigung durch Verkleinerung

Ein beschleunigendes Unternehmen, das sich ständig verändert, wird sehr wahrscheinlich neue Mitarbeiter dazugewinnen und viele alte verlieren. Das Konzept der lebenslangen Anstellung bei einem einzigen Arbeitgeber wird für solche Unternehmen nur noch eine untergeordnete Rolle spielen.

Einerseits wünschen sich viele Menschen angesichts ihrer gestiegenen Lebenserwartung eine Fortsetzung ihres aktiven Arbeitslebens über die vorgesehene Altersgrenze hinaus. Andererseits möchten die Unternehmen ihren jüngeren Mitarbeitern Entwicklungsmöglichkeiten bieten. Und da viele Menschen gezwungenermaßen oder aus freien Stücken ihre beruflichen Fähigkeiten auf dem freien Markt anbieten, um einen möglichst hohen persönlichen Nutzen zu erzielen, wird sich auch das Konzept der »Anstellung« verändern, wie es bereits häufig der Fall ist. Vielleicht werden die Unternehmen den neuen sozialen Vertrag mit ihren Gemeinden und ihren Mitarbeitern eines Tages besser gestalten, damit die Menschen ohne Trauma kommen und gehen können. Aber ehe sie diesen idealen Rhythmus gefunden haben, werden sie durch

Umstrukturierung und Rationalisierung sehr wahrscheinlich vor der Notwendigkeit stehen, eine große Zahl von Mitarbeitern auf einmal zu entlassen. Die schmerzliche Frage für viele Führungspersönlichkeiten lautet, wie sie diesen drastischen Schritt mit dem geringstmöglichen Schaden für die Vitalität und Moral des Unternehmens steuern können.

Die Kriterien für die Veränderungsbereitschaft des Unternehmens bieten hier einen Leitfaden. Wenn das Unternehmen einen Punkt erreicht, an dem große Kürzungen unvermeidlich geworden sind, haben auch die meisten Mitarbeiter die Notwendigkeit eines Wandels erkannt. Auch wenn sie selbst Ideen zu möglichen Lösungen haben, warten sie darauf, daß »jemand etwas tut«.

In solch einer Situation können Führungskräfte die Frustration in Motivation umlenken, wenn sie eine Zukunftsvision des Unternehmens ausstrahlen. Solange die Vision des Veränderungs- und Verbesserungsprozesses den Mitarbeitern eine befriedigende Rolle zuweist, kann die Führungspersönlichkeit mit ihrer Unterstützung rechnen. Wenn die Führungspersönlichkeit glaubwürdig erscheint – und das kann sie nur, wenn sie die Probleme gegenüber den Mitarbeitern offen angesprochen und eventuelle eigene Fehler eingestanden hat –, kann sie dank dieser Unterstützung die moralische Autorität gewinnen, den Kurs des Unternehmens in den kommenden schweren Zeiten zu steuern.

Die Berücksichtigung einzelner stellt ein weiteres wichtiges Kriterium für die Veränderungsbereitschaft dar, und hier steht die Führung vor besonders schweren Entscheidungen. Die Aufgabenverteilung muß sich gegenüber dem Status quo vielleicht erheblich verändern, und einige Mitarbeiter werden das Unternehmen unter Umständen verlassen müssen. Hier muß schnell und entschlossen gehandelt werden. Aber wie steht es mit den dadurch verursachten Schmerzen?

✍ Stellenabbau bei YPF

1990 erhielt die neue Führung der nationalen Ölgesellschaft YPF von der argentinischen Regierung den Auftrag zur Reorganisation des Unternehmens, um es von den Fesseln staatlicher Bürokratie zu befreien und die Belegschaft drastisch zu verkleinern.

Mit einem breiten Spektrum von Programmen, das die Bedürfnisse und Be-

Wandel durch Lernen und Lernen durch Wandel

strebungen der Mitarbeiter berücksichtigte, konnte YPF viele Arbeiter dazu bewegen, die notwendigen Veränderungen zu akzeptieren. Die Umstrukturierung führte zu erstaunlichen Ergebnissen. Von 52 000 Angestellten und Vertragsmitarbeitern kündigten mehr als 49 000. Nach der Einstellung neuer Mitarbeiter verfügte YPF über eine hochmotivierte, kompetente Belegschaft von knapp unter 6 000 Angestellten. Nachdem man im Geschäftsjahr 1990 Verluste in Höhe von fast 600 Millionen Dollar verzeichnet hatte, erzielte man 1993 Gewinne von 706 Millionen Dollar.

Wie war dieser Wandel praktisch ohne Arbeitskämpfe und Störungen möglich? Mit Blick auf die langfristige Entwicklung, durch lange Verhandlungen mit den mächtigen Gewerkschaften und mit beträchtlichen Kosten. Zuerst handelte YPF das Recht auf Entlassungen aus und erklärte sich im Gegenzug zu großzügigen Abfindungen für die betroffenen Arbeiter bereit. Mehr als 5 000 der gekündigten Arbeiter wurden zur Gründung eigener Unternehmen ermuntert, und YPF verpflichtete sich, ihre Dienstleistungen bis zu zwei Jahre in Anspruch zu nehmen. Andere Mitarbeiter erhielten ein Jahr lang volle Bezüge und im Anschluß Abfindungen.

YPF erreichte diesen Umschwung, weil es der menschlichen Seite des Wandels Rechnung trug.

Wir können nur dazu raten, auch bei harten Entscheidungen die menschliche Seite des Wandels zu berücksichtigen. Diejenigen, die sich über ihre Pflichten hinaus für das Unternehmen eingesetzt haben, sollten mit Fairneß und Würde behandelt werden. Wenn man sie verletzt, nur weil man nicht ihrer Meinung ist, verliert die Führung etwas von der moralischen Autorität, die ihr die Mitarbeiter verliehen haben. Aber man muß auch entschlossen handeln. Oft fällt es den Unternehmensleitern schwer, die anderen Mitglieder des Vorstands und ihren persönlichen Stab genauso zu behandeln wie die Mitarbeiter des Unternehmens, die sie nicht persönlich kennen. Wer auf diese Weise mit zweierlei Maß mißt, der muß mit einem beträchtlichen Autoritätsverlust und der Verbreitung von Zynismus rechnen, der dem für den Wandel notwendigen Engagement die Basis entzieht.

Unternehmensführer aus 40 europäischen und asiatischen Unternehmen, die sich im Oktober 1995 in Bombay zu Gesprächen über die Rolle der Führung im transformativen Wandel trafen, haben diese Einschätzung bestätigt. Viele berichteten, daß sie die volle Unterstützung ihrer Unternehmen erst fanden, als sie schmerzliche Einschnitte bei ihren Vorstandskollegen vornahmen.

Bei alledem darf man jedoch die Humanität nicht vergessen. Die scheidenden Mitarbeiter sollten so gut wie möglich bei der Suche nach einer anderen Arbeit und mit großzügigen Abfindungen unterstützt werden. Vor allem jedoch müssen sie einen würdevollen Abschied bekommen. Eine Sekretärin riet ihrem Unternehmen anläßlich einer großen Umstrukturierung: »Wir wissen, daß einige von uns gehen müssen, obwohl wir hier schon seit Jahrzehnten tätig sind. Aber nehmen Sie uns nicht unsere Würde. Wir sind Menschen und haben unser Bestes getan. Die Zeiten haben sich geändert, und einige von uns werden die erforderlichen neuen Kenntnisse nicht erlernen können, und selbst wenn wir es könnten, wären wir vielleicht zu viele. Aber wenn wir gehen, dann sollte das nicht unpersönlich oder mit Schande geschehen. Lassen Sie uns in gegenseitigem Respekt auseinandergehen.«

Und zu guter Letzt muß man einfach handeln.

Wenn das Unternehmen mit all seinen jetzigen Mitarbeitern nicht konkurrenzfähig ist, dann muß die Führung – auch aus Sicht der Mitarbeiter – die notwendigen harten Entscheidungen treffen. Nach Überprüfung der finanziellen und gesetzlichen Auswirkungen sollte man also nicht mehr länger zögern.

Dabei muß man sich stets vergegenwärtigen, daß die Notwendigkeit eines massiven Stellenabbaus auf früheres Mißmanagement hindeutet – auf ein Fehlen flexibler und kontinuierlicher Veränderungen. Daraus sollte man eine Lehre für die Zukunft ziehen: Das Unternehmen muß sich Tag für Tag und Jahr für Jahr erneuern. Die Mitarbeiter müssen neue Fähigkeiten erlernen, es sollten sich neue Teams bilden. Von einigen Mitarbeitern oder Teilen des Unternehmens wird man sich trennen, und andere werden an Bord kommen.

Aber dieser unaufhörliche Wandel in einem beschleunigenden Unternehmen wird nicht mehr traumatisch sein und keine Amputationen erfordern, die das Unternehmen und das umgebende Gemeinwesen schokkieren. Wenn ein Stellenabbau unumgänglich ist, sollte seine Abwicklung dem Unternehmen nicht die Lebenskraft entziehen. Und danach sollte das Unternehmen auf eine Weise geführt werden, die weitere Entlassungen überflüssig macht.

Wohin geht die Reise?

In den letzten zwanzig Jahren haben die Unternehmen viel von ihrer Selbstbezogenheit verloren und orientieren sich jetzt stärker am Kunden. Sie sind weniger hierarchisch und dafür mehr als horizontale »Prozesse« organisiert. 1990 schloß das Massachusetts Institute of Technology (MIT) eine fünfjährige Untersuchung von hundert Unternehmen der Automobilindustrie aus aller Welt ab, die dieses neue Managementmodell beschreibt. Die Studie zeigt, daß einige japanische Unternehmen dank dieses Ansatzes sogar die Wettbewerbsformen innerhalb der Branche verändern konnten. In dem neuen Modell kam jedoch nicht einfach die traditionelle japanische Kultur zum Ausdruck, wie einige Beobachter meinten, sondern die bewußte Kultivierung eines neuen Managements komplexer Organisationen. Und die Autoren der Untersuchung zeigten, daß diese Managementform auch außerhalb Japans von einigen Unternehmen mit großem Erfolg praktiziert wurde.

 Buchtip zur MIT-Untersuchung

Die ersten Ergebnisse der MIT-Untersuchung wurden 1985 in dem Bericht *The Future of the Automobile* veröffentlicht. Weitere Nachforschungen führten schließlich zu der Buchveröffentlichung *Die zweite Revolution in der Autoindustrie* von James P. Womack, Daniel T. Jones und Daniel Roos (Frankfurt/New York 1992).

In den letzten Jahren richtet sich der Blick amerikanischer und europäischer Unternehmen, von denen viele bereits von der Übernahme mehrerer in Japan erprobter Managementansätze profitiert haben, verstärkt auf die Zukunft. Sie wollen Managementformen finden, mit denen sie im nächsten Jahrhundert einen Vorsprung vor der asiatischen Konkurrenz gewinnen können. Und umgekehrt wollen die Marktführer in der asiatisch-pazifischen Region natürlich ihren Platz an der Sonne bewahren.

Unabhängig von ihrem Ausgangspunkt stellen sich fast alle diese Unternehmen eine Zukunft vor, in der sie durch Vernetzung und Kompetenzaustausch über innerbetriebliche Grenzen hinweg agiler werden und ihre Kunden mit viel besseren und preiswerteren Diensten versorgen können. Sie erkennen die entscheidende Rolle der Informationstechnologie für diese Vernetzung und die Notwendigkeit von Kommunikationsstandards, um die Vernetzung zu erleichtern. Darüber hinaus sind sie sich der enormen Bedeutung der Mitarbeiter bewußt, die als Ressourcen des Unternehmens das größte Wertsteigerungspotential besitzen.

Nach einhelliger Meinung der Experten scheint die Welt unaufhaltsam auf eine Vernetzung von einzelnen und Unternehmen zuzusteuern, die miteinander kooperieren. Im Sommer 1995 veranstaltete Arthur D. Little eine Gesprächsrunde von Führungskräften aus Unternehmen, die von Fachleuten als »crème de la crème« der Verfechter neuer Managementmodelle eingeschätzt werden. Vertreten waren unter anderem DuPont, Hewlett-Packard, Corning, Xerox, MCI und Texas Instruments.

Die teilnehmenden Topmanager waren in ihren Unternehmen jeweils verantwortlich für die Entwicklung umfassender Verbesserungsprogramme. Jeder einzelne von ihnen verfügte über große Erfahrungen im Business Reengineering oder Quality Management, und jeder vertrat feste Auffassungen dazu. Und es zeigte sich sehr schnell, daß alle Teilnehmer erstaunlich ähnliche Anschauungen zur Entwicklung der Managementpraxis im nächsten Jahrhundert hatten.

Sie prognostizierten für die nächsten zehn Jahre eine Entwicklung von den relativ starren, hierarchischen und mechanistischen Organisationsformen von heute zu flexibleren, anpassungsfähigen, lernenden Unternehmen. Sie alle erkannten ganz deutlich, daß Unternehmen als Teil ihres größeren gesellschaftlichen Zusammenhangs gesehen werden müssen. Und in den Diskussionen entstand ein Konsens zu den hauptsächlichen Veränderungen in der Gesellschaft, die die Unternehmen zu einer neuen vernetzten Arbeitsform hinführen würden.

Zur Beschreibung der Entwicklungsschritte auf dem Weg zu einem exzellenten wandlungsfähigen Unternehmen bis zum Jahr 2005 unterteilten die Anwesenden ihre Beobachtungen in drei Kategorien: Management und Unternehmen, Kultur und Mitarbeiter sowie Gesellschaft und Industrie.

Die Gruppe war sich einig, daß Hochleistungsunternehmen in wenigen Jahren dazu übergehen werden, nicht nur Kompetenzen, sondern

Hochleistungszentren festzulegen. Sie zeigte sich überzeugt, daß schon bald eine Netzstruktur – ein Netzwerk horizontaler Prozesse und unternehmensweiter Funktionen wie Informationssysteme, Buchhaltung, Personal (siehe Kapitel 5) – entstehen wird, an deren Knotenpunkten die Hochleistungzentren liegen werden.

In etwas fernerer Zukunft erwarten diese Experten, daß sich als Ergebnis eines nahtlosen Informationsflusses und der Lockerung staatlicher Verordnungen, die Grenzen zwischen den Unternehmen verwischen werden. Diese Allianzen werden fließend sein und sich nach strategischen Notwendigkeiten verändern. Die Unternehmen werden immer kleiner werden und sich auf ihre Kompetenzen konzentrieren. Kommunikations- und Informationstechnologie werden dazu führen, daß nationale Grenzen für Geschäftstätigkeiten keine nennenswerte Rolle mehr spielen. Die Konzentration auf Kompetenzen wird die Fremdvergabe von Aufträgen verstärken, und daraus werden an neuen Standorten in aller Welt neue Märkte entstehen. Die Definition von Arbeit wird sich verändern. Kontinuierlich lernende Unternehmen werden Mitarbeiter benötigen, die kontinuierlich lernen. Dank individueller Kompetenzen werden Beziehungen zu verschiedenen Unternehmen geknüpft, und die Vorstellung des virtuellen Unternehmens wird in greifbare Nähe rücken.

Im Zuge ihrer Voraussagen zum Zeitverlauf dieser Entwicklungen erkannten die Teilnehmer unserer Expertenrunde, daß die Manager ihre Vorstellungen über die Beziehung zwischen Mitarbeitern und Unternehmen überdenken müssen.

Angesichts einer sinkenden Zahl von Vollzeitangestellten, von denen immer weniger ein lebenslanges Beschäftigungsverhältnis erwarten, wird sich, so schlossen sie, auch das Vertragsverhältnis zwischen Unternehmen und Mitarbeitern radikal verändern. Der soziale Vertrag ändert sich bereits – selbst in Japan –, da die Unternehmen die Beziehung zu ihren Mitarbeitern neu festlegen, um im weltweiten Wandel nicht den Anschluß zu verlieren.

Auch der rechtliche Vertragsrahmen wird sich ändern müssen. Im Hinblick auf die soziale Entwicklung bereiten die Unternehmen ihre Mitarbeiter durch mehr Ausbildung auf eine vielseitigere Verwendbarkeit vor. Und sie helfen sogar den Entlassenen bei der Suche nach einer neuen Stelle.

Zeitverlauf des Wandels

	1996-1997		
Management/ Unternehmen	Interne Leistungsmaßstäbe klar an externe Maßstäbe gebunden Unternehmen konzentrieren sich auf wenige Kompetenzbereiche Der Unternehmensleiter hat die Aufgabe, durch Beeinflussung und Verhandlung die Integration von Prozessen und Unternehmen zu gestalten	Entwicklung eines gemeinsamen dynamischen Denkmodells und einer Sprache im Unternehmen (Vision, Werte, Prozesse, Märkte) Führende Unternehmen bedienen sich flexibler Organisationsstrukturen, die auf einem Netzwerkmodell beruhen	Im Unternehmen enstehen Hochleistungsbereiche Mitarbeiterspezifische Fragen werden als notwendiges Erfolgskriterium für Umstrukturierung erkannt
Kultur/ Mitarbeiter	Ausnutzung von Vielfalt Umfassende Leistungsbeurteilungen Erkenntnis, daß sich die Lernformen verändern müssen Lernen in Unternehmen fördern (z.B. in Teams statt individuell)	Arbeitssysteme für Hochleistung: teambezogen, kundenorientiert Einzelne spezialisieren sich auf ihre persönlichen Kernkompetenzen	
Gesellschaft und Industrie	Unternehmen wird mehr als Bündel von Transaktionen (und weniger als Eigentum von Produktionsmitteln) verstanden Netzwerktechnologie für operative Verbindung in und zwischen Unternehmen wird verfügbar		

Wandel durch Lernen und Lernen durch Wandel

1998-2001		2002-2005	
Verbesserte Methoden und Instrumente zur Definition von Chancen im Kernbereich und bei Vertragspartnern	Neue Instrumente und Techniken zur Verbesserung kreativer Prozesse	Verbesserte Arbeitsgruppeninstrumente erleichtern den einzelnen den Zugang zu Systemen	
Zunehmende Fremdbeschaffung und Außenvergabe von Prozessen außerhalb des Kernbereichs	Qualität erfüllt das gesamte Unternehmen, nicht nur die offizielle Organisation	Ausgewogene Unternehmensstruktur zwischen zentralen/dezentralen Prozessen/Funktionsbereichen	
Entwicklung von Prozessen, die Mitarbeitern eine flexible Gestaltung des Arbeitsinhalts erlauben	Prozesse werden neu gestaltet und durch Elemente der Selbstanpassung und des Lernens bereichert	Individuelle Hochleistungszentren: Lernpläne des Unternehmens	
Umstrukturierung der Personalabteilung vom Transaktions-management zur Unterstützung der Betriebsbereiche auf Abruf		Mehr Selbstverwaltung, weniger Management von oben	
		Mehr »Unternehmergeist« im Unternehmen	
Effektive, fähigkeitsbezogene Beurteilungssysteme		»Telecommuting« als akzeptierte Arbeitsweise	Veränderte Beziehung zwischen Mitarbeitern und Unternehmen (Selbstverantwortung und Partnerschaft)
Bezahlung/Prämien abhängig von längerfristigen Leistungen		Beruflicher Werdegang bei mehreren Arbeitgebern	
Flexiblere Arbeitsregeln		Stärkerer Akzent auf kontinuierlichem Lernen	Jobs und Aufgaben entwickeln sich im Hinblick auf individuelle Stärken
Wertketten brechen zusammen; dynamische Verlagerung der Unternehmensgrenzen in der vertikalen Wertkette		Transaktionsstandards	Lockerung rechtlicher/staatlicher Einschränkungen der Zusammen-arbeit zwischen Unternehmen
		Zugängliche Ressourcenbestände	
		Neudefinition finanzieller Attraktivität und Risiken	
		Vielfältige integrierende Kräfte suchen nach geeigneten Kompetenzen, um neue Partnerschaften zu schließen und die Bedürfnisse der Kunden zu erfüllen	Mehr Einfluß der Unternehmen auf das Bildungssystem (vertikale Entwicklung der Versorgungskette)

Aber die meisten Arbeitgeber erwarten beim Weggang von Mitarbeitern, daß diese ihr Wissen in der alten Firma zurücklassen – geistiges Eigentum, Kundenkenntnisse und so weiter. Die Strafen für Verstöße gegen solche Verträge sind drakonisch, und die Unternehmen können sich im Gegensatz zu den Mitarbeitern die horrenden Kosten für Rechtsstreitigkeiten leisten.

Doch in einer Wissensgesellschaft werden nicht nur Unternehmen, sondern auch Einzelpersonen in erster Linie auf die Vermarktung ihres Wissens angewiesen sein. Und da setzen sich Unternehmen, die Mitarbeitern einen Abschied ohne Trauma ermöglichen wollen, aber die vertraglichen Bestimmungen nicht lockern, dem Verdacht der Heuchelei aus.

Jeder befindet sich in einem anderen Stadium

Im Gespräch stellten die Teilnehmer unserer Expertenrunde fest, daß sich jedes Unternehmen in einem anderen Stadium auf dem Weg zu einem mitarbeiterorientierten und beschleunigenden Unternehmen befand. Einige hatten den Nutzen des alten Managementmodells noch nicht voll ausgeschöpft. Andere waren schon weiter und suchten angesichts der immer noch tief verwurzelten alten Denkmodelle nach dem Schlüssel zu Veränderungen, mit denen sie in der Unsicherheit des beginnenden Jahrtausends gedeihen können.

Wieder andere hatten bereits den nächsten Schritt hinter sich und grundlegende Veränderungen im Unternehmen vollzogen, deren erste Früchte sichtbar wurden. Und alle waren neugierig auf die neuen Entwicklungen.

Wie würden sie vorankommen? Würden Sie überleben? Gab es Anzeichen für große Vorteile? Gleichzeitig fragten sich die Vorreiter neuester Managementansätze, wie sie die verheißungsvollen ersten Resultate in langfristig positive Entwicklungen umsetzen sollten.

Diese Runde spiegelt ziemlich genau das allgemeine Spektrum von Ausgangspunkten für Unternehmen. Die Revolution, die wir zur Zeit erleben, wird nicht über Nacht beendet sein. Es wird wahrscheinlich zwanzig Jahre dauern, bis mit Ausnahme einiger Nachzügler alle den Übergang zum wandlungsfähigen Unternehmen vollzogen haben.

Von weich zu hart und von hart zu weich

In der neuen Managementschule werden mit »weichen« Prozessen »harte« Resultate erzielt und mit »harten« Handlungsmodellen »weiche« Prozesse verbessert.

Vision, Werte, Lernen, Beteiligung, Vertrauen und implizites Wissen sind die weichen Bestandteile der Prozesse, durch die das zukünftige Unternehmen seine Fähigkeit zu nachhaltigen Leistungssteigerungen verbessert. Diese weichen, aber wesentlichen Faktoren werden explizit im Rahmen harter bewährter und logischer Techniken und Instrumente verwendet. Die neue Schule zielt angesichts eines schnellen und kaum berechenbaren Wandels auf harte und nachhaltige Geschäftsergebnisse – Wachstum und Gewinn. Ihre Kraft wurzelt in den Bestrebungen der Menschen, die die Welt nach ihrem Willen gestalten, und in ihrer Fähigkeit, zu lernen, sich zu verändern und zu verbessern. Sie gibt ihnen die Fachkenntnisse an die Hand, die sie beherrschen müssen, um ihre Ziele zu erreichen.

In dieser Schule verfügen Führungskräfte über die zehn beschriebenen Hauptmodelle, mit deren Methoden und Instrumenten sie ein leistungsfähiges Unternehmen schaffen können.

Diese Modelle und Instrumente ergänzen einander. Visionsfindung und kreative Spannung zum Beispiel harmonieren mit der Hierarchie der Magneten. Systemdenken und das MoMaHa-Modell führen zusammen zu praktischen Einsichten über verborgene Ansatzmöglichkeiten. Teams innerhalb vernetzter Unternehmen schaffen im Verein mit der Verbesserung von Unternehmensprozessen Flexibilität und Leistungsfähigkeit im operativen Bereich. Die einzelnen Hauptmodelle werden von detaillierteren Modellen und Handlungsleitfäden abgestützt, die wir in diesem Buch ausführlich beschrieben haben.

Zehn Hauptmodelle und Instrumente für das Management des wandlungsfähigen Unternehmens

- Szenarioplanung
- Hierarchie von Magneten
- Systemdenken
- Feineinstellung der Unternehmensarchitektur
- Verbesserung der Unternehmensprozesse

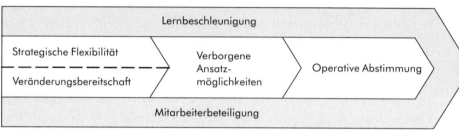

- Visionsfindung und kreative Spannung
- Modell Veränderungsbereitschaft
- Motivierende, machtausübende und handlungsauslösende Kräfte
- Vertrauensmodell nach Levering
- Integrierte Teamarbeit

Eine neue Ära

Noch einmal die Frage: *Wohin geht die Reise?* Wir haben folgende Vision: In den führenden Unternehmen des 21. Jahrhunderts werden sich die sechs Prozesse des Lernens durch Wandel und des Wandels durch Lernen nach dem gleichen Muster wiederholen. Sie werden im gesamten Unternehmen widerhallen und zuerst engere und dann immer weitere Kreise ziehen. Gesellschaften, Unternehmen innerhalb dieser Gesellschaften, Teams innerhalb dieser Unternehmen und einzelne Mitglieder von Teams werden alle den gleichen Weg beschreiten und den gleichen Prinzipien des Lernens und des Wandels folgen.

Die sechs Gruppen von Managementzielen – unsere Schule strategischer Flexibilität, der Veränderungsbereitschaft, verborgener Ansatzmöglichkeiten, operativer Abstimmung, der Mitarbeiterbeteiligung und der Lernbeschleunigung – werden sich in den verschiedensten Umfeldern bewähren: in Fabriken, Partnerschaften und Aktiengesellschaften, in Kooperativen, virtuellen Unternehmen und gemeinnützigen Organisationen, im öffentlichen Dienst und in der Verwaltung. Sie alle werden durch Wandel lernen und sich durch Lernen wandeln.

Viele Gründe sprechen für den Wunsch, solchen beschleunigenden Organisationen und Unternehmen anzugehören. Einige dieser Gründe sind geschäftlicher Natur: Die Finanzergebnisse und andere Faktoren, die das Management mit großem Interesse verfolgt, werden blendend ausfallen. Andere Gründe sind weniger faßlich: Solche Unternehmen werden zum Beispiel fesselnde Arbeitsplätze bieten. Aber am wichtigsten ist wohl die Tatsache, daß wandlungsfähige Unternehmen zunehmend besser auf Schwankungen in der Branche und Signale von ihren Kunden und Zulieferern reagieren können. Und dies ist für Unternehmen wie Mitarbeiter der beste Schutz vor einer unbekannten Zukunft.

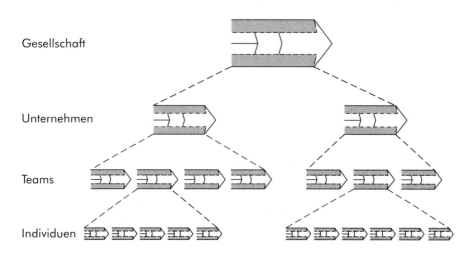

Das Lebensgefühl der neuen Ära wird anders sein

Können wir daran zweifeln, daß sich die erfolgreichen Wettbewerber des frühen 21. Jahrhunderts grundlegend von heutigen Unternehmen unterscheiden werden?

Furcht und Schuldzuweisungen werden nicht mehr wie heute den Kern der Managementinstrumente ausmachen. An ihre Stelle werden

Zielstrebigkeit und Lernbereitschaft treten. Das obere Management wird die anderen Mitarbeiter nicht zu kontrollieren versuchen und Abschied nehmen von der Auffassung, daß Mitarbeiter ohne Überwachung nicht im Sinne der Unternehmensziele handeln. Auch die zentrale Kontrolle wird weitgehend verschwinden und abgelöst werden durch gemeinsame Zukunftsvisionen, nach deren Realisierung die Mitarbeiter aus persönlicher Verbundenheit streben, und durch Kernwerte, die das Unternehmen achtet und pflegt. Die Aufgabe der Manager wird weniger in der Kontrolle als in der Unterstützung der Mitarbeiter liegen.

 *Xerox und der unaufhörliche Wandel*

»Wir erkennen unseren Wettbewerbsvorteil in Mitarbeitern mit voller Selbstverantwortung, die sich schnell an Veränderungen anpassen können. Darin liegt unser einziger Wettbewerbsvorteil.«

Norman E. Rickard, Präsident der Xerox Business Systems.

Das Umfeld wird sich auch weiterhin auf völlig unberechenbare Weise verändern. Das beschleunigende Unternehmen wird Entwicklungen mit Szenarien vorwegnehmen, auf die ersten Anzeichen des Eintretens von Szenarien reagieren und durch einen raschen Wandel den maximalen Nutzen aus der neuen Entwicklung ziehen.

Doch die Mitarbeiter werden nicht mehr an Veränderungsmüdigkeit leiden, weil sie nicht mehr Opfer, sondern Träger des Wandels sind. Die Veränderungen werden nicht von der Führung aggressiv durchgeboxt, sondern vom gesamten Unternehmen aktiv gestaltet. Dauerhafter Wandel wird aus den Herzen und Köpfen der Mitarbeiter hervorgehen, die zusammen nach etwas anderem, Besserem, Höherem streben.

Und auch der Schwerpunkt des Managements wird sich verlagern. Neben den formellen und offiziellen Aspekten werden auch die für das Unternehmen bestimmenden heimlichen Spielregeln Berücksichtigung finden. Die Manager werden sich am Gesamtbild orientieren – das sich nicht auf die unscharfen Grenzen ihres Unternehmens beschränkt – und nach dem Muster unsichtbarer systemischer Verbindungen suchen. Dann werden sie sich auf potentielle Ansatzpunkte konzentrieren, um die im

Unternehmen wirksamen Kräfte zu verstehen. Bei Bedarf werden sie minimale Veränderungen an diesen Punkten vornehmen, um die erwünschten Resultate zu erzielen.

Großangelegte episodische Veränderungsinitiativen werden der Vergangenheit angehören. An ihre Stelle wird ein steter Strom von durchgreifenden Initiativen treten, die sich überschneiden und durch die sechs kontinuierlichen Veränderungsprozesse geleitet werden. Die Organisationsstruktur, die die wechselseitige Abstimmung und Verstärkung der Initiativen gewährleistet, wird ein Fächer semipermanenter Prozesse mit Strängen fließender Teams sein, die nach Bedarf zusammengezogen und wieder aufgelöst werden. Und die Resultate von Veränderungen werden nicht mehr in erster Linie im Hinblick auf finanzielle Leistungen gemessen, sondern anhand eines Portfolios von Maßstäben, zu denen aussagekräftige Leitindikatoren für wahrscheinliche Hochleistungsbereiche gehören.

Die Interaktionen in den besten Unternehmen werden für die meisten Mitarbeiter völlig anders aussehen als in allen bisher bekannten Arbeitsumgebungen. Die Gespräche werden ein Gleichgewicht zwischen Verfechten und Nachfrage halten. Die Menschen werden mitzuteilen versuchen, auf welcher Logik ihre Annahmen beruhen. Und der Druck des Managements und der Gruppe, in jeder Besprechung zu kurzfristigen, lokalen Handlungsentscheidungen zu gelangen, wird viel geringer sein.

Statt dessen wird der starke Wunsch nach fundamentalen Verbesserungen vorherrschen – nach innovativen Veränderungen, die etwas zur Erneuerung des gesamten Unternehmens beisteuern. Diese Kreativität wird sich auf eine Vielzahl von Experimenten im gesamten Unternehmen stützen, von denen jedoch nur einige zum Erfolg führen müssen.

Vor allem jedoch werden sich die erfolgreichen Unternehmen der Zukunft in all ihren Handlungen die menschliche Seite des Wandels zu eigen machen. Sie tun dies nicht unbedingt aus Altruismus oder mit Rücksicht auf politische Korrektheit. Sie handeln nüchtern und pragmatisch, weil die Mitarbeiter von allen Unternehmensressourcen die größte Wertsteigerung erreichen.

Lebenslanges Lernen bei Motorola

»Wir glauben fest an das Konzept des lebenslangen Lernens. Im Informationszeitalter sind die Mitarbeiter die einzigen echten Vermögenswerte, und die Ausbildung bildet den Schlüssel zu Qualität, Produktivität und nachhaltiger Rentabilität.«

Gary L. Tooker, stellvertretender Vorsitzender und Geschäftsführer, Motorola.

Ein Neuanfang

Klingt das alles revolutionär? Nun, es handelt sich um eine Revolte, und zwar gegen etablierte Managementpraktiken, die zwei Jahrhunderte lang Bestand hatten. Eine Revolte gegen die Ineffektivität und Unmenschlichkeit, die diese mechanistischen Ansätze oft nach sich gezogen haben. Sie wird jeden Bereich unseres Lebens berühren. Denn wir haben es nicht nur mit einem Umbruch im Arbeitsumfeld zu tun, sondern mit einer Umwälzung jeder Organisation der Gesellschaft.

Mit dem neuen Jahrtausend wird auch eine neue Ära anbrechen. Und wenn die meisten von uns im Ruhestand sind, werden wir zurückblicken auf unseren Anteil an einer grundlegenden Umwälzung, die die Arbeit, das Zusammenwirken und das Leben der Menschheit betrifft. Wir werden uns daran erinnern, daß am Ende des 20. Jahrhunderts einige wenige Unternehmen den großen Sprung gewagt haben. Und daß sie damit Erfolg hatten. Und daß in den nächsten zwanzig Jahren fast alle Organisationen in jeder Gesellschaft den gleichen Übergang vollzogen haben.

Wir werden uns daran erinnern, daß ein Unternehmen nach dem anderen aus dem Schatten des alten Jahrhunderts herausgetreten ist, um den Sprung in ein neues Zeitalter des Lichts zu wagen.

Die Autoren

Arun Maira ist ein international anerkannter Experte für Unternehmenswandel und Leistungsverbesserung. Er ist Managing Director von Innovation Associates, eines von Peter Senge mitbegründeten Unternehmens, das der führende Anbieter für Beratungstechnologie im Bereich Organizational Learning ist. Maira führt seit dreißig Jahren – als Manager oder Berater – große Veränderungsprogramme in Unternehmen durch.

Peter Scott-Morgan ist eine weltweit anerkannte Autorität für die Beseitigung von Barrieren gegen den Wandel und für Lernen im Unternehmen. Er tritt häufig als Vortragsredner zu Managementfragen auf. Er ist Worldwide Director of Learning von Arthur D. Little, wo er seit über zehn Jahren mit Topmanagern führender Unternehmen zusammenarbeitet, um deren Leistungsfähigkeit zu steigern. Dr. Scott-Morgan ist der Autor des Bestsellers *Die heimlichen Spielregeln* (Frankfurt/New York 1994).

Register

Abacus-Informationssystem 182
ABB 182
abgestimmter Wandel 116-117
abstoßende Magneten s. *Magneten*
Abwägen zwischen Verfechten und Nachfragen 191, 195
Accord 152
Acura 50, 152, 183
Allied Signal 51, 174
Amayo, Lorenzo 242, 243
Ameritec 62
Amino, Toshikata 152, 153
Analyse 20
Anerkennung 96
Anreizsysteme 88, 155, 156, 177
Apple Computers 168
Arbeit, Definition von 249
Arbeitsplatzsicherheit 157
Arby's 215
Archetypen 81, 85, 88, 94, 99, 101, 108
Arthur D. Little 12, 13, 16, 81, 154, 221, 248
Asea Brown Boveri 146, 172, 181
Aspiration 47, 54, 155
AT&T 62, 239

Aufgabenrotation 105
Aufklärung 79
Ausbildung 61-62, 63, 155
Ausgleichskreislauf 84, 102, 109
Automation 240
Automobilhersteller 25-26, 129
Banc One 215
Bank First Tennessee National 161
Barnevik, Percy 146
Benetton 140
Beraten 42, 44
beschleunigendes Unternehmen 13
Betriebskosten 133
Big Blue 35
Boss, Richard B. 33, 191
Bossidy, Lawrence 51, 174
Bristol-Myers Squibb 36, 184
Brown, Chucky 149
Burnout 106
Burwell, Bryan 149
Business Reengineering 13, 21, 68, 73, 112, 133, 179, 188, 235, 237, 248

Campbell, Joseph 128

Canadian Imperial Bank of
  Commerce 180
Caterpillar 41
Cemex 50, 59, 60, 120, 121, 227,
  242-243
Chaos 205-206, 231
Chaparral Steel 50, 172, 224
Chrysler 140
Cisco 141
Citibank 216
Colgate 36
Collins, James 35
Corning 150, 248
Cromwell, Oliver 73

Daimler Benz 228
Datamining-Systeme 215
Datenbanken 211
Datenerhebung 20
Dell 141
Deming-Zyklus 200
Developers Network 218
dezentralisierte Integration 128
Dienstleistungsbranchen 148
Digital Equipment Corporation
  (DEC) 30, 140, 141
Diner's Club 216
Donnithorne, Larry 175
Dow Chemical 180
Drucker, Peter 57, 147
Duff, Christina 173
DuPont 248
durchlässige Grenzen 209
dynamisches Wachstum 178-181

Eastman Kodak 184

Economist Intelligence Unit 116
Einstein, Albert 18
Electrolux 182
emotionale Magneten 52, 154
Enrico, Roger 185, 239
Erproben 42, 43
Ertragssteigerung 226-227
Ethernet-Standard 168
Experimente 222-225, 238

Fächerarchitektur 145-146, 152,
  177
Fairneß 163
Feedback 112
Fertigungsfabriken 116
Fields, Debbie 217
Forbes-500-Liste 160
Ford Motor Company 146
Ford, Henry 140, 180
Förderer 55, 134
Fortune-50-Liste 220
Forward, Gordon 50, 172
Frustration 53
Führung 171-176, 239-243
Führungskräfte s. *Manager*
Fuller, Charles Baden 129

Gandhi, Indira 26, 31
Gandhi, Rajiv 26, 31
Gandhi, Sanjay 26
gebremste Leistung 103, 105-106
gefrorenes Lernen 219
Gegner aus Zufall 99-101
gemeinsam entwickeln 42, 44
gemeinsames Weiderecht 107-110
Geneen, Harold 143

General Electric 36, 50, 53, 62, 173, 174, 208
General Mills 209
General Motors 57, 113, 140, 161
geographische Overlays 214, 215
Gerstner, Lou 70, 71, 143
Gill, Brandon 217
Gitterarchitektur 143-145
Glaubwürdigkeit 163
globale Verflechtungen 19, 181
Goodman, Michael 81
Great Place to Work Institute 167
Groupware 127, 168, 169, 213
Grove, Andrew 50

Halbleiter 183
Hale, Roger 164
Handlungsauslösende Kräfte 76, 93
Handy, Charles 159
Harley Davidson 19
Hauptmodelle und Instrumente des Wandels 254
Hay-System 156
heimliche Spielregeln s. *Spielregeln*
Herr-Diener-Modell 141, 144, 145, 177
Hewlett Packard 36, 49, 50, 248
Hillary, Sir Edmund 49
Hochleistungszentren 210, 249
Holland, John 219, 223, 224
Honda 25, 27, 29, 31, 50, 122, 145, 146, 151, 183, 224
Houston Rockets 149
Humanität 246

Humanware 168
Hypothesenleiter 191-193, 195

IBM 35, 70, 71, 86, 140, 164, 166, 168, 178, 224
Identifikation 172
implizites Verständnis 199
Indianer 34
Indien 25, 26, 27, 29
Infiniti 183
Information Researches Inc. 215
Informationssysteme 106, 169, 170, 211
Infrastrukturprobleme 123
Inlandsmarkt vs. Übersee 99
Innovation Associates 12, 41, 81, 154
Innovationsprozeß 202
innovative Strategieansätze 22
Inspiration 47, 54, 155
Integrationskonferenzen 124
Integrationsmatrix 124-126, 190
Intel Corporation 50, 168
Interactive Video Concepts 212
Interaktive Informationstechnologie 167
interaktive Multimediasysteme 212, 213
Internalisierung von explizitem Wissen 198
Internet 138, 139, 148
Investitionsentscheidungen 132
ITT 143

J.P.Morgan 209
Jaques, Elliot 139

Jobrotation 209
Johnson & Johnson 36, 38, 174
Jones, Daniel T. 247
Jupiter 127
Just-in-time-Fertigung 117

Kaiser Permanente 215
Kammarchitektur 142, 143
Kao 209, 210
Karlsson, Sane 181
Katz, Michael 159
Kausalketten 78, 97
Kawana, Yoshikazu 181
Kelleher, Herb 158
Kelvin, Baron 134
Kemeny, Jennifer 81
Kenwood 36
Kernwerte 36-40, 41, 174, 177
Kiefer, Charlie 81
Kleiner, Art 33, 191
Kmart 173
Kollegialität 166-167
kollektives Erkennen 32-35
Komatsu 41
Komplexität 27-32
Konsumgüterunternehmen 69, 86
Kontrollstrukturen 139, 238
Koordinierungsgruppen 120, 123
Kotter, John P. 25
Kraft 184
Kraftakt 95, 97
Krauss Maffei 228
Kunden 170

Langton, Chris 206
Lebensgefühl 255

Leistungsmaßstäbe 77, 98
Leitindikatoren 98, 133
Lernbeschleunigung 16, 178-231, 234, 235
Lernende Fabrik 228, 235, 240
Lernfeld 186-190
Lernkreislauf 227
Lernprozesse 197
Lernteams 151
Levering, Robert 159, 162, 163, 167
Levi Strauss Jeans 140, 215
Lewin, Kurt 114
Lexus 183
Lin Broadcasting 184
Lincoln, Abraham 22
linke Spalte 191, 193-194, 195
Lkw-Herstellung 116, 127
Logik 72
Lotus 168, 169
Lotus Notes 168

Macho-Lemminge 72, 74
machtausübende Kräfte 75, 93, 134
Magneten 52, 53-54, 106, 107, 111, 234
Mallory, George Lee 49
Management by Walking Around 241
Managementkonferenzen 118
Managementteams 151
Manager 13, 21, 57, 63, 72, 74, 97, 98, 118, 131, 171-176, 203, 233
Männlichkeit 72

Marketing 101
Marktwert 184
Martinez, Arthur C. 132
Massachusetts Institute of Technology (MIT) 247
Mastercard 216
Matrixorganisationen 141
McCaw Cellular Communications 184
MCI 205, 248
mentale Modelle 188-189, 236
Mercer Management Consulting 184
Merck 36, 161
Meßsysteme 131
Metcalfe, Bob 168
Microsoft 19, 168, 184, 218
Mitarbeiterbeteiligung 15, 16, 138-177, 234, 235
Mitteilen 41, 42
Mittelweg 14
MoMaHa-Modell (motivierende, machtausübende und handlungsauslösende Kräfte) 84, 85, 90, 95, 98, 103, 112, 120, 122, 126, 131, 190
Moog 165
Moolgaokar, Suman 228, 241, 242
Moores Gesetz 168
Morre, Gordon 168
Morris, Desmond 203
Moskowitz, Milton 159
Motivierende Kräfte 75, 97
Motorola 61, 213, 258

NEC 182

Nehru-Dynastie 26
Nelson, Bob 157
Nestlé 172, 182
Netzarchitektur 146-148, 177, 249
Netzwerke 144
Neurale Netze 216
Newton, Isaac 18, 204
Newtonsche Strategie 18-22, 142, 204
niedrige Zäune 208-211
Nike 140
Nissan 181, 183
Nonaka, Ikujiro 197, 209
Nordstrom 221
Norgay, Tenzing 49
Nynex 182

offizielle Spielregeln s. *Spielregeln*
Olajuwomn, Hakeem 149
Olson, Ken 30
Ombudsleute 164
operative Abstimmung 15, 16, 113-137
operative Teams 123
operativer Wandel 119
Organisationsentwicklung 235
Organisationsplan 131
Ortega, Bob 173
Outward Bound 62
Ozonloch 217

Palmer, Robert 141
Pareto, Vilfredo 223, 224
partizipatives Management 139
Pepsico 185, 239

Personalabteilungen 121, 169, 170
Personalcomputer 30, 71, 178, 183
Pfizer 36
Philip Morris 184
Pitney Bowes 164
Porras, Jerry 35
Prämien 96
Praxisbereiche 210
Problemlösungsteams 151
Process-Mapping 190
Procter & Gamble 36, 150
Produktentwicklung 67, 68
Projektteams 151
Protokoll 33-34
Prozeßeinzelanalyse 190

Quäker 35
Qualität 133
Quantum 141
Quartalsergebnisse 106

Rambo-Reengineering 59, 73
Range Rover 19, 183
Reebok 140
Reengineering s. *Business Reengineering*
Regeln 219-221, 231
Relativitätsstrategie 21, 22-24, 234
Reproduktion und Anpassung von Wissen 212-215
Respekt 163, 165
Rickard, Norman E. 256
Risiken 66, 104, 106, 240
River Rouge-Fabrik 140
RJR Holding 184

RJR Nabisco 184
Roberts, Charlotte 33, 191
Roos, Daniel 247
Rosenbluth, Hal 166
Royal Dutch/Shell 22, 23, 35
Russell-3000-Index 159, 160

S&P-500-Index 159, 160
Santa Fee Institute, New Mexico 58, 139, 206
Saturn-Gruppe (GM) 113
Schneeballeffekt 81-82, 90
Schnelligkeit 133
Schnellösungen 87
Schwartz, Peter 23
Scott-Morgan, Peter 76
Sculley, John 168, 169
Sears Merchandise Group 132
SED-Team (Sales, Engineering, Development) 122
Sedgewick, John B. 32
selbstregulierende Integration 128
Selektion 20
Senge, Peter M. 33, 81, 191
sieben Stufen der Weiterentwicklung 58-61
Silikonstagnation 218
Simulationsmodelle 225
Skandia 180
Skunkwork-Gruppen 86-90, 94
Smith, Bryan J. 33, 41, 42, 191
Smith, Jack 57
Software-Verkauf 102
Solectron 61
Sony 36
Southwest-Airlines 158, 167, 173

Spielregeln 69, 70, 71, 73, 76, 79, 91, 92, 112, 190, 234
Spotsylvania, Schlacht bei 32
Stabskosten 105
Stagnation 103-104
Stellenabbau 246
Stellenwechsel 92
Sterling Drug 184
Stolz 165, 177
Stopford, John 129
Stora 22, 23
Strategiegestaltung 20
strategische Flexibilität 15, 16, 17-47, 154
strategische Planungsgruppe 45, 170
Suboptimierung 103, 104-105
Suchtkreisläufe 94
Sun 141
Supermagneten s. *Magneten*
Systemarchetyp 101
Systemdenken 79, 80, 112
Szenarioplanung 28, 29, 30-32, 234

Tagore, Rabrindanath 169
Takeuchi, Hirotaka 197, 209
Tandem-Computer 166
Tata 38-40, 224, 228, 241
Taurus 152
Teams 55, 63, 64, 70, 119, 121-123, 135, 137, 146, 148-151, 187
teilautonome Teams 149, 150
Telco (Tata Engineering and Locomotive Company) 127, 128, 228, 229

Telekommunikation 183
Tennant Company 164
Texas Instruments 36, 248
Time Inc. 184
Tooker, Gary L. 258
Total Quality Management 13, 21, 67, 165, 191, 200, 237, 248
Toyota 50, 120, 161, 183, 240
Transpiration 47, 54
Treibhaussysteme 211
Trends 28
Tylenol-Krise 38, 174

Überzeugen 42, 43
Umfeld 24, 234
Unisys 140
universelle Maßstäbe 133
Unternehmensführer s. *Manager*
Unternehmenswerte 37
Ursachenforschung 117

Veränderungsbereitschaft 15, 16, 48-65
Veränderungsmodell 114
Veränderungsprozeß 135, 179-180
Verarbeitungsmenge 133
Verbesserungsteams 121, 122
verborgene Ansatzmöglichkeiten 15, 16, 66-111
Verkaufsgespräche 109
Verkaufsstab 108
Verkleinerung 243-246
vernetzte Teams in optimaler Abstimmung 140
vernetzte Unternehmen 142, 248

Verstärkungskreislauf 81, 83, 97, 101, 108, 110
Vertrauen 158, 159, 162, 177
Vertreter 108
Vierphasenmodell 27
Virtual Reality 214
Visa 148, 216
Visionen 21, 40, 41, 52, 154, 190

Wachsamkeit 24-26
Wachstumshemmnisse 102-107
Wal-Mart 173
Wandel 14
Warner Communications 184
Watson, Thomas jr. 35
weiche Faktoren 136
Welch, Jack 53
Werte 35
Wertsteigerung 184

West Point 175
Westinghouse 36
Wettbewerb 13
Wetware 168
Wissens-Engineering 187
Wissensschaffung 203, 231
Womack, James P. 247
Wurzeln des Lernens 196-200

Xerox 166, 248, 256

Yew, Lee Kwan 139
YPF 244-245

Zambrano, Lorenzo 242, 243
Zeitverlauf des Wandels 250-251

3M 201, 223

Campus Wirtschaftspraxis

Peter Scott-Morgan
Arthur D. Little International

Die heimlichen Spielregeln
Die Macht der ungeschriebenen Gesetze im Unternehmen

3. Auflage, 1995. 272 Seiten
mit 20 Abbildungen und 10 Tabellen, gebunden
ISBN 3-593-35160-9

Peter Scott-Morgan stellt einen völlig neuen Ansatz zur Steuerung des Wandels vor. Nicht die offiziellen Regeln bestimmen das Alltagsverhalten in einem Unternehmen, sondern die ungeschriebenen Gesetze. Wer etwas in einem Unternehmen verändern will, muß diese Gesetze aufdecken, nutzen und – wenn nötig – verändern. Dieses Buch zeigt, wie man den Durchbruch zum Wandel erzielt.

Die meisten Unternehmen stecken gerade mitten in einer großangelegten Umstrukturierung. Aber nach Umfragen sind nur 17 Prozent mit ihrer laufenden Initiative zufrieden; nahezu 40 Prozent sind schlicht unzufrieden und 65 Prozent klagen über mangelnde Resonanz bei Managern und Mitarbeitern. Das fehlende Glied zum Verständnis dieser Problematik bilden die heimlichen Spielregeln. In 65 kurzen Kapiteln benennt der Autor die Ursachen der neun häufigsten Barrieren, die die Leistungskraft und Wandlungsfähigkeit eines Unternehmens blockieren. Er zeigt, welche Instrumente zur Überwindung dieser Hürden geeignet sind, und schildert Beispiele von Unternehmen, die es geschafft haben, solche Barrieren aus dem Weg zu räumen. Hilfreich sind auch seine Interviewmethoden zur Ermittlung der heimlichen Spielregeln.

Campus Verlag · Frankfurt/New York

Campus Wirtschaftspraxis

Jean-Philippe Deschamps
P. Ranganath Nayak, Arthur D. Little International

Produktführerschaft

**Wachstum und Gewinn
durch offensive Produktstrategien**

1996. 450 Seiten
mit 76 Abbildungen, gebunden
ISBN 3-593-35454-3

Das Buch stützt sich auf jahrelange Erfahrungen der Autoren in der Unternehmensberatung und beschreibt Beispiele der besten Produktschöpfer der Welt, unter anderem von Canon, Ford, Honda, Philips, Rubbermaid und Toshiba. Das Buch zeigt, daß der Schlüssel für die konstante Schaffung erstklassiger Produkte in der Entwicklung von sieben Kernkompetenzen quer durch alle Funktionen des Unternehmens liegt. Die Unternehmen müssen: Kundenbesessenheit erzeugen; eine kühne Produktstrategie entwerfen; einen multifunktionalen Prozeß der Produktschaffung entfalten; Programmanager mit Selbstverantwortung ausstatten; begeisterte Arbeitsgruppen bilden; die besten Ressourcen aufbieten; den Prozeß beschleunigen.

Dieses ganzheitliche, praktische und originelle Buch wird unseren Anschauungen zur Produktschaffung verändern. Anhand von herausragenden Beispielen, unterstützt von Checklisten für spezifisches Handeln des Managements, zeigt es erfolgreichen Unternehmen, was sie tun müssen, um eine Neuausrichtung der Organisation, eine Mobilisierung für ständige Verbesserungen und ein kontinuierlich hohes Leistungsniveau zu erreichen.

Campus Verlag · Frankfurt/New York